高等院校通识教育“十三五”规划教材

高职体育与健康

AR+慕课版

季华 王静芳 / 主编
徐江波 毕先超 / 副主编

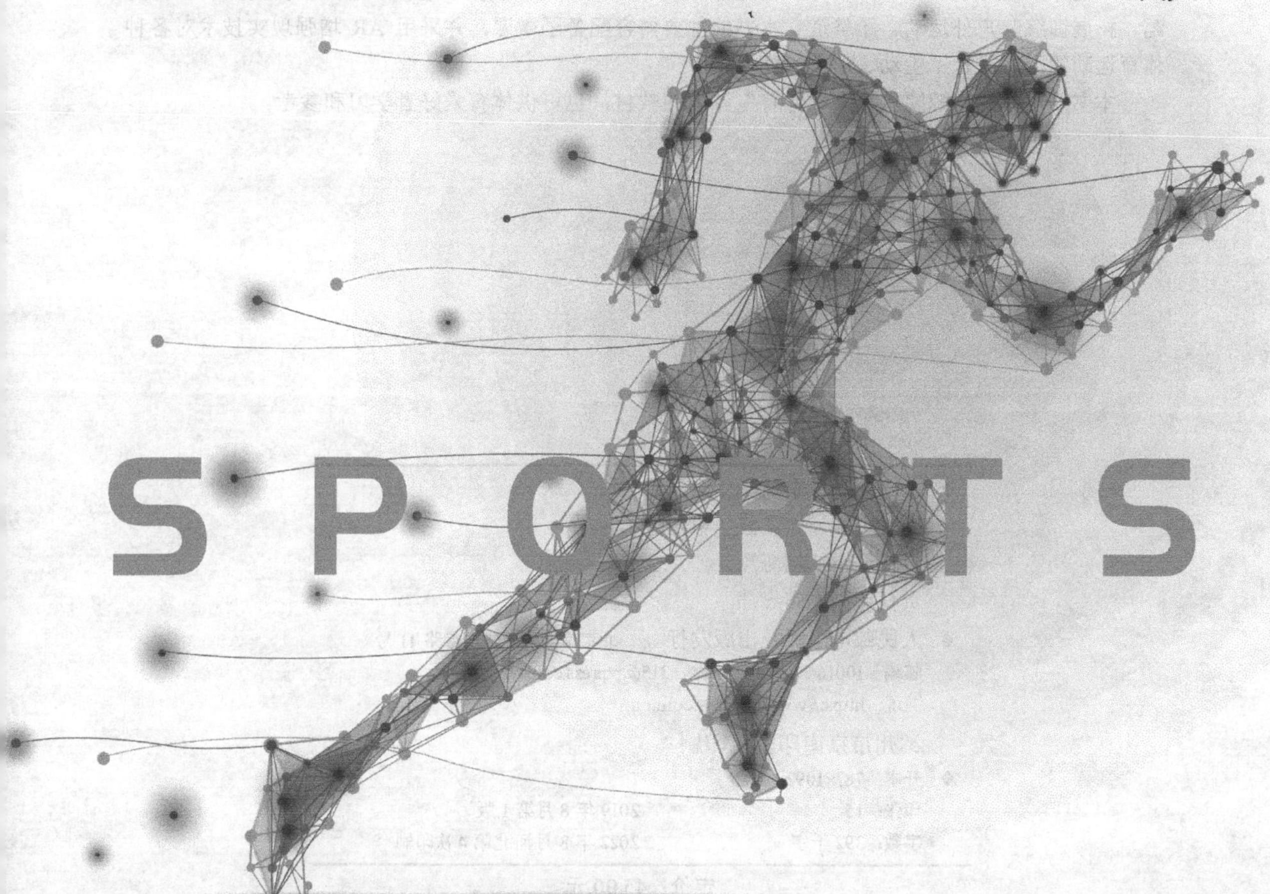

SPORTS

人民邮电出版社
北京

图书在版编目（CIP）数据

高职体育与健康 ：AR+慕课版 / 季华，王静芳主编
. -- 北京 ：人民邮电出版社，2019.8（2022.8重印）
高等院校通识教育“十三五”规划教材
ISBN 978-7-115-51355-7

Ⅰ. ①高… Ⅱ. ①季… ②王… Ⅲ. ①体育－高等职业教育－教材②健康教育－高等职业教育－教材 Ⅳ. ①G807.4②G717.9

中国版本图书馆CIP数据核字(2019)第122651号

内容提要

本书共20章，主要内容包括体育与健康、体育锻炼与保健、高职体育、大学生体质健康测试、田径、足球、篮球、排球、乒乓球、羽毛球、网球、武术、啦啦操、瑜伽、排舞、健美操、体育舞蹈、拓展训练、户外运动、跆拳道。本书的主要内容配备了微课，并采用 AR 增强现实技术对各种体育运动的形态进行了生动、形象的模拟。

本书既可作为高职院校“大学体育”课程的教材，也可供体育爱好者学习和参考。

◆ 主　　编　季　华　王静芳
副 主 编　徐江波　毕先超
责任编辑　刘海溁
责任印制　焦志炜

◆ 人民邮电出版社出版发行　　北京市丰台区成寿寺路 11 号
邮编　100164　　电子邮件　315@ptpress.com.cn
网址　https://www.ptpress.com.cn
涿州市京南印刷厂印刷

◆ 开本：787×1092　1/16
印张：15　　2019 年 8 月第 1 版
字数：392 千字　　2022 年 8 月河北第 4 次印刷

定价：45.00 元

读者服务热线：(010)81055256　印装质量热线：(010)81055316
反盗版热线：(010)81055315
广告经营许可证：京东市监广登字 20170147 号

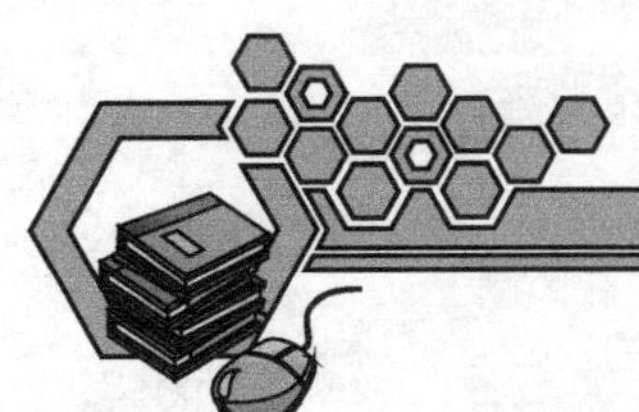

前言

高职体育教育的主要目标是提高学生的综合素质，促进学生的身心健康，让学生掌握体育的基础知识、基本技术和基本技能，切实地把体育理论与体育实践结合起来。

本书紧密结合当前高职院校体育教学的需要，确立了以增进学生身心健康为目标的新型体育教学体系，在传统的“三大球、三小球”的基础上，引进了大量学生喜爱的新项目，如瑜伽、排舞等。与同类教材相比，本书具有以下特点。

1. 配备微课。本书挑选重点内容配备了微课，学生扫描二维码即可观看视频。微课拓宽了教师的教学方式与学生的知识面，也能极大地提高学生的学习兴趣。

2. 突出实用性。本书从大学生的身心特点出发，所选项目具有针对性，深入浅出地阐述了大学生较为关注的问题；本书对运动项目的介绍充分、清晰，将课程建设与学生的发展紧密结合起来。

3. 采用创新技术。本书有针对性地开发了增强现实 App，帮助学生在有趣的互动中提高对基础运动的感性认识，更加直观地了解运动规律，快速掌握运动要领。增强现实 App（Android 版本）的下载和使用步骤简介如下。

扫一扫

扫码下载 App

（1）扫描右侧的二维码，根据系统提示，选择“在浏览器中打开”。

（2）在打开的相应页面下载“大学体育”App。

（3）安装后，在手机桌面找到“大学体育”App，点击图标打开应用。

（4）在输入框中输入学校名称。

（5）点击“进入场景”，然后用手机扫描本书中图号前带“AR”标记的图片，即可进入增强现实学习模式。

希望大学生通过对本书的学习，能够树立健康第一的理念，掌握科学的锻炼方法，养成良好的生活习惯，学会体育运动的技能，为终身体育打下坚实的基础，在实践中增强体质、促进心理健康、提高社会适应性。

本书由常州工业职业技术学院季华、王静芳担任主编，徐江波、毕先超担任副主编。第 3、5、9、11 章由季华编写，第 2、13、16、17、18、19 章由王静芳编写，第 4、12 章由徐江波编写，第 1、6、7、8、20 章由毕先超编写，第 10 章由潘建东编写，第 14 章由顾秋萍编写，第 15 章由马丽萍编写。参加本书编写工作的还有杨文明、闫小虎、陈国超、肖雨。

编　者

2019 年 3 月

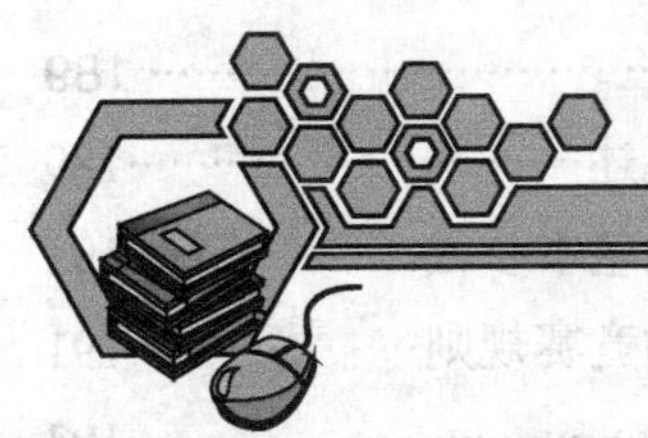

目录

第1章 体育与健康

本章将介绍我国体育的发展历程，诠释体育强健身心、完善品质、追求完美的真谛，探讨健康的要义，分析环境、心理、生活方式、体育锻炼等因素对健康的影响，阐述体育对健康的作用——奠定人体生理基础、铸就人体心理健康、推进个体社会适应、强化个体道德建设。

1.1 体育与健康概述

本节将介绍体育的演变：从萌芽到演进再到崛起；探寻体育的真谛：对完美永无止境的追求；介绍健康的要义：随着社会的发展，健康要义的范畴不断更新，涵盖了躯体健康、心理健康、社会适应健康、道德健康等领域。

1.1.1 体育的演变

1. 原始社会体育的萌芽

原始人的生存环境极为恶劣，他们只能依靠自身的体力，凭借自己的智慧，同恶劣的生存环境进行较量，通过打猎、采集、捕鱼等方式获取必需的食物。在悠久的历史长河中，在血和泪的教训下，我们的祖先深深地懂得：强壮的身体是生存的前提。

死亡的阴影经常在头顶盘旋，为了生存，更为了发展，原始人不得不学会奔跑、投掷、攀登、爬越、泅水……这些行为既是劳动手段，又是基本的生活技能，是体育活动的萌芽。

由于生产力的局限，原始社会无法形成专门的体育，也没有专门的体育活动者。当时的体育往往与军事活动、生产、游戏等融合在一起，其特有的运动手段和形式尚未完全“独立”。原始社会体育的萌芽，从本质上而言，是由经济状况、生产状况和实践方式决定的，是人们通过简单模仿形成的。

2. 古代体育的演进

奴隶社会的体育，由原始社会体育萌芽状态发展起来，进入体育的初级形态。随着生产

力的进步，体育已经和劳动初步分离，而与军事、教育、礼仪以及统治阶级的享乐生活紧密结合，并向着多样化、复杂化和独立化的方向发展。

这一时期，频繁的军事战争成为体育演进的重要动力。有文字记载的体育运动包括射、御、角力、兵器武艺、奔跑、跳跃、举鼎、拓关、游水、弄丸、投壶、棋类活动等。

封建社会前期，体育蓬勃发展。就种类而言，体育运动的项目不断增多，内容日益丰富，游戏、导引术等普遍开展，其中以华佗所创的五禽戏最负盛名；就范围而言，从皇宫到民间，从军队到学校，从城市到乡村都有体育活动开展；就技术而言，角抵、蹴鞠等项目发展较快，逐渐向竞技方向靠拢，出现了不少技艺高超的体育人才；就理论而言，体育专著在这一时期开始涌现。

至隋唐五代，体育空前繁荣。体育项目呈现出多样化和规范化的特点，许多运动项目明确了规格型制，设置了专职机构和专业人员，如蹴鞠、武术、角抵等；体育竞技状况空前兴盛，规模宏大，运动技艺水平有了很大提高；体育运动蔚然成风，有马球、蹴鞠、踏球、抛球等；国际体育交流增多，一方面，养生术、蹴鞠传入日本；另一方面，印度、罗马的杂技从汉代起就不断传入我国。

封建社会后期，民间体育组织的出现，极大地推动了民间体育的普及和提高，大量的体育资料被汇集成书，尤其是武艺、球类、养生导引方面的著述较多。

3. 近代体育的发展

1840年以后，西方文明开始涌入我国，西方近代体育也大规模地传入我国。传入我国的西方近代体育项目主要有体操、田径、游泳、足球、篮球、排球、棒球、垒球、网球、乒乓球等。

4. 现代体育的崛起

1949年以来，我国体育事业突飞猛进，群众性体育运动广泛开展，群众性体育组织体系逐渐健全，并于1995年实施全民健身计划。1959年，乒乓球运动员容国团获得了我国体育史上的第一个世界冠军。2008年，我国成功举办了第29届奥运会。学校体育稳步成长，从体育院系的建设到校园体育运动的推广，从“健康第一”理念的倡导到“终身体育”理念的树立，体育逐渐成为当代人的一种重要生活方式。

1.1.2 体育的真谛

体育在不同历史阶段和文化背景下被人为地赋予了不同的含义，但人本思想贯穿了体育发展的始终。在体育运动中，人居于中心、首要的位置，人的发展和完善是直接、重要的目的，而由体育所带来的名声、荣誉、财富、地位，以及产业的发展、经济的增长等，都是人在实现自我发展和追求自我完善的过程中所带来的“副产品”。体育真正的伟大之处在于对完美永无止境的追求，它让人类在强健身心、探索真理、开拓世界的过程中获得了无限的发展空间。

在遥远的古希腊时代，人们通过体育追求躯体之美、力量之美和精神之美。人们在体育锻炼中，充分发展并不断挖掘自身潜能，诠释体育的完美真谛。从维多利亚时代起，体育便明确地承担起道德的重任。运动员出现道德过失，会被认为是整个体育界乃至社会的灾难。

体育不仅能强身健体，而且能塑造美好的品性。这也正是体育运动经久不衰的魅力之所在。体育是一种虔诚的追求——拼搏不息，永不满足；体育是一种积极的态度——锐意进取，

百折不挠；体育是一种文化的积淀——以人为本，重在参与。体育让人类实现自我超越，走向“臻于至善”的完美境界。

1.1.3　健康的要义

健康是当今使用频率较高的词汇之一，在互联网上通过中文搜索引擎搜索“健康”一词，与其相关的条目达到数千万条，可见人们对健康的关注程度极高。

拥有健康的人，便有了希望；拥有希望的人，便有了一切。世界卫生组织围绕健康主题，提出“健康就是金子”（1953 年），“健康的青年——我们最好的资源”（1985 年），“良好的健康是社会、经济和个人发展的主要资源，也是生活质量的重要部分”（1986 年），“健康地生活——皆可成为强者”（1988 年），“健康是基本人权之一，是社会和经济发展的基础”（1997 年）。健康的重要性由此可见一斑。

在一定的历史范畴内，健康与特定的社会、环境、经济、文化、伦理道德等密切相关。人们对健康内涵的认识随着历史的发展而不断演进和深化。

在古代，人们对生命活动的认识极为肤浅，对健康的认识仅仅局限于没有疾病。随着社会的发展和医学的进步，人们能够使用各种仪器检测、发现身体的生理变化，健康被视为“器官发育良好，体质健壮，体能充沛”。毋庸置疑，这种建立在生理基础上的生物医学模式是一种巨大的进步，但它忽视了人的心理因素和社会属性。20 世纪 30 年代，美国健康教育学者指出：“健康是人们身体、心情和精神方面都自觉良好、活力充沛的状态。”1948 年世界卫生组织提出了新的健康概念：健康不单是没有疾病和不虚弱，而是躯体、精神的健康和社会幸福的完善状态。20 世纪末，世界卫生组织又把道德修养纳入了健康的范畴。

世界卫生组织提出的 10 个健康标志如下。

（1）精力充沛，能从容不迫地应付日常生活和工作的压力而不感到过分紧张。

（2）处世乐观，态度积极，乐于承担责任，事无巨细，不挑剔。

（3）善于休息，睡眠良好。

（4）应变能力强，能适应环境的各种变化。

（5）能抵抗一般的感冒和传染病。

（6）体重得当，身材均匀，站立时头、肩、臂的位置协调。

（7）眼睛明亮，反应敏锐，眼睑不发炎。

（8）牙齿清洁、无空洞、无痛感；牙龈颜色正常，不出血。

（9）头发有光泽，无头屑。

（10）肌肉、皮肤富有弹性，走路轻松有力。

由单一的生理健康观，到涵盖生理、心理、社会层面的三维健康观，再到包括躯体健康、心理健康、社会适应健康和道德健康的全面健康观，健康理念不断变革。随着科技的发展、环境的改变，健康观也会被赋予新的内涵。

1.2　体育与健康的关系

本节将分析影响健康的因素：环境、心理、生活方式、体育锻炼等。从生理、心理、社会适应和道德建设的角度详细阐述体育锻炼对维护健康所具有的重要作用。

1.2.1 健康的影响因素

1. 环境与健康

自然环境是人类赖以生存的基础，为人类提供了生活的必需物质。良好的自然环境可以陶冶情操、放松精神、愉悦心情，有利于人的身心健康。恶劣乃至被污染的自然环境则会损害身心健康，如酷暑、严寒、飓风、雪灾、空气中的有害气体、河流中的有毒微生物等，会引起人体的种种不适，甚至引发疾病。

社会环境是人类在自然环境基础上，有目的、有计划地创造而成的人工环境，是人类物质文明和精神文明发展的标志。现代社会中，高节奏的生活、高强度的工作、激烈的竞争、巨大的压力，无一不在侵蚀着人类的健康。

2. 心理与健康

《黄帝内经》中提到“怒伤肝”“喜伤心”“悲伤脾”“恐伤肾”。现代医学证实，心理因素的异常变化可能会导致心身症（又称精神生理反应），最初表现为自主神经和内脏系统的功能性改变，继而发展为躯体的功能失调，甚至发生组织结构的损害，如溃疡、偏头痛、心悸等。积极的心理状态则能保持和增进健康，对疾病的治疗、痊愈也有显著作用。

3. 生活方式与健康

生活方式是在遗传提供的可能性前提下，在所处客观环境中养成的一种行为模式，这种行为模式表现为日常生活中习以为常的行为。

吸烟是目前影响人类健康的一个重要危险因素。长期吸烟者的肺癌发病率比不吸烟者高10～20 倍，喉癌发病率高 6～10 倍，冠心病发病率高 2～3 倍，循环系统发病率高 3 倍，气管炎发病率高 2～8 倍，死亡率高 1.7 倍。

酗酒就是过量饮酒。酗酒会引起黏膜充血、肿胀和糜烂，使人容易患食管炎、胃炎、胃溃疡等疾病。酒精主要在肝脏内代谢，肝癌的发病率与长期酗酒有直接关系。酒精还会影响脂肪代谢，可使血液中胆固醇和甘油三酯升高。

4. 体育锻炼与健康

科技的进步和社会的发展提高了人类整体健康水平，但是新的健康问题（涉及人的机体功能状态、人与自然的关系、人与社会的关系等领域）不断涌现出来，严重威胁着人类的未来生存。体育的真谛和健康的内涵使二者在现代社会紧密地联系在一起，体育成为健康发展的核心主题之一，其对健康的特殊意义越来越得到人们的肯定和重视。

体育锻炼是健康的需要。经常运动能预防并减少许多疾病，如心脏病、癌症、糖尿病等，也有利于维持健康的体重，增加抗压能力，改善睡眠质量等。美国卫生部的研究表明，缺乏运动的人容易超重、肥胖、患慢性疾病和出现心理不健康等问题。对此，有专家建议人们坚持每天活动半小时。

1.2.2 体育的健康效应

1. 体育锻炼奠定人体生理基础

（1）体育锻炼有利于提高神经系统的机能

神经系统包括大脑、脊髓、神经和神经细胞。长时间的脑力劳动之后，大脑会由于供血不足和缺氧而头昏脑涨。进行体育锻炼，尤其是在新鲜的空气中开展运动，可以改善大

脑的供血情况，使大脑消除疲劳，恢复活力；可以延缓脑细胞的衰亡过程，延长大脑的“年轻态”。

体育锻炼还可以改善神经系统的调节功能，提高其对复杂变化的判断和反应能力，并及时做出协调、准确、迅速的应对。经常参加体育锻炼能够加强神经系统兴奋和抑制的交替转移过程，从而改善大脑皮层神经系统的均衡性和准确性，提高脑细胞工作的灵活性、协调性、反应速度、耐受能力等。如果缺乏必要的体育活动，大脑皮层的兴奋性将会下降，导致平衡失调，甚至引发某些疾病。

（2）体育锻炼有利于促进循环系统的机能

循环系统由静脉、动脉和毛细血管组成，它在心脏的驱动下，为人体各个部位提供氧气和各种养料。

① 经常进行体育锻炼能促进心肌细胞内蛋白质的合成，促使心肌纤维增粗，心壁增厚，心肌力量增强，每搏输出量加大。研究表明，在安静状态下，健康成年人心脏的每搏输出量为 70 毫升，而经常运动者可达 90 毫升。

② 体育锻炼可以增加血管壁的弹性，并促使大量毛细血管开放，大大加快能量供应，提高新陈代谢水平。

③ 体育锻炼可以显著降低血脂含量，改变血脂质量，在遏制肥胖、健美形体的同时，能有效地防治冠心病、高血压和动脉粥样硬化等疾病。

④ 体育锻炼可以降低血压，舒缓心搏，预防心血管疾病。病理学家通过解剖发现，经常运动的人患动脉硬化的概率要远远低于不常运动的人。

（3）体育锻炼有利于增强运动系统的机能

运动系统由骨、骨连结和骨骼肌组成，它支撑起身体，并保护各器官的系统运作。体育锻炼能够增强运动系统的准确性和协调性，保持较好的灵活性，使人有条不紊、准确敏捷地完成各种复杂的动作。

体育运动可使骨密质增厚、骨小梁排列规则整齐，促使青少年骨的长径生长速度加快、直径增大，极大地提高骨的坚固性和抗弯、抗断、抗压能力。同时，可促进骨骼中钙的储存，预防骨质疏松。

体育运动可使肌肉的效能增强，肌肉更加粗壮、结实、发达而有力。具体表现为肌红蛋白和肌糖元的数量增加，肌纤维增粗，肌肉体积增大，肌肉的收缩力量加强、速度增快，肌肉的弹性提高。

经常进行体育锻炼还可以增强关节周围肌肉的力量和韧带的柔韧性，从而扩大关节活动的幅度和牢固程度，减少各种外伤和关节损伤。

（4）体育锻炼有利于完善呼吸系统的机能

呼吸系统由呼吸道（鼻、喉、气管和支气管）和肺组成。

体育运动可以增加肺活量（人体尽全力吸气后再尽力呼出的气体总量）和肺通气量（每分钟尽力呼出或吸入肺内的气体总量）。经常参加体育锻炼，特别是做一些伸展扩胸运动，可使呼吸肌力量增强，胸廓扩大，有利于肺组织的生长发育和肺的扩张，使肺活量增加。同时，体育锻炼时人需要大量地吸入氧气和排出二氧化碳，这就要求呼吸肌加强收缩，使肺泡得到充分张开，加大呼吸的深度，从而有效地增加了肺的通气效率，使人体能够承受更大强度的运动量。实验证实，经常参加体育锻炼的人，肺活量可增加 1 000 毫升左右，肺通气量可达 100 升/分钟以上，均高于一般人。

（5）体育锻炼有利于优化免疫系统的机能

体育运动本身是一种运动负荷的刺激，经过反复刺激，身体的各个系统就会产生形态及功能的适应性变化。在这种刺激与适应的生理反应过程中，免疫机能也会相应提高。

（6）体育锻炼有利于强健消化系统的功能

经常进行体育锻炼能促进胃肠蠕动，增加消化液分泌量。运动中肌肉的收缩和舒张能对胃肠起到按摩作用，在提高食欲的同时增强吸收能力。

但应注意，不宜在饭后即刻进行体育活动，或剧烈运动后立即就餐，运动和吃饭之间要有一定的时间间隔。一般认为，运动后休息 30～40 分钟再进食，或饭后间隔约 1.5 小时再进行运动较为科学。

运动时，在中枢神经系统的调节下，对全身的血液进行重新分配，以保证对肌肉骨骼营养物质和氧气的供应。此时，管理消化的神经尚处于抑制状态，消化腺的分泌减少，胃肠蠕动减弱。运动越剧烈、持续时间越长，消化器官就需要越长的时间进行恢复。

同样，如果饭后立即参加剧烈运动，就会致使正在参与胃肠消化和吸收的血液重新分配，流向肌肉和骨骼，从而影响胃肠机能。甚至可能因为胃肠的震动和肠系膜的牵扯而引起腹痛及不适感，进而影响人体的健康。

2. 体育锻炼铸就人体心理健康

心理健康又称精神健康，指人能积极调节自己的心理状态，顺应环境（包括自身环境、自然环境与社会环境），有效、富有建设性地发展和完善个人生活。其包含 5 个方面：智力发育正常；情绪稳定、乐观进取；意志坚定、行为协调；人格健全、自我悦纳；良好的社会适应性。心理健康的人能够随外部环境变化而不断调整自身的心理结构以维持内外的平衡。

（1）体育锻炼能够舒缓情绪

情绪是心理健康的重要指标。现代社会中，各方面的综合压力使人产生的焦虑、烦恼、紧张、压抑、暴躁、忧郁等都属于不良情绪范畴。医学研究发现，从事慢跑、游泳、骑自行车等体育活动对于抑郁症、焦虑症、化学药品依赖者的治疗具有显著疗效。这充分说明体育运动能够转移并宣泄不愉快的情绪，使人恢复精神愉快。

（2）体育锻炼可以增强意志

意志品质包括自觉性、果断性、坚韧性、自制力及勇敢顽强精神等。体育活动充满了失败和挫折，积极主动、持之以恒地坚持体育运动，要克服各种主、客观困难，这个过程既是锻炼身体的过程，又是培养良好意志品质的过程。竞技体育活动能够激励人们奋发向上、顽强拼搏，养成坚强、自信、勇敢、进取的优秀品质。

3. 体育锻炼推进个体社会适应

社会适应指个体对所处的社会环境的认识，能够恰当地扮演生活中的各种角色，如朋友、邻居、同学、恋人等，在社会各领域的生活中发挥积极的作用。体育活动能够增进人际交往，增加彼此交流，同时形成团结友善、协调一致、相互帮助、彼此鼓励的团队精神，有助于个体对于社会适应的培养。

4. 体育锻炼强化个体道德建设

体育锻炼，不仅在于育体，而且在于育心。西周的礼射，讲究“明君臣之礼，明长幼之序”，以射建德。古希腊和斯巴达的军事体育，有着忠君效国的鲜明思想。时至当今，美国把体育作为培养青少年道德观念的巨大教育力量，芬兰主张通过体育对中小学生进行道德和社

会教育，使中小学生形成为他人着想、作风正派的品质。我国也将体育作为道德养成的积极手段，从竞技体育的爱国主义教育到学校体育的集体主义教育，培养学生务实肯干、自强不息、尊老爱幼、诚实守信、谦虚礼让、助人为乐等优良行为和作风。

思考与练习

1. 健康的要义包括哪些内容?
2. 影响健康的因素有哪些?
3. 体育锻炼对健康的作用有哪些?

活动与探索

学生轮流在上课时说一则体育与健康相关的知识，可以是格言、健身小窍门、运动常识等，每次发言人数为 1 人，时间为 5～10 分钟。

本章将首先介绍体育锻炼的误区，然后阐述科学锻炼的原则：锻炼项目应恰当选择，锻炼强度应适宜，锻炼内容应全面系统，锻炼进程应持之以恒，锻炼热身应到位，锻炼意向应明确。接着介绍科学锻炼的方法：重复锻炼法、间歇锻炼法、连续锻炼法、循环锻炼法、变换锻炼法、负重锻炼法等。在此基础上提出科学锻炼应分4步走：自我测试、设置目标、制订计划、实施锻炼。再介绍运动的4要素：运动项目、运动强度、运动时间、运动频率。最后指出运动的实施是一个有步骤、动态的过程。

2.1　科学锻炼

本节将介绍体育锻炼的误区；阐述科学锻炼的原则；详述科学锻炼4步曲；介绍科学锻炼的方法。

2.1.1　体育锻炼的误区

1. 误区一：晨练最好

清晨，是心脏病发作的高峰期，因为体内的血液凝聚力较高，血栓形成的危险性较大。相反，黄昏时，心跳、血压最平衡，嗅觉、听觉、视觉、触觉最敏感，人体应激能力达到一天的最高峰，既能适应运动时心跳、血压的改变，又能最大限度地化解血栓，是体育锻炼的理想时间，暮练优于晨练。

2. 误区二：锻炼内容千篇一律

锻炼的范围仅局限于同样的部位，日复一日，动作单一。当人体完全适应了这种锻炼动作的刺激后，呼吸不再加速，运动过程中消耗的热量就会渐减，使锻炼效果变差。

3. 误区三：大量运动后立即洗澡

很多人认为，运动后一身汗，应该马上洗澡，其实，剧烈运动后，人体为方便散热、保持体温的恒定，皮肤表面血管扩张，毛孔张大，排汗增多。此时，冷水浴会使血管立即收缩，

血液循环阻力加大，体内产生的大量热量不能尽快散发，导致内热外凉，机体抵抗力降低，破坏人体的平衡，容易生病。热水浴则会继续增加皮肤和肌肉内的血液流量，导致心脏、大脑等其他重要器官供血不足，出现头昏、恶心、全身无力，甚至虚脱休克，严重的还会诱发其他慢性疾病。

4. 误区四：出汗越多运动越有效

出汗不出汗，不能用来衡量运动是否有效。人体的汗腺受遗传影响，分活跃型和保守型两种。出汗与脂肪消耗也没有必然联系。汗水的成分包含水、盐分和矿物质，不含脂肪。出汗越多并不意味着运动成效越大。

5. 误区五：锻炼期间可以尽兴吃喝

许多人认为，锻炼期间身体会消耗较多的热量和碳水化合物，不需要实施节食计划。其实不然，那样只能做到热量的入出平衡或不增加肥胖。想要达到最佳锻炼效果，就要保持营养平衡，多吃水果、蔬菜、纤维素、谷物及瘦肉，少喝甜饮料，少吃干果和热量高的食品。

2.1.2　科学锻炼的原则

科学锻炼的原则指科学锻炼身体所必须遵循的规律。科学锻炼的本质在于发展身体、增进健康。只有遵循科学的锻炼原则去锻炼，才能事半功倍，获得理想实效，达到预期目标。

科学合理的体育锻炼应遵循以下原则。

1. 锻炼项目应恰当选择

大学生要根据自己的健康状况和体能情况，合理制订锻炼计划，恰当安排锻炼内容。在提高锻炼效果的同时，最大限度地防止意外事故发生。

2. 锻炼强度应适宜

大学生应该从自身特点出发，安排、调整锻炼的方法、内容和运动负荷等。例如，在长跑训练时，体质弱的女生可以先跑 600 米，进而逐步延长；在引体向上的练习中，体能好的男生可以适当增大运动强度。

3. 锻炼内容应全面系统

不同的锻炼项目所引起的人体的生理变化和机能适应各不相同。例如，长跑侧重于人体肺活量和耐力的提高，吊环则能快速增强手、臂的力量。大学体育的教学内容包括跑、跳、投、攀爬、悬垂、支撑，以及球类、搏击类、户外运动、游戏等丰富的项目，目的就是使身体得到全面锻炼，对良性适应起到互补和促进作用，从而促进身体各部分组织器官的整体发展，使身体素质和运动能力得到综合提高。反之，如果只是单凭兴趣，喜欢什么项目就只练什么，则可能造成身体发展的不均衡和不协调。

大学生体育锻炼的内容、方法要尽可能考虑身体的全面发展，可以功效大、兴趣浓的运动项目为主，其他项目为辅进行全面锻炼；强调全身的活动，而不限于局部。

4. 锻炼进程应持之以恒

（1）体育锻炼要循序渐进。强健体魄，完善素质，提升机能，形成技能，不可能一蹴而就，而是需要在长期的运动中，在反复的刺激下，在大脑皮质中建立起动力定型，进而形成动力定型条件反射，使机能逐渐适应、积累、提高，逐步、依次、循序地发生变化，拔苗助

扫一扫

持之以恒原则

长不但不利于健康，甚至会造成身体的损伤。

在体育锻炼的过程中，运动负荷（指体育锻炼时身体的生理负荷量）的适宜直接影响人体机能的变化，进而对锻炼效果的优劣产生作用。如果负荷过小，就无法促进机体变化，达不到锻炼身体的目的；如果负荷过大，超出了机体所能承受的范围，就会引起睡眠不宁、食欲不佳、长期疲劳等不良反应。正确的做法是以一定的运动负荷量作用于身体，一定次数和时间后，引起了身体的适应，再依据人体对运动的适应性变化，有计划地逐步增大运动负荷，使身体产生新水平的适应，最终达到增强体质的目标。运动负荷的大小因人、因时而异；同一个人，不同的机能状态下对负荷的承受能力也不尽相同。一般而言，在每次体育锻炼后如果稍微感到疲惫，但没有各种不良反应，通过休息恢复较快，这样的运动负荷基本是合适的。

（2）体育锻炼要坚持不懈。从生物学的角度看，人体的发展既不会立竿见影，又不会一劳永逸。根据“用进废退”的原理，人体对体育锻炼的适应呈现出经常锻炼则进步、发展，“三天打鱼，两天晒网”则退步、削弱的变化规律。人在停止运动几周后，由于热量消耗减少，脂肪开始增长，肌肉逐渐萎缩，技能也会消退。所以，我们需要树立“终身体育”的理念，持之以恒地进行体育锻炼。

温馨提示 生病或疲惫时，应酌情减少运动量，不要勉强完成既定运动，否则会加重身体的不适感。

5. 锻炼热身应保证到位

锻炼开始时，要重视准备活动。准备活动就是在体育锻炼前，根据体育项目的特点，相应地活动身体各部位。其作用在于提高神经中枢的兴奋性，加强心肺功能，使肌肉、肌腱、韧带处于伸展性良好的“工作状态”。它是人体从相对安静状态过渡到剧烈运动状态，克服生理惰性，进行自我保护的有效措施。尤其是在气温较低、气候寒冷的季节，更应该重视锻炼前的热身活动。

锻炼结束后，要做好放松整理活动。整理活动的作用在于通过比较轻松、舒缓的身体活动，使各个组织器官从紧张的运动状态中松弛下来，增加吸氧量，“冲刷”体内的乳酸，从而加速疲劳的缓解和消除，使肌肉疼痛感大大降低。此外，剧烈运动时，肌肉有节律性地收缩，促使血液很快地流回心脏，心跳和血液流动加快，肌肉和毛细血管扩张。此时如果立即停止运动，会使肌肉的节律性收缩也立即停止，导致肌肉中的大量血液淤积于静脉，造成暂时性的心脏缺血、脑部供血不足，引发心慌、头晕、眼花，甚至休克等症状。例如，急速奔跑到达终点后，借助惯性再慢跑一段直至放慢到步行状态，目的就在于此。

6. 锻炼意向应明确

首先，体育锻炼者应该确立明确的健身目标。根据个人实际，既不妄自菲薄，又不夜郎自大，不急躁冒进，不踏步不前，确定恰当的锻炼目标。在此基础上形成各个时期的锻炼计划和预期效果，并注意阶段性的调整，体育锻炼才能奏效。

其次，体育锻炼者应该自觉积极地从事运动。这就要求大学生充分认识体育锻炼的价值，培养浓厚的体育兴趣。这样才能克服自身惰性，把体育锻炼当作生活中必不可少的组成部分，以极大的主动性和自觉性投身体育运动，真正达到身心合一。

2.1.3 科学锻炼的方法

常用的锻炼方法有以下6种。

1. **重复锻炼法**

重复次数不同，对身体的作用也不同，重复次数越多，身体对运动反应的负荷量越大。因此，运用重复锻炼的方法，关键是视实际情况掌握好负荷量，并据此调节重复次数。

2. **间歇锻炼法**

间歇健身的作用并不亚于运动本身，体质增强的实现就是在间歇的休息过程中取得的超量恢复（超量恢复指机体承受超过原有运动负荷刺激后，所达到的适应性恢复水平与原有恢复水平之差）。自古以来人们就知道以静炼身，现代科学更是让人类认识到了间歇健身的机体效果。

需要注意的是，间歇时，不要采取静止休息，而应采取积极休息的方法，边轻微活动边休息，使肌肉对血管起到按摩作用，帮助血液流回心脏并加速排出代谢所产生的废物。如慢速走、伸腰压腿、深度慢呼吸等。

3. **连续锻炼法**

连续锻炼法的关键是将运动负荷量维持在一定的水平上，既不下降，又不上升，使身体得到充分的作用。实践中，用于连续锻炼的动作主要是比较容易做并已为锻炼者所熟悉的动作，如跑步、游泳、健美操等。

4. **循环锻炼法**

循环锻炼法由几个不同的练习点组成，一个点上的练习一经完成，练习者就迅速转移到下一个点进行练习，直至完成所有点上的练习，就算完成了一次循环。这种方式负荷较轻，既简单有趣，又可获得综合锻炼，达到全面发展的良好效果。例如，练习者可以把篮球练习分为立地投篮、三步上篮、全场运球 3 个练习点，逐一完成。

5. **变换锻炼法**

此法可以有效地调节生理负荷，提高兴奋性，克服疲劳和厌倦情绪，进而强化锻炼意向，以达到提高锻炼效果的目的。

一方面，锻炼条件、环境的变化，可使锻炼者的大脑皮层不断产生新的刺激，提高兴奋性，维持锻炼的兴趣，从而提高机体对负荷的承受能力，提高锻炼效果。另一方面，对锻炼内容、时间、动作速度等做出变更，提出新的要求，可有效地调节生理负荷，使机体不断产生适应性变化，达到更好地锻炼身体的目的，例如将田径场的长跑变为越野跑。

6. **负重锻炼法**

负重锻炼法是使用杠铃、哑铃、沙袋等重物进行身体锻炼、增强体力的方法。大学生进行负重锻炼时，应该采用最大摄氧量和最大心输出量以下的负荷，以防止给心血管和呼吸系统带来不良影响。

2.1.4　科学锻炼 4 步曲

科学锻炼应分 4 步走：自我测试、设置目标、制订计划、实施锻炼。

1. **自我测试**

进行锻炼前，应对自身状况有充分了解，只有这样才能树立恰当的锻炼目标，形成科学的锻炼计划。自我测试的内容包括 3 个方面：①身体形态的测试，如身高、体重、胸围等；②身体机能的测试，如脉搏、血压、肺活量等；③运动能力的测试，如速度、力量、耐力、灵敏、柔韧、平衡等身体素质，跑、跳、投等身体活动能力。

2. 设置目标

明确了锻炼目标，就规划出了锻炼计划的“主要航道”，这也是确定锻炼内容的先决条件。根据锻炼目标，选择运动项目，确定运动强度，安排运动时间。

3. 制订计划

如同建筑楼房离不开工程监理的监控一样，科学的锻炼计划也离不开适时的评价和调整，只要有助于长期坚持，就是一个好的锻炼方案。

4. 实施锻炼

锻炼的过程包括检查评价、修订计划和继续实施。

温馨提示 正确的锻炼方法：由小到大、由易到难、由简到繁；从小运动量、小幅度、简单的动作开始，约半个月后，再逐渐增加运动量，加大幅度，提高动作难度。

2.2 运动处方

本节将阐述运动处方的内容，介绍运动处方的4要素：运动项目、运动强度、运动时间、运动频率。运动处方的实施是一个有步骤的、动态的过程：在进行健康检查和体质测试的基础上制订运动处方，然后实施运动处方，再次进行体质测试并分析运动效果，据此调整运动处方，随后实施修正后的运动处方，不断反馈循环，以获得较好的运动效果，达到运动的预期目标。

2.2.1 运动处方的定义和分类

运动处方的定义，各家学者表述不一。通俗而言，运动处方指针对个人的年龄、性别、健康状况、锻炼经历、心肺和运动器官的机能水平等，采用的规定了适当的锻炼内容、锻炼方法和运动量的科学的体育锻炼方法。它是一种个体化的锻炼方案，因人而异，针对性强，见效快，避免不合理的运动损害身体，可很好地达到健身和防治疾病的目的。运动处方可从不同角度进行分类，如表2-1所示。

表2-1 运动处方的分类

按目的分类	治疗性运动处方：以治疗疾病、提高康复效果为主
	竞技性运动处方：以提高专业运动成绩为主
	健身性运动处方：以提高身体素质、增强运动能力为主
按锻炼的器官系统分类	分为神经系统运动处方、呼吸系统运动处方、消化系统运动处方等
按锻炼者的年龄分类	分为幼儿运动处方、青少年运动处方、中年运动处方、老年运动处方等

2.2.2 运动处方的内容

运动处方的内容一般包括5个方面：运动目的（强身健体、防治疾病、健美减肥、消遣娱乐等）、运动项目、运动强度、运动时间、运动频率。其中后4项被称为运动处方的4要素，下面重点介绍后4项。

1. 运动项目

运动项目指根据锻炼目的有针对性地选择的锻炼项目。例如，大学生为了预防和缓解神经衰弱，可以选择太极拳、瑜伽等放松舒缓的运动项目；为了完善形体，可以选择健美操、交谊舞等塑形健身的运动项目；为了增强耐力，可以选择球类、跑步等有氧运动项目。

2. 运动强度

运动强度指在单位时间内完成的运动量，也就是运动的激烈程度。它是制订和实施运动处方的关键因素之一，对于获得最优化的健身效果具有积极作用。恰当的运动强度应是安全而有效的。

如果运动强度过大，会导致出汗较多，食欲不佳，睡眠不良，并伴有头晕、恶心、胸闷等不良反应，运动后的第二天疲倦感仍然比较明显。如果运动强度过小，则不能实现锻炼目标，具体表现为脉率变化很小，运动后 1～2 分钟脉率即恢复到安静时的水平，不出汗等。

运动强度常以心率作为量化的指标。心率与锻炼效果的关系如表 2-2 所示，心率过低，锻炼效果不明显；心率过高，锻炼则会适得其反，造成肌体损伤。据研究，心率在 120～150 次/分钟为锻炼效果的最佳区间，上限为安全界线，下限为显效界线。

表 2-2　　心率与锻炼效果评价表

心率（X）范围	锻炼效果
$X \leqslant 120$ 次/分钟	血压、血液、尿蛋白、心电图等均无明显变化，健身价值小
120 次/分钟 $< X \leqslant 140$ 次/分钟	心脏每搏输出量接近并达到最佳状态，健身效果明显
$X \approx 150$ 次/分钟	心脏每搏输出量最大，健身效果最好
160 次/分钟 $\leqslant X \leqslant 170$ 次/分钟	无不良的异常反应，也未出现更好的健身效果
$X \geqslant 180$ 次/分钟	体内免疫球蛋白减少，易产生疲劳、感染疾病、导致运动损伤等

常用的确定运动心率的方法有 5 种：年龄减算法、心率百分比法、库柏提出的最佳心率测定法、卡沃南法、卡尔森提出的运动强度心率测定法，如表 2-3 所示。

表 2-3　　常用的确定运动心率的方法

常用的确定运动心率的方法	计算公式
年龄减算法	运动时适宜的心率=180（或 170）−年龄
心率百分比法（T）	（每分钟最高心率数−年龄）×70%≤T≤（每分钟最高心率数−年龄）×85%，以此确定有氧锻炼的适宜负荷量
库柏提出的最佳心率测定法	锻炼时最佳心率=（最大心率−安静时心率）×70%+安静时心率
卡沃南法	运动时心率=（按年龄预计的最大心率−静息时心率）×60%+静息时心率
卡尔森提出的运动强度心率测定法	持续耐力训练适宜心率=（最高心率−运动前安静心率）÷2+运动前安静心率

3. 运动时间

运动时间指达到处方要求强度的持续时间。运动时间与运动强度成反比，强度大时，欲达到相同的训练效果，运动时间就可以缩短；强度小时，则运动时间应该延长。一般而言，要使身体各系统受到有效的运动刺激，达到有效心率后的运动时间不能少于 5 分钟。

4. 运动频率

运动频率指每周的运动次数。每周运动的次数要综合考虑疲劳的消除、运动效果的积累

与持续的时间。一般而言，耐力锻炼，每次20～60分钟，每周3～5次即可；肌肉力量锻炼，隔日为好；柔韧性锻炼，至少应两天1次，且每次训练皆伸展1～3个回合。运动能力强、体力好的大学生运动次数可以适当增加。

温馨提示 *有氧运动时，应达到合理的喘气状态，即可以说话，但无法唱歌。*

2.2.3 运动处方的实施

运动处方的制订和实施遵循一定的步骤，如图2-1所示。

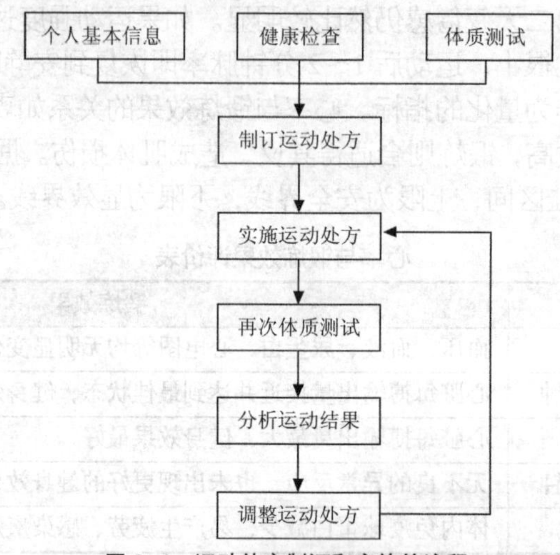

图2-1 运动处方制订和实施的流程

个人基本信息指姓名、性别、年龄、既往病史、训练经历、测试者的健身目的、所处环境等。例如，不曾训练过的人，进步幅度会较大；曾经长久训练过的人，进步则相对缓慢。

健康检查的目的是获取运动者在身体发育、机能水平及疾病状况等方面的基本信息，以便有针对性地确定运动项目、运动强度、运动频率等。健康检查主要检查心率、血压、心电图、摄氧量、验血、验尿等生理生化指标。

体质测试应在专业人员的指导和监督下进行，一般包括身体形态、心肺机能和身体素质3个方面。具体测试项目有身高、体重、肺活量、速度、力量、耐力、柔韧性等。

制订运动处方时，要重视运动目标的设置，短期、中期和长期相结合。一方面要防止因运动负荷水平过高而造成对机体的损害，另一方面要避免因运动量过小而达不到锻炼目的，应明确锻炼者心肺功能对运动负荷的反应。此外，运动项目的选择和确定应从个人实际出发，以明确、具体、便于量化为佳。大学生的体力、精力是人生全过程中最充沛的阶段，可选择球类、健美、武术、游泳等项目。

运动处方的实施是一个动态的过程，应根据锻炼效果对原定处方进行调整，使之更加切合实际，使运动处方内容与机体状态保持最佳配合，以切实达到发展身体、增强体质、增进健康、终身受益的目的。

坚持运动一段时间后，如果机体承受运动负荷的水平有所提高，机体对原有的运动刺激已经适应，则应加大运动量或改变运动方式，以不断提升锻炼效果；如果锻炼者竭尽全力也难以完成处方中规定的运动量，经常出现疲劳，甚至表现出了运动性疾病的症状，则应重新

评价运动者的机能水平和运动能力，修改运动处方的内容。表 2-4 所示为大学生运动处方。

表 2-4　　大学生运动处方

	项目	等级	锻炼频率	运动强度	靶心率/（次/分钟）	持续时间/分钟	组/次	组间隔/分钟
大学男生	身高体重标准	肥胖	2 次/天或 1 次/天	55%～70%	110～140	> 20 或 > 45		
		超重	1 次/天	55%～70%	110～140	> 45		
		较轻	3～4 次/周	65%～80%	130～160	> 30		
		营养不良	3～4 次/周	65%～80%	130～160	20～30		
	心肺功能	良好	3～4 次/周	65%～80%	130～160	> 20		
		及格	3～4 次/周	65%～80%	130～160	> 20		
		不及格	3 次/周	65%～80%	130～160	> 15		
	速度力量	良好	3 次/周					2
		及格	3 次/周					2
		不及格	3 次/周					2
	力量	良好	3 次/周				4～6	1～2
		及格	3 次/周				4～6	1～2
		不及格	3 次/周				4～6	1～2
	柔韧性	良好	1 次/天			30～60		
		及格	1～2 次/天			30～60		
		不及格	2 次/天			30		
大学女生	身高体重标准	肥胖	2 次/天或 1 次/天	55%～70%（-5%）	105～135	> 20 或 > 45		
		超重	1 次/天	55%～70%（-5%）	105～135	> 45		
		较轻	3～4 次/周	65%～80%（-5%）	125～155	> 30		
		营养不良	3～4 次/周	65%～80%（-5%）	125～155	20～30		
	心肺功能	良好	3～4 次/周	65%～80%（-5%）	125～155	> 20		
		及格	3～4 次/周	65%～80%（-5%）	130～160	> 20		
		不及格	3 次/周	65%～80%（-5%）	125～155	> 15		
	速度力量	良好	3 次/周					2～3
		及格	3 次/周					2～3
		不及格	3 次/周					2～3
	力量	良好	3 次/周				4～6	1～2
		及格	3 次/周				4～6	1～2
		不及格	3 次/周				4～6	1～2
	柔韧性	良好	1 次/天					0.5～1
		及格	1～2 次/天					0.5～1
		不及格	2 次/天					1

思考与练习

1. 科学锻炼的原则是什么？
2. 科学锻炼的方法有哪些？
3. 运动处方的内容包括哪些要素？
4. 运动处方制订与实施的步骤有哪些？

活动与探索

每人为自己量身制订一周的锻炼计划，计划应包括一周内锻炼的时间、内容和运动量的安排等，并详细说明其在科学性、针对性、可操作性 3 个方面的制订依据。

本章将介绍高职体育课程体系构建依据、高职体育教学目标与教育特点，以及高职体育课程体系结构。

3.1 高职体育课程体系构建依据

《全国普通高等学校体育课程教学指导纲要》是国家对大学生在体育课程方面的基本要求，是普通高等学校制订体育课程教学大纲，进行体育课程建设和评价的依据。

1. 课程性质

第一条　体育课程是大学生以身体练习为主要手段，通过合理的体育教育和科学的体育锻炼过程，达到增强体质、增进健康和提高体育素养为主要目标的公共必修课程；是学校课程体系的重要组成部分；是高等学校体育工作的中心环节。

第二条　体育课程是寓促进身心和谐发展、思想品德教育、文化科学教育、生活与体育技能教育于身体活动并有机结合的教育过程；是实施素质教育和培养全面发展的人才的重要途径。

2. 课程目标

第三条　基本目标

基本目标是根据大多数学生的基本要求而确定的，分为 5 个领域目标。

（1）运动参与目标：积极参与各种体育活动并基本形成自觉锻炼的习惯，基本形成终身体育的意识，能够编制可行的个人锻炼计划，具有一定的体育文化欣赏能力。

（2）运动技能目标：熟练掌握两项以上健身运动的基本方法和技能；能科学地进行体育锻炼，提高自己的运动能力；掌握常见的创伤的处置方法。

（3）身体健康目标：能测试和评价体质健康状况，掌握有效提高身体素质、全面发展体能的知识与方法；能合理选择人体需要的健康营养食品；养成良好的行为习惯，形成健康的生活方式；具有健康的体魄。

（4）心理健康目标：根据自己的能力设置体育学习目标；自觉地通过体育活动改善心理状态、克服心理障碍，养成积极乐观的生活态度；运用适宜的方法调节自己的情绪；在运动中体验运动的乐趣和成功的感觉。

（5）社会适应目标：表现出良好的体育道德和合作精神；正确处理竞争与合作的关系。

第四条　发展目标

发展目标是针对部分学有所长和有余力的学生确定的，也可作为大多数学生的努力目标，分为5个领域目标。

（1）运动参与目标：形成良好的体育锻炼习惯；能独立制订适用于自身需要的健身运动处方；具有较高的体育文化素养和观赏水平。

（2）运动技能目标：积极提高运动技术水平，发展自己的运动才能，在某个运动项目上达到或相当于国家等级运动员水平；能参加有挑战性的野外活动和运动竞赛。

（3）身体健康目标：能选择良好的运动环境，全面发展体能，提高自身科学锻炼的能力，练就强健的体魄。

（4）心理健康目标：在具有挑战性的运动环境中表现出勇敢顽强的意志品质。

（5）社会适应目标：形成良好的行为习惯，主动关心、积极参加社区体育事务。

3. 课程设置

第五条　普通高等学校的一、二年级必须开设体育课程（4个学期共计144学时）。修满规定学分、达到基本要求是学生毕业、获得学位的必要条件之一。

第六条　普通高等学校对三年级以上学生（包括研究生）开设体育选修课。

4. 课程结构

第七条　为实现体育课程目标，应使课堂教学与课外、校外的体育活动有机结合，学校与社会紧密联系。要把有目的、有计划、有组织的课外体育锻炼、校外（社会、野外）活动、运动训练等纳入体育课程，形成课内外、校内外有机联系的课程结构。

第八条　根据学校教育的总体要求和体育课程的自身规律应面向全体学生开设多种类型的体育课程，可以打破原有的系别班级建制，重新组合上课，以满足不同层次、不同水平、不同兴趣学生的需要。重视理论与实践相结合，在运动实践教学中注意渗透相关理论知识，并运用多种形式和现代教学手段，安排约10%的理论教学内容（每学期约4学时），扩大体育的知识面，提高学生的认知能力。

第九条　要充分发挥学生的主体作用和教师的主导作用，努力倡导开放式、探究式教学，努力拓展体育课程的时间和空间。在教师的指导下，学生应具有自主选择课程内容、自主选择任课教师、自主选择上课时间的自由度，营造生动、活泼、主动的学习氛围。

第十条　应把校运动队及部分确有运动特长学生的专项运动训练纳入体育课程之中。对部分身体异常和病、残、弱及个别高龄等特殊群体的学生，开设以康复、保健为主的体育课程。

5. 课程内容与教学方法

第十一条　确定体育课程内容的主要原则如下。

（1）健身性与文化性相结合。紧扣课程的主要目标，把“健康第一”的指导思想作为确定课程内容的基本出发点，同时重视课程内容的体育文化含量。

（2）选择性与实效性相结合。学校应根据学生的特点以及地域、气候、场馆设施等不同情况确定课程内容，课程内容应力求丰富多彩，为学生提供较大的选择空间。要注意课程内

容对促进学生健康发展的实效性，并注意与中学体育课程内容的衔接。

（3）科学性和可接受性相结合。教学内容应与学科发展相适应，反映本学科的新进展、新成果。要以人为本，遵循大学生的身心发展规律和兴趣爱好，既要考虑主动适应学生个性发展的需要，也要考虑主动适应社会发展的需要，为学生所用，便于学生课外自学、自练。

（4）民族性与世界性相结合。弘扬我国民族传统体育，汲取世界优秀体育文化，体现时代性、发展性、民族性和中国特色。

（5）充分反映和体现教育部、国家体育总局制定的《学生体质健康标准（试行方案）》的内容和要求。

第十二条 教学方法要讲究个性化和多样化，提倡师生之间、学生与学生之间的多边互助活动，努力提高学生参与的积极性，最大限度地发挥学生的创造性。不仅要注重教法的研究，更要加强对学生学习方法和练习方法的指导，提高学生自学、自练的能力。

6. 课程建设与课程资源的开发

第十三条 体育教师是课程教学的具体执行者和组织者。学校应当在上级行政部门核定的教师总编制内，按照体育课程教学计划授课、开展课外体育活动以及完成培养优秀体育人才训练的任务，配备相应数量合格的体育教师。

第十四条 体育教师要与时俱进，努力提高自身的政治、业务素养。学校应当有目的、有计划地安排体育教师定期接受教育培训，不断完善他们的知识结构、能力结构，逐步提高学历水平，从而提高体育师资队伍的整体水平，以适应现代教育的需要。

第十五条 体育教师在强化培养人才职能的基础上，逐步加强学校体育科学研究的职能和社会服务（含社区体育）的职能，开展经常性的科学研究和教育教学的研究，不断推广优秀教学成果。

第十六条 学校应当按照教育部发布的“普通高等学校体育场馆设施、器材配备目录”及有关规定进行规划和建设，创造条件满足体育课程的实际需要，采取措施延长体育场馆、设施的开放时间，提高对各项体育设施的利用率。

第十七条 要建立、健全体育课程的各项规章制度和教师培养聘任制度；各类教学文件和教师、学生考核资料须归档立案；建立《学生体质健康标准》测试管理系统；建立体育场馆设施、器材的管理系统；逐步实现体育课程管理的科学化、系统化和计算机网络化。

第十八条 各校应根据本纲要和学校的实际情况制订教学大纲，自主选择教学内容，有的放矢地进行教学改革和试验，加强教学过程控制，防止以改革之名行无政府主义之实的不良现象发生。根据体育课程的实际情况，为确保教学质量，课堂教学班人数一般以 30 人左右为宜。

第十九条 体育课程教材的审定工作由教育部“全国高校体育教学指导委员会”统一规划与组织。本着“一纲多本”的原则，博采众长编写高质量的教材。未经“全国高校体育课程教学指导委员会”审定通过的体育课程教材，各地、各高校均不得选用，杜绝质量低劣的教材进入课堂。

第二十条 因时因地制宜开发利用各种课程资源是课程建设的重要途径。

（1）充分利用校内外有体育特长的教师、班主任、校医、家长、学生骨干等，开发人力资源。

（2）充分利用校内外的体育场馆设施，合理布局，合理使用有限的物力和财力，开发体育设施资源。

（3）做好现有运动项目的改造和对新兴、传统体育项目的利用，开发运动项目资源。

（4）充分利用各种媒体（广播、电视、网络等）获取信息，不断充实、更新课程内容。

（5）充分利用课外时间和节假日，开展家庭体育、社区体育、体育夏（冬）令营、体育节、郊游等各种体育活动，开发课外和校外体育资源。

（6）充分利用空气、阳光、水、江、河、湖、海、沙滩、田野、森林、山地、草原、雪原、荒原等条件，开展野外生存、生活方面的教学与训练，开发自然环境资源。

7. 课程评价

第二十一条　体育课程评价包括对学生的学习、教师的教学和课程建设 3 个方面。学生的学习评价应是对学习效果和过程的评价，主要包括体能与运动技能、认知、学习态度与行为、交往与合作精神、情意表现等，通过学生自评、互评和教师评定等方式进行。评价中应淡化甄别、选拔功能，强化激励、发展功能，把学生的进步幅度纳入评价内容。教师的教学评价内容主要包括教师业务素养（专业素质、教学能力、科研能力、教学工作量）和课堂教学两个方面，可通过教师自评、学生评价、同行专家评议等方式进行，课程建设评价的内容主要包括课程结构体系、课程内容、教材建设、课程管理、师资配备与培训、体育经费、场馆设施以及课程目标的达成程度等，采用多元综合评价的方式进行。评价过程中，应重视学生的学习效果和反应，重视社会有关方面的评价意见。

第二十二条　体育课程建设的评价由教育部组织进行。各省、自治区、直辖市教育行政部门应根据教育部有关规定制定评价方案，定期表彰和奖励有突出贡献的个人和成绩优秀的单位。教育部在 4 年一次的全国大学生运动会上进行全国性表彰和奖励，充分发挥教育评价的导向和激励作用。

8. 附则

第二十三条　本纲要适用于全国普通高等学校。普通高等学校体育类专业不适用本纲要。

3.2　高职体育教学目标与教育特点

本节将介绍高职体育教学目标与高职体育教育特点。

3.2.1　高职体育教学目标

高职教学虽然是培养我国一线技术人才的摇篮，但是体育锻炼仍然是教学的主要内容。高职院校的体育教学主要以运动和锻炼身体为目的，培养学生体育锻炼的方法，提高人的物理潜能，培养学生健康的心理素质。高职体育教学不是为了培养专业的运动员，其教学的核心理念是培养德智体美全面发展的学生。要实现这样的目标，需加强学生的体育锻炼，让学生掌握体育锻炼的基本知识，并学会基本的体育锻炼技能，练就强健的体魄，以充沛的精力迎接未来的挑战。

3.2.2　高职体育教育特点

高职教育是随着社会发展需求应运而生的一种职业教育，在我国，职业教育已有十几年的历史，在这段时间内，对于高职教育来说，一切都是新的，教学内容和教学方法都需要不断进行研究探索，对于高职体育教育来说同样面对这些问题。

高职体育教育虽然可以借鉴高中和大学的体育教学内容与教学方法，但是由于面对的教

育对象不同，高职院校的体育教育需要在传统的体育教育上进行一定的改革创新。高职体育教育和中职体育教育不同，中职教育培养的学生是没有接受过高中教育的学生，而高职学校面对的学生是经过高中教育的学生，学生的学习能力和知识储备都较中职学生丰富，所以，高职体育教育应该区别于中职体育教育，但是高职体育教育还是可以吸收借鉴中职体育教育经验的。

目前高职体育教育应该针对学生的实际情况制订教学内容，这样才能全面有效地促进学生整体身体素质的提高。中职学校的体育教学主要是培养学生的体育精神，为学生建立起锻炼身体的思想，这样，在实际的体育课教学中，教师和学生就非常轻松。精神放松的体育教学不仅教师可以充分发挥个人的教学能力，学生也能够对体育教学产生好感，从而热爱体育教育。高职学生从思想和身体上都相对成熟，能够认识到身体健康对今后工作和生活的重要性，这在一定程度上减轻了高职体育教育的负担。

3.3　高职体育课程体系结构

高职院校体育课程体系分为课程思想、课程建设、课程实施、课程评价4大模块，而贯穿这4大模块的是指导思想、课程目标、课程设置、课程形式、教学内容、教学方法、课程评价7个结构要素。

3.3.1　课程思想

1. 丰富课程指导思想

近年来健康问题一直是国家与社会所关注的问题，加入体育锻炼的社会群体也越来越多。在学校方面，学生的身体素质如何也是学校体育教学研究较多的课题。学校体育作为课程的重要组成部分，小学6年，初高中6年，可以说是在整个教育系统中年限最长、能产生重要影响的课程之一。从理论上来说，学生经过了12年的体育学习，不管是体育理论知识还是身体素质都应该达到了一个不错的水平，且养成了体育锻炼的习惯，但实际上并非如此，学生体质健康测试数据结果显示，高校学生的身体素质不升反降，同时学生的锻炼意识也比较缺乏。因此，高职院校体育课程的指导思想在以“健康第一”为前提的条件下必须加入素质教育和终生体育思想。这里的“素质教育”包括学生身体素质及体育思想道德教育。体育教师在教会学生体育知识与技能的同时，还需要教会学生在学习和工作中互帮互助、团结协作、尊重对手等思想品德。

2. 明确体育课程的目标

课程目标的确定是课程改革的前提，它引导课程改革的方向，并在一定程度上决定课程改革的可接受程度。课程目标的完整性源自人发展的全面性（即身体的发展、心理的发展以及良好的社会适应性）。高职院校体育课程目标要根据学生的需求和发展特征来制订，既要着眼于学生的发展，又要着眼未来。

高职院校学生喜欢上体育课，但是现在受网络的影响，除体育课外，其他时间参加锻炼的学生较少，因此“运动参与”目标应该是高职院校体育课程体系改革应遵循的主要目标，课堂上掌握健身知识和锻炼方法，课外通过多种形式积极参加体育活动。其次健康目标也非常重要，针对现在大学生身体素质下降较严重的情况，高职院校的体育教学必须教会学生锻炼的方法，使学生养成锻炼的习惯，形成健康的生活方式。培养学生在运动中不怕苦、不退

缩的精神，使其体会到运动的乐趣。大学对于学生来说是进入社会的过渡阶段，因此，社会适应目标也是体育教学中必不可少的，体育教师在教学中需培养学生团结合作的意识，还需使学生意识到竞争在任何时候都存在，应公平竞争。

3.3.2 体育课程网络化建设

现代社会科技高速发展，体育课程也应适应时代发展，进行网络化建设。

体育课程中无论是基础课，还是选修课，都可以利用网络进行网上选课。建立网站，在网站上对每门课程与教师都做详细介绍，学生通过介绍选择自己喜欢的教师与课程，这种通过空余时间选课的方法，不会影响学校其他专业课的安排，保证了学生在校上足两年体育课。关于课外体育活动中的身体锻炼管理也可以利用校园一卡通进行网络化管理。

3.3.3 课程实施

体育课程的实施主要解决学校“体育课程教什么”“学生学会了什么”这两个问题。高职院校体育课程的内容选择既要考虑到体育课本身的性质，又要考虑到把育人和修身相结合，让学生以后能带入社会与以后的生活相结合。这就体现了体育教育的多种育人目标和价值。

1. 课程内容适应时代，服务于职业

时代性是体育课程内容现代化的突出表现，课程内容必须紧跟时代发展的步伐，适应社会不断更新。体育课程的教学首先要对学生进行基础教学，体育的基本理论知识和体育保健的基本方法是学生必须掌握的，同时基本的运动技能如跑、跳、投等学生也应该得到很好的发展锻炼。但是作为职业院校，教学内容在安排上不仅要完成以上任务，还要针对学生的职业特点及需求进行安排，课程内容可以实用化，贴近社会，使学生在学校学习的知识在其毕业后能为其工作服务，使学生能胜任本专业的工作。例如，对于酒店管理专业的学生，安排器械训练、体育舞蹈、游泳、体形等课程；会计专业的学生应增加灵敏性方面的练习，文秘专业的学生要多普及肩周炎和颈椎病的预防知识。

2. 教学中突出学生的主体性

在教学中要突出学生的主体性，教学方法的合理运用就非常重要。一个好的教学方法就是教师在整个教学中发挥主导作用，同时又充分体现出学生的主体性，培养学生的主体意识感。怎样把教师的主导作用发挥出来，这就要求教师有较强的责任感，能够深入研究教材内容并且针对不同类型的学生不断改革教学方法和组织形式，同时要求教师要有较高的教学设计能力。如何突出学生的主体性，培养学生的主体意识，这就要求教师要了解学生的兴趣爱好，对学生提出的合理要求必须重视。在平时的教学中应该多给学生自我评价的机会和互相评价的机会，让学生的体育学习成为快乐的学习并且通过学习获得成功的满足感。最终通过体育教学引导学生增强体育意识和养成自觉锻炼的习惯。

3.3.4 课程评价多元化

目前在高职院校中教学的评价大部分为过程性评价和结果评价相结合，但是在实际操作过程中还是以结果评价为主。高职院校体育课程教学中的评价现在基本上也都趋向于这种评价方式，在这种评价方式中我们必须知道结果是重要的，但过程更重要。

除教学中评价外，跟踪评价也是体育课程不可缺少的一部分，这种评价主要是对毕业以后的学生在工作与生活中进行体育锻炼的情况进行跟踪调查，这也是对体育课效果的评价。

如果学校的体育课程跟踪评价能够实施起来并且根据收集到的信息进行分析，那么对以后课程改革将起到非常重要的作用。

思考与练习

1. 高职体育的特点有哪些？
2. 丰富课程评价体系的方法有哪些？

活动与探索

结合高职体育的特点，小组讨论如何更好地通过体育课程的学习来有效提高自身的体育素养。

本章将介绍大学生体质健康标准、大学生体质健康测试方法和大学生体质健康测试评分方法。

4.1 大学生体质健康测试概述

本节将介绍大学生体质健康测试的目的、依据及意义。

我国大学生体质健康测量与评价制度的演变和发展，是与我国不同时期社会、经济、科技、文化和教育的发展水平相适应的。

大学生体质健康测试是贯彻《中华人民共和国体育法》和《全民健身计划纲要》的重要举措，它旨在通过对大学生进行体质测定，评价其体质状况和体育锻炼效果，健全并督促大学生参加体育锻炼，科学地指导大学生开展体育活动，从而不断地增强大学生的体质。

大学生体质健康测试的目的是促进大学生加强锻炼，提高其体质健康水平，让大学生意识到健康对其一生的进步发展的重要性。拥有健康的体魄是迈向成功的重要基础，通过大学生体质健康测试让大学生懂得只有坚持经常参加体育活动，养成坚持锻炼身体的良好习惯，才能增强体质、提高健康水平。大学生体质健康测试还有助于学校掌握大学生体质发展和变化的规律，有助于学校切实加强体育工作，促进学生积极参加体育锻炼，提高大学生的体质健康水平。

学生体质健康评价是学校体育工作中的重要环节，也是学校教育评价体系中的重要组成部分。以《学生体质健康标准（试行方案）》《国家学生体质健康标准》为根据，进行大学生体质健康测试，对于贯彻“学校教育要树立健康第一的指导思想，切实加强体育工作”精神，促进学生积极参加体育锻炼，养成经常锻炼身体的习惯，提高自我保健能力和体质健康水平，具有重要的现实意义和长远的社会意义。

4.2 大学生体质健康测试方法

本节将介绍大学生体质健康测试的测试项目、测试器材、测试方法及注意事项。

4.2.1 身高体重

1. 身高

（1）测试目的：测试学生的身高，评定学生的生长发育水平及营养状况。

（2）测试器材：机械式身高计。

（3）测试方法：被测者赤足，身着轻装以立正姿势站在身高计的底板上（上肢自然下垂，足跟并拢，足尖分开成 60°）。足跟、骶骨部及两肩胛区与立柱相接触，躯干自然挺直，头部正直。测试人员坐在被测者右侧，按动水平压板使其轻轻沿立柱下滑，触及被测者头部时，停止下滑，读取并记录数据，测试完毕。

（4）注意事项：身高计应选择平坦地面靠墙放置。测试人员移动水平压板时必须手握。水平压板和头部接触时，松紧要适度，头发蓬松者要压实，妨碍测量的发髻要放开，饰物要取下。

2. 体重

（1）测试目的：测试学生的体重，评定学生的生长发育水平及营养状况。

（2）测试器材：电子秤。

（3）测试方法：被测者赤足，穿短衣短裤，自然站立在电子秤中间，保持身体平稳，读取并记录数据，测试完毕。

（4）注意事项：电子秤应放在平坦的地面上。被测者应尽量减少着装，上下电子秤时动作要轻缓，测试前不要大量饮水，也不要进行剧烈的体育活动和体力劳动。

4.2.2 肺活量

（1）测试目的：测试学生的肺通气功能。

（2）测试器材：电子肺活量计。

（3）测试方法：被测者面对仪器站立，手持吹气口嘴；面对肺活量计站立深吸气（避免耸肩提气，应该像闻花香一样慢吸气）；吸气后屏住气再对准口嘴吹气，防止此时从口嘴处吸气；测试中不得二次吸气、吹气，向口嘴处慢慢呼气至不能再呼出气体为止；吹气完毕后，液晶屏上最终显示的数字即为肺活量毫升值。

（4）注意事项：被测者不必紧张，并且要尽全力；以中等速度和力度吹气效果最好。

4.2.3 坐位体前屈

（1）测试目的：测试学生身体柔韧素质的发展水平。

（2）测试器材：坐位体前屈测量计。

（3）测试方法：被测者坐在连接于箱体的软垫上，两腿伸直，不可弯曲，脚跟并拢，脚尖分开 10～15 厘米，踩在测量计垂直平板上，两手并拢；两臂和手伸直，渐渐使上体前屈，用两手中指指尖轻轻推动标尺上的游标使其前滑（两手不得有突然前伸动作），直到两手不能继续前伸时为止。

（4）注意事项：两手向前推游标时两腿不能弯曲；被测者应匀速向前推动游标，两手不能有突然前伸动作。

4.2.4 仰卧起坐

（1）测试目的：测试学生的腹肌耐力。

（2）测试器材：仰卧起坐测试仪。

（3）测试方法：被测者全身仰卧于垫上，两腿稍分开，屈膝成 90° 左右，两手手指交叉于脑后，另一个同学压住其踝关节，以便固定下肢；测试人员目测被测者完成上述动作要领后，让被测者开始仰卧起坐；被测者起坐时躯干与垫之间的夹角超过 90° 算完成一次仰卧起坐；测试时间为 1 分钟，计时停止后，测试完毕。

（4）注意事项：被测者起坐时两肘必须触及并超过双膝，仰卧时两肩胛必须触垫；不得借用肘部撑垫或臀部起落的力量坐起，否则该次不计。

4.2.5 引体向上

（1）测试目的：测试男生上肢肌肉量的发展水平。

（2）测试器材：引体向上测试仪。

（3）测试方法：被测者正手抓单杠用背阔肌的力量将身体向上拉起，下巴应超过单杠并稍做停顿，然后放松背阔肌让身体下降直到完全下垂，再重复做。

（4）注意事项：被测者应双手正握单杠，待身体静止后开始测试；引体向上时，身体不得做大的摆动，也不得借助其他附加动作撑起；两次引体向上的间隙时间超过 10 秒则停止测试。

4.2.6 立定跳远

（1）测试目的：测试学生下肢肌肉力量及身体协调能力的发展水平。

（2）测试器材：立定跳远测距仪或皮尺。

（3）测试方法：被测者两脚自然分开站立，站在起跳线后，脚尖不得踩线；两脚原地同时起跳，不得有垫步或连跳动作；起跳线后缘至最近着地点后缘的垂直距离即为被测者立定跳远的成绩。

（4）注意事项：双脚起跳，不得踩线，否则视为犯规；最多只能测试 3 次，如果 3 次都犯规，则成绩为 0。

4.2.7 50 米跑

（1）测试目的：测试学生的灵敏性和下肢爆发力。

（2）测试仪器：50 米跑测试仪或秒表。

（3）测试方法：被测者站在 50 米跑起跑线后，采用站立式起跑姿势，听到发令枪响时快速跑动冲过终点。

（4）注意事项：穿轻便的运动鞋和舒适的运动裤，在温暖的天气可穿短衣短裤；做好充分的准备活动，心态要放松；起跑时要集中注意力听起跑信号，迅速启动；跑进时身体适度前倾，大腿高抬，积极摆臂，到达终点时做撞线动作。

4.2.8 耐力跑（女生 800 米/男生 1 000 米）

（1）测试目的：衡量学生心肺机能的发展水平。

（2）测试仪器：耐力跑测试仪或秒表。

（3）测试方法：被测者若干人一组站立于耐力跑测试起跑线后，采用站立式起跑，听到发令枪响开始跑动，出发后允许抢道。

（4）注意事项：做好充分的准备活动，心态要放松，重点加强膝关节的活动；掌握好呼

吸节奏，以鼻呼气、口鼻混合吸气较好，一般情况下，以 3 步一呼、3 步一吸为宜；测试结束后，应再慢跑一二百米，使身体各部位慢慢放松下来，然后对身体各部位做放松动作。

4.3　大学生体质健康测试评分方法

本节将介绍大学生体质健康测试评分方法。

4.3.1　单项指标与权重

单项指标与权重如表 4-1 所示。

表 4-1　　单项指标与权重

测试对象	单项指标	权重/%
大学各年级学生	体重指数	15
	肺活量	15
	50 米跑	20
	坐位体前屈	10
	立定跳远	10
	引体向上（男）/1 分钟仰卧起坐（女）	10
	1 000 米跑（男）/800 米跑（女）	20

4.3.2　各项指标评分方法

1. 体重指数评分方法

体重指数评分方法如表 4-2 所示。

表 4-2　　体重指数（单位：千克/米 ^{2}）评分方法

<table>
<tr><th>等级</th><th>单项得分/分</th><th>大学男生</th><th>大学女生</th></tr>
<tr><td>正常</td><td>100</td><td>17.9～23.9</td><td>17.2～23.9</td></tr>
<tr><td>低体重</td><td rowspan="2">80</td><td>≤17.8</td><td>≤17.1</td></tr>
<tr><td>超重</td><td>24.0～27.9</td><td>24.0～27.9</td></tr>
<tr><td>肥胖</td><td>60</td><td>≥28.0</td><td>≥28.0</td></tr>
</table>

注：体重指数=体重/身高 ^{2}。

2. 肺活量评分方法

肺活量评分方法如表 4-3 所示。

表 4-3　　肺活量（单位：毫升）评分方法

等级	单项得分/分	大学男生		大学女生	
		大一、大二	大三、大四	大一、大二	大三、大四
优秀	100	5 040	5 140	3 400	3 450
	95	4 920	5 020	3 350	3 400
	90	4 800	4 900	3 300	3 350

续表

等级	单项得分/分	大学男生		大学女生	
		大一、大二	大三、大四	大一、大二	大三、大四
良好	85	4 550	4 650	3 150	3 200
	80	4 300	4 400	3 000	3 050
及格	78	4 180	4 280	2 900	2 950
	76	4 060	4 160	2 800	2 850
	74	3 940	4 040	2 700	2 750
	72	3 820	3 920	2 600	2 650
	70	3 700	3 800	2 500	2 550
	68	3 580	3 680	2 400	2 450
	66	3 460	3 560	2 300	2 350
	64	3 340	3 440	2 200	2 250
	62	3 220	3 320	2 100	2 150
	60	3 100	3 200	2 000	2 050
不及格	50	2 940	3 030	1 960	2 010
	40	2 780	2 860	1 920	1 970
	30	2 620	2 690	1 880	1 930
	20	2 460	2 520	1 840	1 890
	10	2 300	2 350	1 800	1 850

3. 50 米跑评分方法

50 米跑评分方法如表 4-4 所示。

表 4-4　　50 米跑（单位：秒）评分方法

等级	单项得分/分	大学男生		大学女生	
		大一、大二	大三、大四	大一、大二	大三、大四
优秀	100	6.7	6.6	7.5	7.4
	95	6.8	6.7	7.6	7.5
	90	6.9	6.8	7.7	7.6
良好	85	7.0	6.9	8.0	7.9
	80	7.1	7.0	8.3	8.2
及格	78	7.3	7.2	8.5	8.4
	76	7.5	7.4	8.7	8.6
	74	7.7	7.6	8.9	8.8
	72	7.9	7.8	9.1	9.0
	70	8.1	8.0	9.3	9.2
	68	8.3	8.2	9.5	9.4
	66	8.5	8.4	9.7	9.6
	64	8.7	8.6	9.9	9.8
	62	8.9	8.8	10.1	10.0
	60	9.1	9.0	10.3	10.2
不及格	50	9.3	9.2	10.5	10.4
	40	9.5	9.4	10.7	10.6
	30	9.7	9.6	10.9	10.8
	20	9.9	9.8	11.1	11.0
	10	10.1	10.0	11.3	11.2

4. 坐位体前屈

坐位体前屈评分方法如表 4-5 所示。

表 4-5　坐位体前屈（单位：厘米）评分方法

等级	单项得分/分	大学男生		大学女生	
		大一、大二	大三、大四	大一、大二	大三、大四
优秀	100	24.9	25.1	25.8	26.3
	95	23.1	23.3	24.0	24.4
	90	21.3	21.5	22.2	22.4
良好	85	19.5	19.9	20.6	21.0
	80	17.7	18.2	19.0	19.5
及格	78	16.3	16.8	17.7	18.2
	76	14.9	15.4	16.4	16.9
	74	13.5	14.0	15.1	15.6
	72	12.1	12.6	13.8	14.3
	70	10.7	11.2	12.5	13.0
	68	9.3	9.8	11.2	11.7
	66	7.9	8.4	9.9	10.4
	64	6.5	7.0	8.6	9.1
	62	5.1	5.6	7.3	7.8
	60	3.7	4.2	6.0	6.5
不及格	50	2.7	3.2	5.2	5.7
	40	1.7	2.2	4.4	4.9
	30	0.7	1.2	3.6	4.1
	20	-0.3	0.2	2.8	3.3
	10	-1.3	-0.8	2.0	2.5

5. 立定跳远

立定跳远评分方法如表 4-6 所示。

表 4-6　立定跳远（单位：厘米）评分方法

等级	单项得分/分	大学男生		大学女生	
		大一、大二	大三、大四	大一、大二	大三、大四
优秀	100	273	275	207	208
	95	268	270	201	202
	90	263	265	195	196
良好	85	256	258	188	189
	80	248	250	181	182
及格	78	244	246	178	179
	76	240	242	175	176
	74	236	238	172	173
	72	232	234	169	170
	70	228	230	166	167
	68	224	226	163	164
	66	220	222	160	161
	64	216	218	157	158
	62	212	214	154	155
	60	208	210	151	152

续表

等级	单项得分/分	大学男生		大学女生	
		大一、大二	大三、大四	大一、大二	大三、大四
不及格	50	203	205	146	147
	40	198	200	141	142
	30	193	195	136	137
	20	188	190	131	132
	10	183	185	126	127

6. 引体向上和仰卧起坐

引体向上和仰卧起坐评分方法如表 4-7 所示。

表 4-7 引体向上和仰卧起坐（单位：次）评分方法

等级	单项得分/分	大学男生（引体向上）		大学女生（仰卧起坐）	
		大一、大二	大三、大四	大一、大二	大三、大四
优秀	100	19	20	56	57
	95	18	19	54	55
	90	17	18	52	53
良好	85	16	17	49	50
	80	15	16	46	47
及格	78			44	45
	76	14	15	42	43
	74			40	41
	72	13	14	38	39
	70			36	37
	68	12	13	34	35
	66			32	33
	64	11	12	30	31
	62			28	29
	60	10	11	26	27
不及格	50	9	10	24	25
	40	8	9	22	23
	30	7	8	20	21
	20	6	7	18	19
	10	5	6	16	17

7. 耐力跑

耐力跑评分方法如表 4-8 所示。

表 4-8 耐力跑评分方法

等级	单项得分/分	大学男生（1 000 米）		大学女生（800 米）	
		大一、大二	大三、大四	大一、大二	大三、大四
优秀	100	3′17″	3′15″	3′18″	3′16″
	95	3′22″	3′20″	3′24″	3′22″
	90	3′27″	3′25″	3′30″	3′28″
良好	85	3′34″	3′32″	3′37″	3′35″
	80	3′42″	3′40″	3′44″	3′42″

续表

等级	单项得分/分	大学男生（1 000 米）		大学女生（800 米）	
		大一、大二	大三、大四	大一、大二	大三、大四
及格	78	3′47″	3′45″	3′49″	3′47″
	76	3′52″	3′50″	3′54″	3′52″
	74	3′57″	3′55″	3′59″	3′57″
	72	4′02″	4′00″	4′04″	4′02″
	70	4′07″	4′05″	4′09″	4′07″
	68	4′12″	4′10″	4′14″	4′12″
	66	4′17″	4′15″	4′19″	4′17″
	64	4′22″	4′20″	4′24″	4′22″
	62	4′27″	4′25″	4′29″	4′27″
	60	4′32″	4′30″	4′34″	4′32″
不及格	50	4′52″	4′50″	4′44″	4′42″
	40	5′12″	5′10″	4′54″	4′52″
	30	5′32″	5′30″	5′04″	5′02″
	20	5′52″	5′50″	5′14″	5′12″
	10	6′12″	6′10″	5′24″	5′22″

8. 加分指标

加分指标评分方法如表 4-9 所示。

表 4–9　　加分指标评分方法

加分/分	引体向上（男）/次	仰卧起坐（女）/次	1 000 米（男）	800 米（女）
10	10	13	−35"	−50"
9	9	12	−32"	−45"
8	8	11	−29"	−40"
7	7	10	−26"	−35"
6	6	9	−23"	−30"
5	5	8	−20"	−25"
4	4	7	−16"	−20"
3	3	6	−12"	−15"
2	2	4	−8"	−10"
1	1	2	−4"	−5"

注：引体向上、仰卧起坐均为高优指标，学生成绩超过单项评分 100 分后，以超过的次数所对应的分数进行加分；1 000 米跑、800 米跑均为低优指标，学生成绩高于单项评分 100 分后，以减少的秒数所对应的分数进行加分。

思考与练习

对比大学生体质健康标准，核查自身的健康情况。

活动与探索

根据大学生体质健康标准和自身情况，制订相应的身体素质提高计划。

第5章 田径

本章将介绍田径运动的起源和现代田径运动的发展，从田赛和径赛中选取大学生喜闻乐见的跑、投、跳的部分项目：跳高、跳远、三级跳远、推铅球、短距离跑（简称短跑）、中长距离跑（简称中长跑）、跨栏跑、接力跑，对其具体技术进行详细阐述。

5.1 田径运动概述

本节将介绍田径运动的起源和现代田径运动的发展，并对标准田径场进行简单介绍。

5.1.1 田径运动的起源

田径是世界上较为普及的体育运动之一，也是历史悠久的运动项目，被誉为“运动之母”。关于其起源，大致可以归纳为 4 种：生存并与自然界做斗争的手段；古代祭祀中的一项活动；战争的需要；教育的内容。

远在上古时代，田径运动就在人类生活中占据极其重要的地位。快速地奔跑、敏捷地跳跃和准确地投掷是原始人获得生活资料的必要手段。在劳动中这些动作不断重复，长久积累便形成了走、跑、跳、投的各种技能。在古希腊阿尔菲斯河岸的峭壁上，刻有如下名言。

如果你想聪明，跑步吧！

如果你想强壮，跑步吧！

如果你想健康，跑步吧！

据记载，田径运动成为正式比赛项目，是在公元前 776 年举行的第 1 届古代奥运会上，项目只有短距离赛跑，跑道是一条长 192.27 米的直道。

5.1.2 现代田径运动的发展

田径运动是由田赛、径赛、公路赛、竞走和越野赛组成的运动项目。以高度和远度计算成绩的跳跃、投掷项目统称为田赛，以时间计算成绩的竞走和跑的项目统称为径赛。全能运动由跑、跳、投的部分项目组成，以各单项成绩按“田径全能运动评分表”换算分数、计算成绩。

1896 年在希腊举行的第 1 届现代奥运会上，走、跑、跳跃、投掷等 12 个田径项目被列为主要比赛项目，这成为现代田径运动开始的标志。1912 年，国际业余田径联合会成立，确立了国际统一的田径竞赛项目和竞赛规则，开始组织国际田径比赛。

田径运动是比速度、比高度、比远度、比耐力的体能项目，很好地体现了"更高、更快、更强"的奥林匹克运动精神。在奥运会中田径设有 47 枚金牌，是奥运金牌设置最多的项目，所以有"得田径者得天下"之说。

标准的田径场一般由外场、中场及内场 3 部分组成。

（1）外场

外场指径赛跑道外侧，主要包括建筑看台或其他有关设施。一般而言，仅供教学和训练的田径场外场留几米即可，标准田径场四周则要留出几十米。

（2）中场

中场指径赛跑道所占据的空间，内圈周长为 400 米，为椭圆形。弯道为半圆形，半径为 36.5 米。直道要沿南北方向，以避免太阳位置低时的炫目影响。一般设 8～10 条分道，每条分道宽 1.22～1.25 米。跑道内侧安全区域不少于 1 米，起跑区不少于 3 米，冲刺缓冲段不少于 17 米。跑道左右倾斜度最大不得超过 1：1 000，跑的方向上的向下倾斜度不得超过 1：1 000。

（3）内场

内场是供田赛或球类比赛使用的部分。

5.2　田赛

田赛包括跳跃项目和投掷项目。跳跃项目分为高度类和远度类，其中高度类有跳高和撑竿跳高，远度类有跳远和三级跳远。投掷项目包括推铅球、掷铁饼、掷标枪和掷链球。本节将介绍跳高、跳远、三级跳远、推铅球的概况，详细阐述其技术要领。

5.2.1　跳高

跳高要求运动员通过快速助跑，经单脚起跳，越过一定高度的横杆。它能有效地增强腿部肌肉力量，提高弹跳力、灵敏度和协调性，培养勇敢、果断的意志品质。

跳高起源于古代人类在生活和劳动中越过垂直障碍的活动。从生存的本能需要，到健身的手段、娱乐的项目，跳高随着社会经济、文化的发展而演变。最初的跳高比赛是在草地上进行的。运动员面对两根木桩之间的绳子，通过助跑起跳，双腿屈膝越过。现代跳高始于欧洲。男、女跳高分别于 1896 年（第 1 届奥运会）、1928 年（第 9 届奥运会）被列为奥运会比赛项目。

跳高的技术动作先后出现过 5 次重大演变，即跨越式（见图 5-1）、剪式（见图 5-2）、滚式（见图 5-3）、俯卧式（见图 5-4）和背越式（见图 5-5）。当代跳高运动趋向于以速度为核心，即要求助跑速度快、起跳速度快、过杆速度快。

AR 图 5-1　跨越式跳高

图 5-2　剪式跳高

图 5-3　滚式跳高

图 5-4　俯卧式跳高

图 5-5　背越式跳高

背越式跳高以特定的弧线助跑，起跳后背对横杆腾起，如图 5-6 所示。背越过杆是现代常用的一种跳高技术，由助跑、起跳、过杆和落地 4 个不同的技术环节组成。

图 5-6　背越式跳高连续动作

1. **助跑技术**

助跑的任务是获得必要的水平速度和蹬地力量，调整适宜的动作节奏，形成合理的身体内倾姿势，为起跳和顺利过杆创造有利条件。

（1）助跑的起动

助跑起动的方式有两种：原地起动（直接从助跑点上开始助跑的方式）和行进间起动（预先走动或跑动 3～5 步，然后踏上助跑点开始助跑的方式）。原地起动有利于助跑步点的准确性，步长相对固定，但动作较紧张，加速较慢；行进间起动则动作自然放松，加速较快，但助跑步点不易准确。

（2）助跑的路线

如图 5-7 所示，背越式跳高助跑的前段为直线或近似直线，后段 4～5 步跑弧线。如图 5-8 所示，直线助跑时，上体略前倾，步幅开阔，后蹬充分，身体重心平稳且保持高位；弧线助跑时，身体逐渐内倾，外侧的肩略高于内侧的肩，外侧臂和腿的摆动幅度较之内侧要大。

扫一扫

背越式跳高

（3）助跑的距离

助跑距离指从助跑点到起跳点的距离。全程一般为 8～12 步，距

离最长可达 30 米左右。

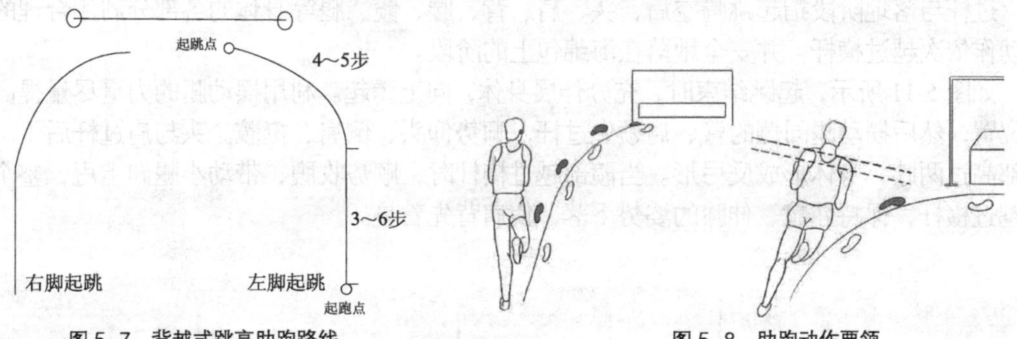

图 5-7 背越式跳高助跑路线

图 5-8 助跑动作要领

（4）助跑的节奏

助跑节奏具体表现为步频（单位时间内两腿的交换次数）与步长在助跑中的变化。背越式跳高助跑的节奏要求从慢到快，前几步慢，后蹬充分，腾空较大，倒数 3～5 步加快频率，但步长变化要小，最后 1 步争取最快。

（5）助跑的技术要点

整个助跑过程的动作应该自然、放松、快速、连贯，全程节奏明确、逐渐加速。最后 1 步，摆动腿的动作极为关键。腿着地时，积极下压拔地，形成牢固支撑，身体重心迅速前移，进入起跳状态。

2. 起跳技术

起跳是背越式跳高的关键技术。其任务是迅速改变人体运动方向，实现最大垂直速度和合理的腾空角度，为顺利过杆创造条件。

起跳阶段，起跳脚踏上起跳点，起跳腿经过支撑、缓冲、蹬伸，蹬离地面跳起，摆动腿蹬离地面与臂协调摆动，达到最高位置。起跳腿指用于蹬伸起跳的腿，多选择较有力的腿。摆动腿指起跳时用于协调配合起到摆动作用的腿。

如图 5-9 所示，在助跑最后一步身体内倾达到最大限度时，摆动腿用力后蹬，推动髋部迅速前移，使起跳腿快速踏上起跳点，形成肩轴与髋轴交叉扭紧姿势。接着，起跳脚以脚跟外侧着地并迅速过渡到全脚掌，脚尖朝向助跑弧线的切线方向，起跳腿自然屈膝并被压紧。随着身体由内倾转为垂直，起跳腿的髋、膝、踝 3 个关节依次迅猛发力，快速完成蹬伸起跳的动作。

如图 5-10 所示，蹬伸结束时，起跳腿的髋、膝、踝 3 个关节应该充分伸直，使身体垂直于地面，以保证身体向垂直方向充分腾起。

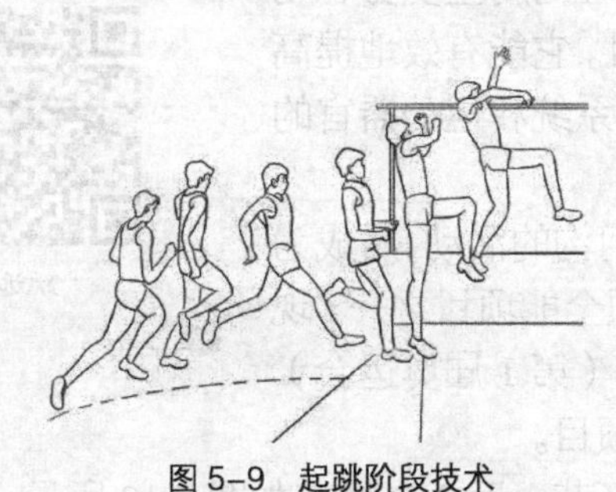

图 5-9 起跳阶段技术

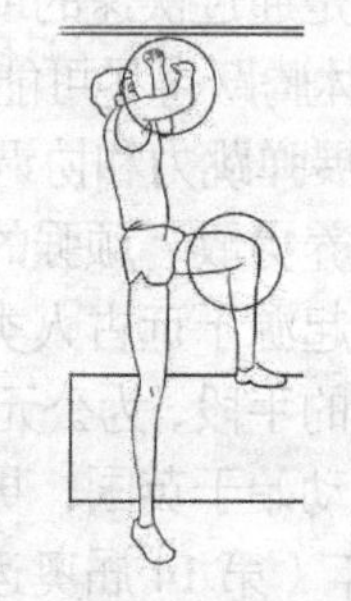

图 5-10 蹬伸结束动作

3. **过杆与落地技术**

过杆与落地阶段指起跳腾空后，头、肩、背、腰、髋、腿等身体的各部分利用合理的技术动作依次越过横杆，并安全地落在海绵包上的阶段。

如图 5-11 所示，起跳结束时，充分伸展身体，向上腾起。利用摆动腿的力量尽量提高髋部位置，然后摆动腿同侧的臂、肩领先过杆，顺势仰头、倒肩、挺髋。头与肩过杆后下沉，髋部高过两膝，身体形成反弓形。当髋部越过横杆时，顺势收腹，带动小腿向上甩，整个身体越过横杆，保持屈髋、伸膝的姿势下落，使肩背先着垫。

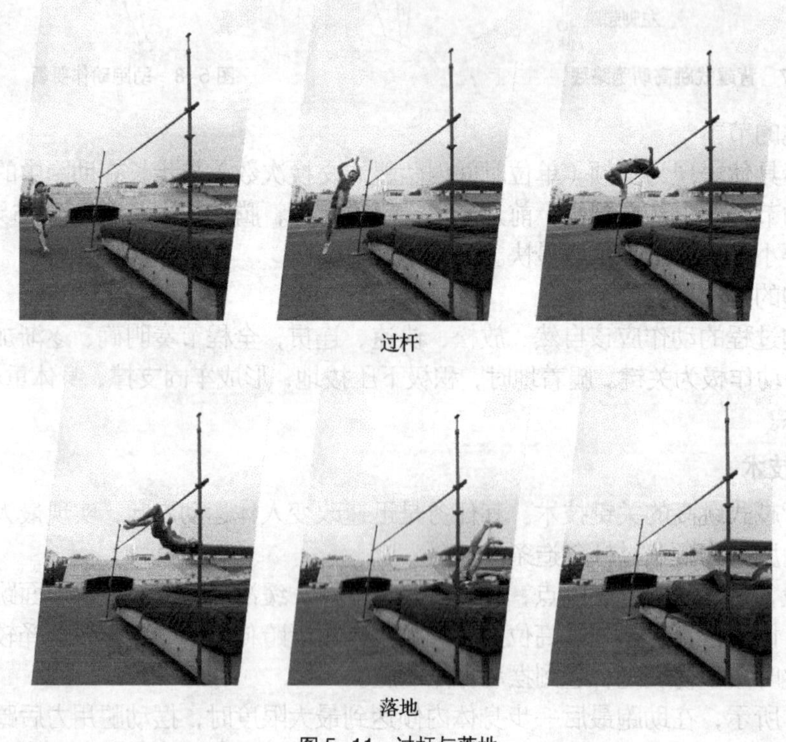

图 5-11　过杆与落地

温馨提示　仰头过杆后顺势收下颌，避免头部最先落地，造成颈部受伤。

5.2.2　跳远

跳远是通过快速的助跑和有力的起跳，采用合理的腾空姿势和动作，使人体腾跃得尽可能远的水平距离的运动项目。它能有效地提高速度，发展弹跳力和协调性，增强神经系统、循环系统和运动器官的机能，培养勇敢、顽强的意志品质。

跳远起源于远古人类猎取或逃避野兽时跨越河沟的活动，后成为军事训练的手段，为公元前 708 年古代奥运会 5 项全能项目之一。现代跳远运动始于英国，男、女跳远分别于 1896 年（第 1 届奥运会）和 1948 年（第 14 届奥运会）被列为奥运会比赛项目。

跳远技术包括助跑、起跳、腾空和落地 4 个环节，后 3 个环节如图 5-12 所示。

图 5-12　跳远技术的后 3 个环节

1. 助跑技术

（1）助跑的任务是获得最大的水平速度，为准确踏板和迅速有力地起跳做好准备。

（2）助跑的起动方式有原地起动和行进间起动两种。前者更适合于初学者。

（3）助跑常用的加速方式有两种，即平稳加速（也称为逐渐加速）和积极加速。平稳加速方式：开始步频较低，然后逐渐加大步长或在保持步长的基础上提高步频，加速过程均匀平稳，时间较长。其助跑动作比较轻松，起跳的准确性好，成绩比较稳定。积极加速方式：上体前倾较大，步频始终保持较高的水平。其助跑动作比较紧张，起跳的准确性差，适合于绝对速度较快的运动员。

（4）助跑距离指从助跑起点到起跳脚踏上踏跳板的距离。一般而言，技术水平越高，速度越快，助跑距离越长。男子助跑距离为 35～45 米，18～24 步；女子助跑距离为 30～35 米，16～18 步。助跑距离并非固定不变，可以根据环境条件的变化和个人的身体情况进行相应的调整。

（5）助跑节奏表现为对步长、步频变化的控制，以利于最高速度的发挥及利用。跳远助跑的最后几步呈加速状态，身体重心适当下降，为快速起跳做好准备。

2. 起跳技术

起跳的任务是利用助跑所获得的最高速度，瞬间创造尽可能大的腾起初速度（是由助跑、起跳所产生的水平速度合成的）和适宜的腾起角度，使身体充分向前上方腾起。

起跳是跳远技术中最重要的环节。如图 5-13 所示，起跳的动作过程可分为起跳脚着地（上板）、缓冲和蹬伸 3 个阶段。着地要迅速且富有弹性，缓冲时要及时积极地向前移动身体，蹬伸是爆发式动作，要快而有力。

起跳时，要抬头挺胸，上体正直，提肩、拔腰，髋、膝、踝 3 个关节要充分蹬直，蹬摆配合要协调，一致用力。

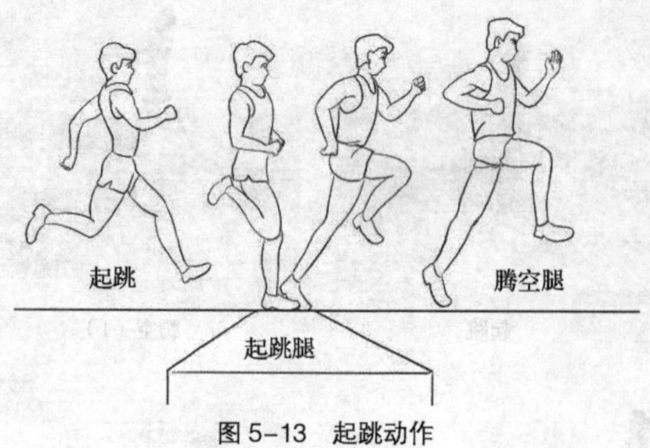

图 5-13　起跳动作

3. **腾空技术**

腾空阶段指起跳后人体在空中维持身体平衡、完成各种动作的阶段。如图 5-14 所示，跳远的腾空动作目前主要有挺身式、蹲踞式、走步式 3 种姿势。

图 5-14　跳远腾空动作的 3 种姿势

（1）挺身式

起跳成腾空步（起跳结束时，身体姿势在空中的延续）后，摆动腿下落，膝关节伸展，小腿由前向下、向后呈弧形摆动，两臂下垂经由体侧向后上方绕环摆动，起跳腿自然回摆与摆动腿靠拢，形成空中挺胸展髋的姿势。继而收腹举腿，前伸小腿，顺势落地。

（2）蹲踞式

起跳成腾空步后，上体保持正直，腿继续向上摆动，起跳腿顺势屈膝前摆，逐渐靠近摆动腿，使两腿屈膝在空中成蹲踞姿势。然后收腹举腿并前伸小腿，两臂由后向前摆动，使身体重心前移，顺势落地。

（3）走步式

起跳成腾空步后，以髋关节为轴，摆动腿，用大腿带动小腿，由前向后下方摆动。同时起跳腿屈膝前摆，向上抬起大腿，前伸小腿，在空中自然地完成换步动作。两臂与下肢协调配合做大幅度直臂绕环摆动或自然前后摆动，然后摆动腿顺势前摆，两腿靠拢，收腹举腿，前伸小腿，顺势落地。在空中完成一次换步后落地的称为“两步半”走步式，完成两次换步后落地的称为“三步半”走步式。

4. **落地技术**

落地阶段指腾空后落入沙坑的着地动作阶段。该阶段的任务是选择合理的技术，获得较

大的跳跃距离，并防止伤害事故的发生。

完成腾空动作后，收腹举腿，小腿前伸，脚尖勾起，两臂向后摆动。脚跟触及沙面后，迅速屈膝缓冲，臀部顺势前移，两臂由后向前摆动，上体前倾，成团身姿势，平稳地落入沙坑。

此外，落地时还可以采用侧倒式：脚跟着地后，一条腿保持稍紧张状态支撑沙地，另一条腿放松，上体顺势向放松腿的前侧方卧倒。

温馨提示　落地时无论采用何种姿势，都应顺势缓冲，身体重心前移，以保证安全。

5.2.3　三级跳远

三级跳远是经过一定距离的直线助跑后，通过 3 次连续跳跃（单足跳、跨步跳、跳跃）达到尽可能远的水平距离的运动项目，如图 5-15 所示。它能有效地发展速度和下肢力量，提升弹跳力、灵敏度和协调性，增强支撑器官（腿、足、膝、踝等）和内脏器官的功能，培养勇敢顽强、勇往直前的意志品质。

三级跳远起源于爱尔兰。当时的跳法是“单足跳+单足跳+跳跃”。后来出现了希腊的“跨步跳+跨步跳+跳跃”和苏格兰的“单足跳+跨步跳+跳跃”。1908 年，国际田径联合会确定苏格兰跳法为正式的三级跳远比赛技术。

比赛时，运动员助跑后应连续完成 3 次不同形式的跳跃：第一跳为单足跳，用起跳腿落地；第二跳为跨步跳，用摆动腿落地；第三跳为跳跃，必须用双脚落入沙坑。男、女三级跳远分别于 1896 年（第 1 届奥运会）和 1992 年（第 25 届奥运会）被列为奥运会比赛项目。

助跑

单足跳

跨步跳

跳跃 + 落地

图 5-15　三级跳远

三级跳远技术可以分为助跑、第一跳（单足跳）、第二跳（跨步跳）、第三跳（跳跃）4个部分。每一跳均包括起跳、腾空和落地阶段。

1. 助跑技术

水平速度是决定三级跳远成绩的关键因素。助跑的目的在于获得尽可能大的水平速度，为单足起跳做好准备。

三级跳远的助跑技术与跳远基本相同，但第一跳起跳的腾起角（指人体离地时，身体重心腾起初速度方向与水平线之间的夹角）较小，因此整个助跑过程中身体重心较高，加速平稳，强调向前行。最后几步，大腿高抬，上体正直，在保持步长或适当减少步长的情况下，加快步频，准备起跳。

助跑距离取决于个人的加速能力。加速能力强，则助跑距离短，反之则助跑距离长。助跑距离一般为35～40米，相当于18～22步。

2. 第一跳（单足跳）技术

如图5-16所示，三级跳远的起跳是以单足跳的形式完成的。这一跳不仅要达到必要的远度，而且应尽可能减少水平速度的损失，为后两跳创造条件。

第一跳以有力的腿做起跳腿。助跑的最后一步，摆动腿积极蹬地向前送髋时，起跳腿的大腿快速下压，小腿自然前伸，用全脚掌迅速积极地踏板。起跳腿着地后，迅速屈膝屈踝缓冲，摆动腿快速向前上方大幅度摆出，两臂配合下肢动作有力地摆动，起跳腿迅速及时地进行爆发性蹬伸。

图5-16 第一跳技术

起跳离地后，身体保持腾空步姿势。摆动腿使小腿随大腿下放，自然地从前向下、向后摆动，同时髋部上提，起跳腿屈膝前摆高抬，带动髋部前移，两臂配合经体前摆向身体侧后方，形成空中交换步的动作，幅度大且平稳。单足跳的腾空轨迹应尽量低而平，理想的起跳角度为12°～15°。

完成交换步的起跳腿前摆蹬伸，迅速有力地用全脚掌着地，两臂和摆动腿配合起跳腿动作向前摆动。落地点尽量接近身体重心投影点，上体保持正直。

3. 第二跳（跨步跳）技术

如图5-17所示，三级跳远的第二跳为跨步跳，它在三跳中难度最大、距离最短、身体重心的抛物线最低。起跳角度与单足跳几乎相同，一般为12°～14°。

图5-17 第二跳技术

当单足跳落地时，起跳腿积极完成缓冲并快速有力地蹬离地面，髋、膝、踝关节充分伸展。摆动腿迅速屈膝向前上方摆动，足尖上挑，大小腿成90°，膝部应摆至身体重心的上方。同时，上体保持正直或稍前倾，两臂成弧形向侧后方摆动，完成跨步跳的腾空跨步动作。注意保持身体平衡，并达到必要的远度。

腾空跨步跳结束时，髋部前移，摆动腿大腿下压，膝关节伸展，小腿顺势由前向后用全脚掌落地并积极“后扒”，两臂由后向前上方摆动，完成第二跳的落地动作。

4. 第三跳（跳跃）技术

如图 5-18 所示，第三跳是以第二跳的摆动腿作起跳腿，起跳角应稍大，一般为 18° ～ 20° 。

起跳腿着地后应适度屈膝屈踝积极缓冲，上体正直，髋部上提，迅速有力地蹬直离地。同时，摆动腿迅速屈膝向前上方高抬摆动，两臂则由体侧后方积极地向前上方摆动，保持腾空步动作。

第三跳的空中和落地动作与跳远一样，可以选择蹲踞式、挺身式或走步式。

温馨提示　三级跳远中应注意保持身体的平衡，维持较高的水平速度，配合大幅度的协调蹬摆，控制三跳的直线性，从而提高效果。

图 5-18　第三跳技术

5.2.4　推铅球

推铅球是一种速度力量型投掷项目，它协调利用人体全身的力量，以最快的出手速度，将铅球从肩上锁骨窝处单手推出。它能有效地增强躯干及四肢尤其是腰背的肌肉力量，提高速度，发展协调性，培养坚韧、沉着的意志品质。

推铅球起源于古代人类用石块猎取禽兽或防御攻击的活动，大致经历了投掷石块、投掷炮弹和推铅球 3 个阶段。现代推铅球运动始于 14 世纪 40 年代欧洲炮兵闲暇时推掷炮弹的游戏和比赛。推铅球的技术大致经历了 4 个阶段的演变：原地推铅球、侧向滑步推铅球、背向滑步推铅球、旋转推铅球。

正式比赛时，男子铅球的质量为 7.26 千克，直径为 11～13 厘米；女子铅球的质量为 4 千克，直径为 9.5～11 厘米。投掷圈直径为 2.135 米，前缘装有抵趾板。扇形有效落地区的角度为 34.92° 。男、女铅球分别于 1896 年（第 1 届奥运会）和 1948 年（第 14 届奥运会）被列为奥运会比赛项目。

背向滑步推铅球技术包括握球和持球（以右手为例）、准备姿势、滑步、最后用力、缓冲 5 个技术环节，后 4 个技术环节如图 5-19 所示。

准备姿势

滑步

最后用力　　　　缓冲

图 5-19　背向滑步推铅球技术

1. **握球和持球**

如图 5-20 所示，五指自然分开，将球体置于食指、中指和无名指的指根处，拇指和小指扶住球体两侧，手腕后屈，以防止球体滑动并便于控制出球的方向。

手指力量较强者，可将球适当移向手指的上方，有利于拨球和发挥手腕的力量。

握好球后，将球放在右肩锁骨窝处，紧贴颈部，掌心向前，右臂屈肘，肘部稍外展且略低于肩，上臂与身体的夹角约为 45°。

温馨提示　将铅球的重心固定在食指、中指的指跟或第二指骨处。

2. **准备姿势**

准备姿势是滑步前的准备动作，目的是为协调、平稳地进入滑步创造条件。

（1）高姿势

如图 5-21 所示，持球后背对投掷方向，两脚前后开立，相距 20～30 厘米。右脚尖靠近投掷圈后端内沿（脚也可稍向内转），体重主要落在伸直的右腿上；左腿在后自然弯曲，以前脚掌或脚尖着地；上体放松，头部和躯干保持正直，左臂自然上举。

（2）低姿势

如图 5-22 所示，持球后背对投掷方向，两脚前后开立，相距 50～60 厘米（根据身高和下蹲的程度而定）。两腿弯曲（弯曲程度视个人力量而定），体重落于右腿。右脚尖贴近投掷圈后端内沿（脚也可稍向内转），左脚在后，以前脚掌或脚尖着地。左臂自然下垂，左肩稍向

内扣，上体前屈与地面平行，两眼注视前下方。铅球的投影点在右脚的右侧前方。

图 5-20 握球和持球

图 5-21 高姿势

3. **滑步**

滑步使铅球获得一定的水平方向的预先速度，并使身体形成最后用力的有利姿势。

滑步前可以先做一两次预摆（也可不做），以改变身体的静止状态。预摆时，左腿自然弯曲，大腿用力向后上方摆起，右腿伸直，同时上体前屈，左臂微屈前伸或下垂并稍向内，头与背保持一条直线。当左腿摆至与地面平行时，收回左腿，同时右腿弯曲，形成屈膝团身的姿势，如图 5-23 所示。

图 5-22 低姿势

图 5-23 预摆

如图 5-24 所示，当左腿收回靠近右腿时，臀部后移。左腿向投掷方向快速摆出，同时右腿用力蹬伸。当右脚蹬离地面后，迅速拉收小腿并向内转动，用前脚掌着地，落于圆心附近。同时左脚积极下落，以前脚掌内侧落在圆圈直径的左侧。两脚着地的时间相隔越短越好。此时肩轴与髋轴成扭紧状态，左脚尖与右脚跟约在一条直线上（对投掷方向而言）。

图 5-24 滑步技术

滑步过程中左臂和左肩保持内扣，头部保持向右后方的姿势，以保证上体处于扭紧状态。

4. **最后用力**

最后用力阶段指从左脚落地到铅球出手这一阶段。

左脚落地的瞬间，右腿继续向投掷方向转动并积极蹬伸，转髋转体。同时上体逐渐抬起，

左臂向胸前左上方摆动，左肩高于右肩，大部分重心仍落在弯曲而压紧的右腿上，身体成“侧弓状”，如图 5-25 所示。

随着右腿蹬伸，右髋和右肩前送，身体重心由右腿快速移至左腿。随即两腿充分蹬伸，抬头（稍有后仰），屈腕且稍向内转，右臂迅速而有力地将球推出，如图 5-26 所示。

图 5-25　最后用力

图 5-26　推出铅球

5. **缓冲**

铅球出手后，右腿随势前摆，着地于左脚附近；左腿后摆，两腿交换并弯曲，以降低身体重心，缓冲向前的冲力，维持身体平衡，防止出圈犯规。

5.2.5　田赛项目竞赛规则要点

1. **比赛方法**

奥运会田赛项目的比赛通常先分两组进行及格赛，通过及格标准的直接进入决赛；如达到及格标准的运动员人数不足 12 人，不足的人数按及格赛的成绩递补。远度项目决赛前 3 轮比赛的顺序通过抽签决定。决赛前 3 轮比赛结束后，按成绩取前 8 名运动员进行后 3 轮的比赛；第 4 轮、第 5 轮比赛的排序按前 3 轮成绩的倒序排列，第 6 轮比赛的排序则按前 5 轮成绩的倒序排列，成绩最好的在最后跳（掷）。

2. **有效成绩**

除犯规外，在跳跃远度项目比赛中，运动员每次试跳的成绩均为有效成绩。除犯规外，在高度项目比赛中，运动员每次跳过的高度为有效成绩。投掷项目比赛除犯规外，当运动员投出的器械完全落在落地区内（不包括落地区的边线）才算有效，丈量成绩时从距离投掷区最近的落地点算起。其中标枪必须是枪尖首先触地成绩才算有效。

3. **录取名次**

远度项目比赛结束以后，以运动员最好的一次试跳（掷）成绩，包括因第一名成绩相等而进行的决名次赛的成绩，作为最后的决定成绩判定名次，成绩好者列前。在远度项目比赛中，如果出现最好成绩相等的情况，则以第二好成绩来确定名次，以此类推，直到最后一个成绩。如果还是相同，除第一名外，可以并列；如果涉及第一名成绩相同的情况，必须让这些涉及第一名的运动员继续比赛，直到决出第一名为止。

在高度项目比赛中，如果出现最好成绩相等的情况，则按以下规定解决：①在出现成绩相等的高度上，试跳次数较少者名次列前；②如果成绩仍然相等，则在包括最后跳过的高度在内的决赛等全部比赛中，试跳失败次数较少者名次列前；③如果成绩仍相等，当涉及第一名时，进行决名次赛，直到分出名次为止；如果成绩不涉及第一名，名次并列。

4. **犯规**

跳远、三级跳远有下列之一的情况即判犯规：①运动员以身体任何部位触及起跳线之前的地面；②从起跳板两端之外起跳，无论是否超过起跳线的延长线；③触及起跳线和落地区之间的地面；④在落地过程中触及落地区以外的地面，而落地区外的触地点较落地区内的最近触地点更靠近起跳线；⑤离开落地区时，运动员在落地区外地面的第一触地点较落地区内最近触地点和在落地区内因身体失去平衡而留下的任何痕迹更靠近起跳线；⑥在助跑或跳跃中采用任何空翻姿势；⑦还未通知该运动员试跳，而进行试跳，不管是否成功，都应判该次试跳失败；⑧无故错过该次试跳顺序；⑨无故延误时限，比赛时，运动员无故延误时间，即不准参加该次试跳，以失败论处，如果在比赛中再次无故延误比赛时间，即取消该运动员的比赛资格，但在此之前的比赛成绩仍然有效。每次试跳的时限为1分钟，只有当一名运动员连续两次试跳时，其试跳时限为2分钟。在时限只剩最后15秒时，计时员举黄旗示意，当时限到时，落下黄旗，主裁判应判定运动员该次试跳失败。如在时限到的同时，运动员已开始试跳，应允许其进行该次试跳。在裁判员通知运动员试跳开始后，运动员才决定免跳，当时限已过时，应判为该次试跳失败。

跳高有下列之一的情况即判犯规：①使用双脚起跳；②由于运动员的试跳动作致使横杆未能停留在横杆托上；③在越过横杆之前，身体触及立柱前沿垂直面以外的地面或落地区，但如果裁判员认为运动员并没有受益，则不应由此而判该次试跳失败；④无故延误时限；⑤在裁判员通知运动员试跳开始后，运动员才决定免跳，当时限已过时，应判该次试跳失败；⑥试跳时，运动员有意用手或手指把即将从横杆托上掉下的横杆放回；⑦无故错过该次试跳顺序。

撑竿跳高有下列之一的情况即判犯规：①试跳后，由于运动员的试跳动作致使横杆未能停留在横杆托上；②在越过横杆之前，运动员的身体或所用撑竿的任何部位触及插斗前壁上沿垂直面以外的地面或落地区；③起跳离地后，将原来握在下方的手移握至上方的手以上或原来握在上方的手向上移握；④试跳时，运动员用手稳定横杆或将横杆放回；⑤无故延误时限；⑥在裁判员通知运动员试跳开始后，运动员才决定免跳，当时限已过时，应判为该次试跳失败；⑦在裁判员根据运动员登记的架距调整好架距后，计时员已开始计时，运动员再提出调整架距，则再次调整架距的时间应计入运动员的试跳时间内，如因此而超出试跳时限，则应判定试跳失败；⑧无故错过该次试跳顺序；⑨试跳中，当撑竿不是朝远离横杆或撑竿跳高架方向倾倒时，如有人接触撑竿，而有关裁判长认为，如果撑竿不被接触，将会碰落横杆，则应判为此次试跳失败。

在投掷项目比赛过程中，运动员如果有下列违反规则的行为，则会被判犯规，成绩无效：①超出时间限制；②投掷铅球和标枪的技术不符合规则规定（规则要求铅球和标枪必须由单手从肩上掷出）；③在投掷过程中，身体和器械的任何一部分不得触及投掷圈铁圈上沿或圈外的地面和标枪投掷弧、延长线及线以外地面的任何一部分，包括铅球抵趾板的上面，否则即为投掷失败；④只有在器械落地以后，运动员才允许离开投掷圈或助跑道。标枪运动员在投出的枪落地前，不能在投掷后转身完全背对其投出的标枪，完成投掷后，链球、铁饼和铅球运动员必须从投掷圈后半圈的延长线后面退出，标枪运动员必须从投掷弧及延长线以后退出；⑤在没有犯规的情况下，参赛者可以中止已开始的试掷动作，将器材放下以后暂时离开投掷区，并重新开始，但是必须在规定的时限内完成投掷；⑥参赛者可以在比赛期间离开比赛区域，但必须经裁判员许可并由裁判员陪伴；⑦比赛过程中，运动员不能在比赛场地使用以下

电子设备：摄像机、收音机、CD 机、报话机、手机、MP3 及类似的电子设备。

5. 裁判员的旗示

在跳跃项目比赛中，通常有一名主裁判手中持红、白旗帜各一面，用来示意运动员的试跳是否成功。举红旗表示试跳失败，成绩无效；举白旗表示成功，成绩有效。

在投掷项目比赛中，通常有两名主裁判手中持红、白旗帜各一面，用来示意运动员的试投是否成功。举红旗表示试投失败，成绩无效；举白旗表示成功，成绩有效。其中一名站在投掷区附近的称为内场主裁判，主要判定运动员在试投过程中是否犯规；另一名在落地区内的称为外场主裁判，主要判定器械的落地点是否有效。

5.3 径赛

径赛项目包括短跑、中短矩离跑（简称中跑）、长矩离跑（简称长跑）、接力跑、跨栏跑、障碍跑等。本节将介绍短跑、中长跑、跨栏跑、接力跑的概况，并详细阐述其技术要领。

5.3.1 短跑和中长跑

1. 短跑

短跑包括 400 米及 400 米以下各种距离的赛跑和接力跑，是高速度的极限性运动项目。它能有效地提高大脑皮层的兴奋性、中枢神经的协调性和意志转换的灵活性，增强呼吸系统和循环系统的能力，发展速度、力量、灵敏性和协调性，培养拼搏、竞争、坚毅、顽强的意志品质。

跑是人类与生俱来的基本能力，几乎每个国家的文献中都有对跑这种比赛形式的描述。现代短跑起源于欧洲，最早的正式比赛始于 1850 年牛津大学运动会。

短跑

短跑技术经历了从“踏步式”到“迈步式”再到“摆动式”的演变。起跑技术也从古希腊的“站立式”起跑发展为“蹲踞式”起跑。

1896 年的第 1 届现代奥运会，设有男子 100 米跑和 400 米跑比赛；1900 年的第 2 届奥运会，增设了男子 200 米跑比赛项目；1928 年的第 9 届奥运会，始设女子 100 米跑；1948 年的第 14 届奥运会，增设女子 200 米跑比赛；1964 年的第 18 届奥运会，女子 400 米跑被列为比赛项目。

短跑全程是由起跑、起跑后的加速跑、途中跑和终点跑 4 个紧密相连的阶段组成的。

（1）起跑技术

起跑包括起跑前的准备姿势和起动动作。在短跑比赛中，必须采用蹲踞式起跑，并使用起跑器。

如图 5-27 所示，起跑器的安装方法有普通式、接近式和拉长式 3 种。前起跑器抵足板与地面的夹角约为 45°，后起跑器为 60°～80°。安装起跑器的目的在于蹬离时能充分发挥腿部肌肉的最大力量，从而获得向前的最大初速度，起跑后使身体能保持较大的前倾。

起跑过程包括“各就位”“预备”“鸣枪”3 个环节。

如图 5-28 所示，听到“各就位”口令后，可稍做放松（如深呼吸），然后俯身，两手于起跑线后撑地，两脚依次踏在前、后起跑器抵足板上，脚尖触地。将有力的腿放在前面，后膝跪地。两臂伸直约与肩同宽，四指并拢或稍分开，与大拇指成“人”字形，身体重心稍前

移，肩约与起跑线平行。背微弓，颈部自然放松，注意听“预备”口令。

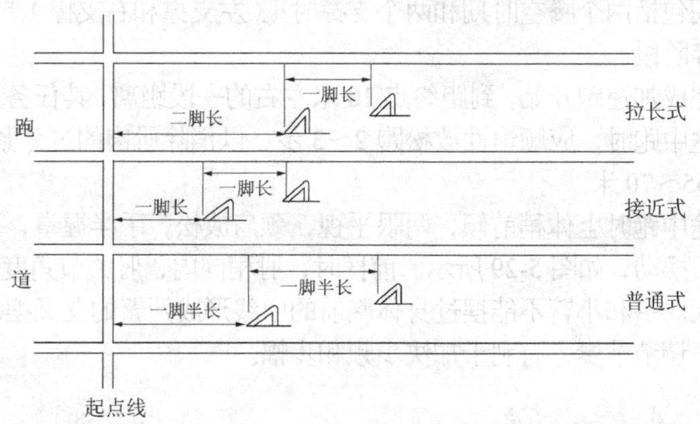

图 5-27 起跑器的安装方法

听到“预备”口令后，后膝离地，抬起臀部，使之稍高于肩。重心适当前移，体重主要落于两臂和前腿上。两小腿趋于平行，前腿膝角约为 90°，后腿膝角约为 120°，注意力高度集中，等候发令枪声。

图 5-28 起跑过程

听到枪声后，两手迅速推离地面，屈肘做有力的前后摆臂，同时两脚用力蹬离起跑器，使身体以前倾姿势向前上方运动，躯干与地面成 15° ～20° 。后腿迅速屈膝向前上方摆出，但不宜过高。在后腿前摆并积极下压着地的同时，前腿快速蹬伸髋、膝、踝 3 个关节。躯干逐渐抬起，头部也随之上抬，视线逐渐向前移。

（2）起跑后的加速跑技术

加速跑的任务是充分利用起跑的初速度，在较短距离内尽快获得最高速度。

起跑后，第一步不宜过大，为 3.5～4 脚长，第二步为 4～4.5 脚长，以后逐渐增大。上体随着步长和速度的增加而逐渐抬起，两脚的落点逐渐靠拢人体中线，形成一条直线（在起跑后 10～15 米处）。同时，两臂应积极摆动，上下肢协调配合。加速距离一般为 25～30 米。

（3）途中跑技术

一个跑的周期包括两个腾空时期和两个支撑时期(左支撑和右支撑)。单腿均要经历后蹬、摆动、着地缓冲等阶段。

途中跑指从完成加速跑开始，到距终点 10 米左右的一段距离，其任务是继续发挥和保持最高速度。进入途中跑时，应顺惯性放松跑 2～3 步，以消除肌肉的过分紧张。在百米跑中，途中跑的距离为 65～70 米。

摆臂动作：途中跑时上体稍前倾，两眼平视，颈肩放松，手半握拳，两臂屈肘，以肩关节为轴，用力前后摆动，如图 5-29 所示。前摆时，肘稍向内，肘关节角度变小；后摆时，肘稍向外，角度变大。手和小臂不能摆过身体胸前的中线形成两臂的交叉摆动。正确的摆臂动作能够维持平衡、调节节奏，有利于加快步频和步幅。

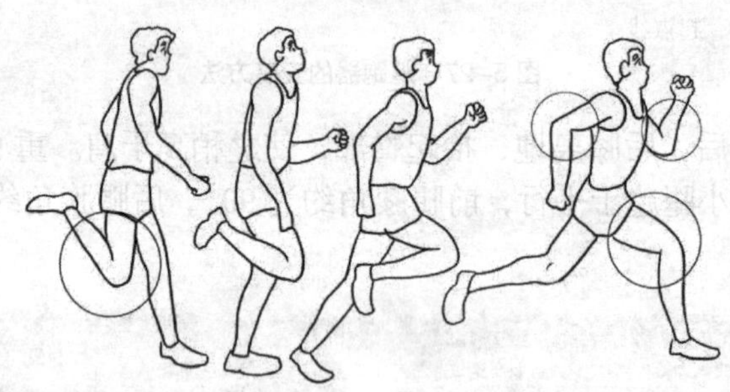

图 5-29　途中跑技术动作

摆腿动作：①后蹬伸展阶段，支撑腿从伸展髋关节开始，依次蹬伸膝、踝关节，直到脚掌蹬离地面，在后蹬动作中速度极为重要；②折叠前摆阶段，后蹬结束后，摆动腿使大小腿尽力折叠，快速积极地向前摆动，同侧髋部随之前移；③下压缓冲阶段，前摆至大腿高抬后，随即积极下压，前脚掌积极“扒地”。着地瞬间，小腿与地面接近垂直，迅速屈膝、屈踝缓冲，摆动腿随惯性快速向前摆动，与支撑腿靠拢，使身体重心迅速前移，膝、踝关节弯曲角度达到最大，转入后蹬待发状态。

支撑腿与摆动腿的蹬摆协调配合是途中跑技术的关键。一般情况下，摆动腿前摆速度快，步频也快；前摆幅度大，步幅也大。

（4）终点跑技术

终点跑包括终点冲刺和撞线，其任务是尽量保持途中跑的高速度跑过终点。在距离终点 15～20 米时，上体前倾，以增强后蹬力，同时加大摆臂的幅度和速度；在距离终点线最后一步时，上体达到最大前倾，用胸部或肩部撞线。通过终点后，要调整步频和步幅，逐渐减速。

（5）弯道跑技术

如图 5-30 所示，弯道起跑时，为了形成一段直线距离的加速跑，应将起跑器安装在跑道右侧、正对左侧弯道的切点方向。左手撑于起跑线后 5～10 厘米处，身体正对弯道的切点。加速跑距离较短，上体抬起较早，沿切线跑进。

如图 5-31 所示，从直道进入弯道，身体应有意识地稍向圆心方向倾斜。后蹬时，右脚前脚掌内侧用力，左脚前脚掌外侧用力。摆动时，右腿膝关节稍向内，左腿膝关节稍向外。右臂的摆动幅度和力量略大于左臂。尽可能沿跑道内侧前进。

从弯道进入直道，最后几米应逐渐减小身体内倾的程度，惯性跑 2～3 步后转入正常途中跑。

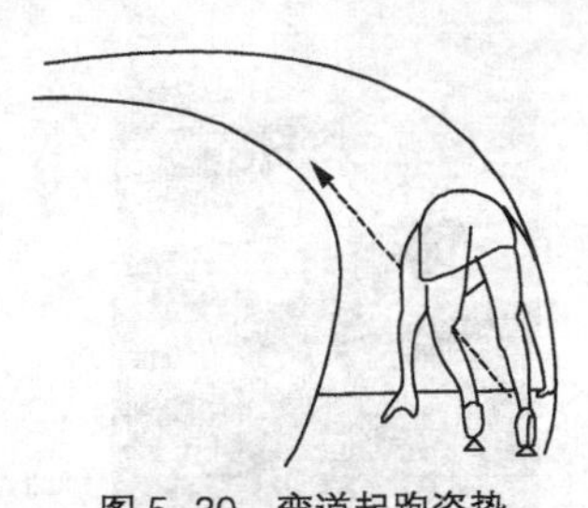

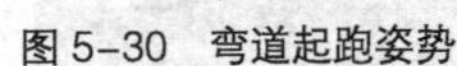

图 5-30　弯道起跑姿势

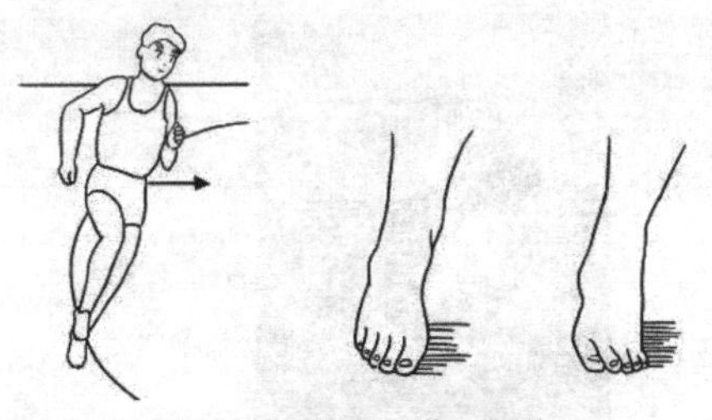

图 5-31　从直道进入弯道

温馨提示　200 米跑时，全程都应保持高速度。400 米跑时，大部分采用前后 200 米平均分配速度的节奏跑法，后 200 米比前 200 米成绩低 2～3 秒。

2. **中长跑**

中长跑指中距离跑和长距离跑，简称中长跑，全程为 800～10 000 米。它能有效地改善呼吸系统和心血管系统的功能，增强心肺功能（增强心肌、增厚心壁、增加心脏容积），提高速度和耐力，培养坚韧不拔、吃苦耐劳的意志品质。

中长跑作为一种竞赛项目于 18 世纪起源于英国。奥运会中跑比赛项目男、女均为 800 米跑和 1 500 米跑。男子项目于 1896 年（第 1 届奥运会）列入；女子 800 米跑于 1928 年（第 9 届奥运会）列入，1 500 米跑于 1972 年（第 20 届奥运会）列入。奥运会长跑比赛项目男、女均为 5 000 米跑和 10 000 米跑，男子项目于 1912 年（第 5 届奥运会）列入；女子 5 000 米跑于 1996 年（第 26 届奥运会）列入，10 000 米跑于 1988 年（第 24 届奥运会）列入。

现代中长跑各项目因距离不同，在动作技术的速度、幅度等细节方面存在区别，但整体动作结构基本相同，均要求保持较高的速度、积极有效地伸髋和快速有力地蹬摆。

（1）起跑技术

中长跑的起跑按“各就位”“鸣枪”两个口令进行，起跑姿势有“站立式”和“半蹲踞式”两种。

① 各就位。“各就位”时，先做一两次深呼吸，“站立式”起跑的运动员两脚前后开立，有力的腿在前，前脚尖紧靠起跑线后沿，全脚掌着地，后脚以前脚掌着地；两脚前后间距约一脚，左右间距约半脚；两膝弯曲，上体前倾（跑的距离越短，腿的弯曲度越大，上体前倾也越大），颈部放松，两臂在体前自然下垂或一前一后，身体重心落于前脚，保持稳定姿势，如图 5-32 所示。

“半蹲踞式”起跑的动作与“站立式”基本相同，但其前腿的异侧臂的大拇指和其他四指成“八”字形撑在起跑线后。两脚均用前脚掌支撑，前后相距约一小腿长，左右间隔约一脚宽，两膝的弯曲角略小，体重主要落在前腿和支撑臂上。

② 鸣枪。听到枪声后，后腿用力蹬地后积极前摆，前腿用力蹬伸。两臂配合腿部动作快而有力地前后摆动，身体向前冲出，如图 5-33 所示。

（2）起跑后的加速跑技术

起跑后，上体保持一定的前倾，两臂的摆动和腿脚的蹬摆都应迅速有力，逐渐加速，同时，上体随之抬起，跑向对自己有利的战术位置，然后转入途中跑。加速跑的距离和速度，应根据个人特点、战术要求和临场情况而定。

图 5-32　各就位时动作要领

图 5-33　鸣枪时动作要领

（3）途中跑技术

途中跑是中长跑技术中的主要部分，其任务是保持速度，节省体力，讲求节奏，并充分运用战术为获取优异成绩奠定良好的基础。

如图 5-34 所示，就途中跑的技术而言，中长跑与短跑实质相同，但由于距离和速度的不同，二者存在一定差异。

图 5-34　途中跑技术要领

① 上体姿势。中长跑的途中跑中，上体自然伸直或稍向前倾，中跑上体前倾约 5°，长跑上体前倾 1°～2°。上体前倾的角度小于短跑。

② 腿部动作。后蹬时，角度较短跑稍大，用力程度和蹬伸幅度较短跑稍小。前摆时，大腿上摆的高度较短跑低，大小腿的折叠程度较短跑小。

此外，中长跑的途中跑中，特别强调动作与呼吸的配合，其身体重心的上下波动、弯道跑时的摆臂幅度、跑的频率系数（腾空时间与支撑时间的比值）均小于短跑。

（4）终点跑技术

终点跑是临近终点前一段距离的加速跑。其任务是以顽强的意志，调动全部力量，克服高度疲劳，加大摆臂速度和幅度，加快步频，冲刺终点。

终点冲刺的距离应根据个人的体力情况、战术要求和临场情况而定，一般中跑为 200～400 米，长跑在 400 米以上。应注意观察对手的情况，抢占有利位置，把握冲刺时机。速度占优势的运动员，宜紧跟且晚冲刺，一般在进入最后直道时开始冲刺；耐力占优势的运动员，宜早冲刺。

（5）中长跑的呼吸

中长跑途中，为了保证机体对氧气的需求，采用口鼻同时进行呼吸的方法。呼吸的节奏应和跑的节奏相配合，并注意加大呼吸的深度（特别是呼气，只有充分地呼出二氧化碳，才能吸入较多的氧气）。一般采用两步一呼，两步一吸（也有一步一呼，一步一吸；三步一呼，

三步一吸等）。

“极点”是一种正常的生理现象，指中长跑途中，由于氧气的供应落后于机体活动的需要，代谢物质无法及时转移，而出现的胸部发闷、呼吸困难、动作无力、难以继续跑进等感觉。此时要以顽强的意志坚持跑下去，加强呼吸，适当调整步速。经过一段时间后，“极点”现象就会消失或减轻，身体的运动能力逐渐提高，出现“第二次呼吸”。

5.3.2　跨栏跑

跨栏跑是在规定距离中，跑并跨越一定数量、一定间距和一定高度栏架的径赛项目，也是田径运动中技术较复杂、节奏性较强、锻炼价值较高的项目之一。它能有效地提高中枢神经系统对运动肌群的调控和支配能力，改善呼吸系统和循环系统的机能，使各关节活动幅度增大，肌肉和韧带的伸展增强，骨骼增粗，使速度、力量、耐力、弹跳力、柔韧性、灵敏性、协调性、准确性、节奏感等身体素质得到全面发展，培养勇敢顽强、不屈不挠、坚定果断的意志品质。

现代跨栏跑起源于英国，是由牧羊人跨越羊圈栅栏的游戏演变而来的。其技术经历了由“跳栏”到“跨栏”再到“跑栏”的演变过程。最初以埋在地下无法移动的木支架或栅栏为栏架，1900 年出现了可移动的倒“T”形栏架，1935 年“L”形栏架诞生并沿用至今。

奥运会比赛项目中设男子 110 米跨栏跑（1896 年列入，当时为 100 米跨栏跑，1900 年改为 110 米跨栏跑）、400 米跨栏跑（1900 年列入）；女子 100 米跨栏跑（1932 年列入，当时为 80 米跨栏跑，1972 年改为 100 米跨栏跑）、400 米跨栏跑（1984 年列入）（见表 5-1）。

表 5-1　奥运会跨栏跑比赛项目及要求

<table>
<tr><th>性别</th><th>项目</th><th>栏间距离/米</th><th>起点到第一栏距离/米</th><th>最后一栏到终点距离/米</th><th>栏高/米</th><th>栏数/个</th></tr>
<tr><td rowspan="2">男</td><td>110 米栏</td><td>9.14</td><td>13.72</td><td>14.02</td><td>1.067</td><td rowspan="4">10</td></tr>
<tr><td rowspan="2">400 米栏</td><td rowspan="2">35</td><td rowspan="2">45</td><td rowspan="2">40</td><td>0.914</td></tr>
<tr><td rowspan="2">女</td><td>0.762</td></tr>
<tr><td>100 米栏</td><td>8.50</td><td>13</td><td>10.50</td><td>0.84</td></tr>
</table>

男子 110 米栏的栏架较高，过栏和栏间跑的速度较快，是跨栏跑中技术难度较大的项目。下面以此为例，讲解跨栏跑技术。

1. 起跑至第一栏的技术

起跑至第一栏的任务是在固定的距离内用固定的步数完成加速跑，为全程过栏奠定良好的速度和节奏。

其技术与短跑基本相同。起跑采用蹲踞式，一般跑 7～8 步，如果采用 7 步上栏，应将起跨腿置于后起跑器上；如果采用 8 步上栏，则应将起跨腿置于前起跑器上。

这一阶段，跨栏跑与短跑动作技术的差异主要表现为：①预备时，臂部抬起相对较高；②起跑后，身体前倾角度较小，上体抬起较早，大约在第 6 步时基本达到短跑途中跑的姿势；③加速中，后蹬角度较大，步长增加较快。跨栏前倒数第二步达到最大步长，最后一步是短步（比前一步短 10～20 厘米），起跨腿以前脚掌迅速准确地踏上起跨点。

2. 跨栏步技术

如图 5-35 所示，跨栏步指从起跨脚踏上起跨点到摆动腿过栏落地的过程，距离为 3.30～

3.50 米。跨栏步可分为起跨攻栏和腾空过栏两个阶段。

起跨

过栏

落地

图 5-35　跨栏步

（1）起跨攻栏

起跨攻栏指从起跨脚踏上起跨点开始至后蹬结束时止的整个支撑时期。起跨的动作质量直接决定过栏速度、下栏时间和栏间跑进，是跨栏步技术的关键。

起跨点距栏架的距离一般为 2.00～2.20 米。后蹬要求迅猛有力，起跨腿髋、膝、踝关节充分伸展，并与躯干、头部基本成一条直线，起跨角度（起跨离地时，身体重心与支撑点的连线同地面之间的夹角）约为 70°。同时，摆动腿在体后屈膝折叠，足跟靠近臀部，膝向下，并以髋为轴、膝领先，大腿带动小腿充分向前摆超过腰部高度。上体随之前倾，摆动腿异侧臂屈肘向前上方摆出，肘关节达到肩的高度，另一臂屈肘摆至体侧，整个身体集中向前用力，形成良好的“攻栏”姿势。

（2）腾空过栏

腾空过栏指从蹬离地面身体转入无支撑阶段起，到摆动腿过栏后落地时止的动作阶段。

身体腾空后，摆动腿随惯性继续向前上方攻摆，膝关节高过栏架后，小腿向前伸展，脚尖勾起。其异侧臂前伸，与摆动腿基本平行，同侧臂屈肘后摆，上体达到最大前倾，角度为 45°～55°。同时，起跨腿屈膝提拉，小腿收紧抬平，约与地面平行或略高，两腿在栏前形成一个约 120° 以上夹角的大幅度劈叉动作。

如图 5-36 所示，摆动腿的脚掌移过栏架后，起跨腿屈膝外展，脚背屈并外翻，以膝领先，经腋下迅速向前上方提拉过栏。两腿在空中完成一个协调有力的以髋关节为轴的剪绞动作。同时，两臂配合积极摆动，起跨腿同侧臂由前伸位置向侧后方做较大幅度的划摆，另一臂屈肘前摆，以维持身体平衡。

AR图 5-36　腾空过栏

摆动腿膝关节过栏瞬间，大腿积极下压，膝、踝关节伸直，以脚前掌着地，身体重心处于较高位置。上体保持适当前倾，起跨腿加速向前提拉，至身体正前方，大腿高抬，转入栏间跑。下栏着地点距栏架约 1.40 米。

3. 栏间跑技术

栏间跑是从下栏着地点到下一栏起跨点之间的跑段。其任务是以正确的节奏，继续发挥和保持最快速度，为下一栏的顺利起跨创造有利条件。

栏间跑的技术同短跑的途中跑实质基本相同，但由于受栏间距离和跨栏步的限制，其节奏与短跑明显不同。栏间距离为 9.14 米，除去跨栏步剩余 5.30～5.50 米，需跑 3 步。3 步步长各不相同，第一步最小为 1.50～1.60 米，第二步最大为 2.00～2.15 米，第三步中等，为 1.85～1.95 米。

提高栏间跑的速度主要靠加快步频和改进跑的节奏，使 3 步步长比例合理，做到频率快、节奏稳、方向正、直线性强、身体重心稍高、起伏较小。

4. 终点跑技术

类似于短跑的冲刺跑技术，撞线动作与短跑相同。

5. 全程跑技术

全程跑中，要合理地将跨栏步技术与栏间跑技术紧密地结合起来。起跑后，首先跨好第 1 栏并在第 2 栏、第 3 栏继续积极加速，充分发挥出最高速度。第 4 栏至第 8 栏尽量保持速度，并注意控制动作的准确性。第 9 栏、第 10 栏保持跑的节奏并准备冲刺。跨过第 10 个栏架后，把跨栏节奏调整为短跑节奏，加快步频，加大上体前倾，加强蹬地和摆臂力度，全力以赴冲向终点。

温馨提示　全程跑技术状况=110 米栏成绩−10 米跑成绩（数值越小说明技术水平越好）。

其他跨栏跑项目基本技术结构与 110 米跨栏跑相同，但上体前倾和手臂摆动较小，摆动腿抬起较低，起跨腿前伸幅度稍小，下栏着地点较近，整体动作更接近于短跑。

女子 100 米跨栏跑的起跨点距栏架为 1.95～2.00 米，起跨角度为 62°～65°，下栏着地点距栏架为 1.00～1.20 米，栏间跑 3 步步长分别为 1.60～1.65 米、1.95 米、1.80～1.85 米。

400 米跨栏跑，起跑与第一栏的距离为 45 米，男子跑 21～23 步，女子跑 23～25 步。起跨点，男子为 2.10～2.15 米，女子为 1.9～2.0 米。栏间跑距离为 35 米，男子一般跑 15～17 步（部分优秀选手跑 13 步），女子一般跑 17～19 步（部分优秀选手跑 15 步）。弯道过栏时，

以右腿起跨较为有利。起跨时，右脚前脚掌内侧蹬地，左腿向左前方攻摆，右臂内侧倾斜向左前上方摆出，上体前倾时略向左转，右肩高于左肩。下栏时，用左腿前脚掌外侧在靠近左侧分道线处着地，右腿提拉过栏时向左前方用力。

5.3.3 接力跑

接力跑是田径运动中唯一的集体项目。以队为单位，每队 4 人，每人跑相同距离。它能有效地提高速度和身体的灵敏度等身体素质，培养团结协作的集体主义精神。

接力跑的起源众说纷纭，有古代奥运会祭祀仪式中火炬传递说，有非洲盛行的“搬运木料（搬运水坛）”游戏说，有传递信件文书的邮驿演变说。

目前，奥运会比赛项目分男、女 4×100 米接力跑和 4×400 米接力跑。接力棒为光滑、彩色的空心圆管，由整段木料、金属或其他适宜的坚固材料制成，长度为 20～30 厘米，周长为 12～13 厘米，质量不少于 50 克。

如图 5-37 所示，传棒人必须持棒跑完各自规定的距离，接棒者可以在接力区前 10 米内起跑，两人必须在 20 米的接力区内完成传、接棒。

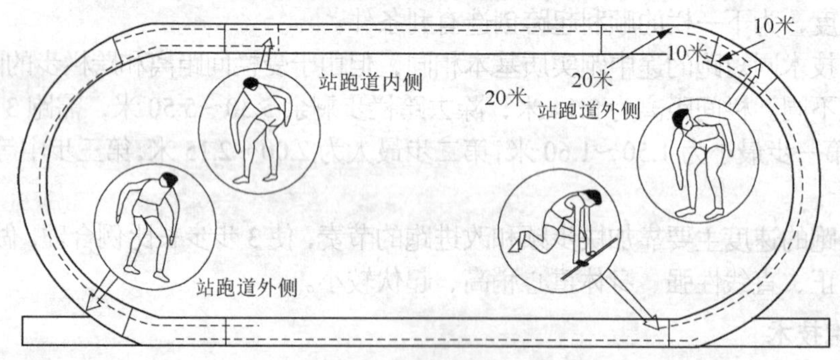

图 5-37 传、接棒位置

接力跑技术包括短跑技术和传、接棒技术。要求各队员在快速跑进的同时，配合默契。接力跑的距离越短，传、接棒技术要求越高。下面以 4×100 米接力跑为例，讲解接力跑技术。

1. 起跑技术

（1）持棒起跑

第 1 棒运动员通常采用蹲踞式起跑，其技术和短跑弯道起跑基本相同。如图 5-38 所示，用右手的中指、无名指和小拇指握住棒的末端，大拇指和食指分开撑地，接力棒不得触及起跑线和起跑线前的地面。

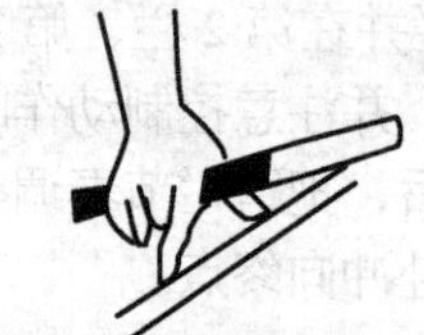

图 5-38 持棒起跑姿势

（2）接棒起跑

接棒人选择恰当的起跑姿势的依据：第一，是否有利于快速起跑和加速跑；第二，是否能清楚地看到传棒队员及设定的起跑标志线。

如图 5-39 所示，第 2、第 3、第 4 棒运动员可用站立式或一手撑地的半蹲踞式起跑姿势。第 2、第 4 棒运动员应站在跑道外侧，左腿在前（也可右腿在前），右手撑地，身体重心稍向右偏，头转向左后方，目视传棒队员的跑进和自己的起跑标志线，如图 5-40 所示。第 3 棒运动员应站在跑道内侧，右脚在前（也可左腿在前），左手撑地，身体重心稍向左偏，头转向右后方，目视传棒队员的跑进和自己的起跑标志线，如图 5-41 所示。

图 5-39　半蹲踞式起跑姿势　　图 5-40　第 2、第 4 棒运动员接棒动作　　图 5-41　第 3 棒运动员接棒动作

持棒运动员保持最快速度，接棒运动员根据持棒者的跑速有控制地进行加速，以便于顺利并快速地接棒。

2. 传、接棒技术

（1）传、接棒的方法

① 上挑式。如图 5-42 所示，接棒人的手臂自然后伸，与躯干成 40°～45°，掌心向后，大拇指与其他四指张开，虎口朝下，传棒人将棒由下向前上方“挑”送入接棒人手中。上挑式动作自然，容易掌握，但第 2 棒接棒人手握棒的中段，第 3、第 4 棒传接时由于棒的前端部分越来越少而易造成掉棒。

② 下压式。如图 5-43 所示，接棒人的手臂后伸，与躯干成 50°～60°，手腕内旋，掌心向上，虎口朝后，大拇指向内，其余四指并拢向外，传棒人将棒的前端由上向前下方“压”入接棒人手中。下压式，各棒次接棒人均能握于棒的一端，但接棒时手腕动作紧张，掌心向上引起身体前倾而影响加速跑。

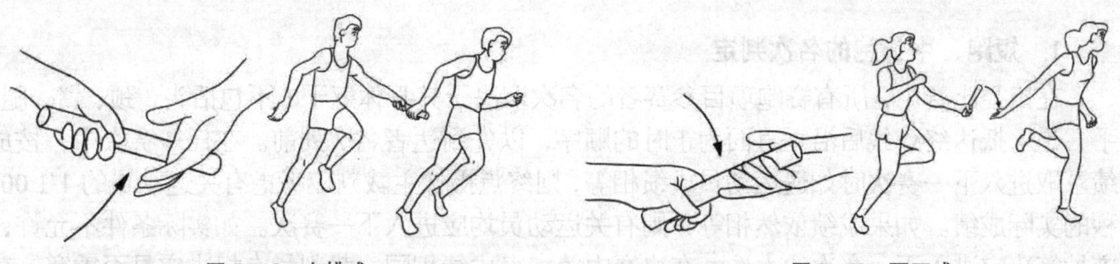

图 5-42　上挑式　　图 5-43　下压式

③ 混合式。这种方法综合了上述两种方法的优点。第 1、第 3 棒运动员以右手持棒，沿弯道内侧跑进，用“上挑式”将棒传入第 2、第 4 棒运动员左手中；第 2 棒运动员左手持棒，沿跑道外侧跑进，用“下压式”将棒传入第 3 棒运动员右手中。

4×400 米接力跑，多采用换手传、接棒技术。接棒人用左手接棒后，立即换到右手。也可以用右手接棒，跑至最后一个直道时再换到左手传棒（第 4 棒可免）。

（2）传、接棒的时机

为了集中精神保持高速度，4×100 米接力运动员均采用听传棒人信号而不看棒的接棒方式。传、接棒运动员在 20 米接力区内，双方均达到相对稳定的高速时，便是传、接棒的最佳时机。此时，一般距接力区前端 3～5 米。

传棒人跑到标志线时，接棒人开始由预跑区内或接力区后端迅速起跑。传棒人跑至接力区内，距接棒人 1～1.5 米时，向其发出“嘿”或“接”等传、接棒信号，接棒人听到后迅速向后伸手接棒，如图 5-44 所示。

图 5–44　传、接棒的时机

（3）起跑标志线的确定

起跑标志线与起跑点的距离，是根据传、接棒队员的跑速和传、接棒技术的熟练程度以及最佳传、接棒时机而定的，一般为 5～6 米。起跑标志线要在训练中多次实践反复调整才能准确确定。

温馨提示

若接棒人在接力区前 10 米预跑线处起跑，至接力区末端 26 米处传、接棒，两人间距 1.5 米，则起跑标志线到起跑点的距离=传棒人最后 30 米的平均速度×接棒人起跑 26 米所需的时间-（26-1.5）。

（4）各棒队员的分配

接力跑要求各棒队员之间协调配合，并能够充分运用每个人的特长，保证在快速跑进中精确、默契、迅速地完成传、接棒动作。一般而言，第 1 棒应起跑好，并善于跑弯道；第 2 棒应速度快，耐力好，善于传、接棒；第 3 棒除应具备第 2 棒的长处外，还要善于跑弯道；第 4 棒通常是 100 米成绩最好、冲刺能力最强的。

5.3.4　径赛项目竞赛规则要点

1. 短跑、中长跑的名次判定

在田径比赛中，所有赛跑项目参赛者的名次取决于其身体躯干（不包括头、颈、臂、腿、手、足）抵达终点线后沿垂直面为止时的顺序，以先到达者名次列前。在任一赛次中，按成绩录取进入下一赛次时如遇运动员成绩相等，则终点摄像主裁判应考虑有关运动员的 1/1 000 秒的实际成绩。如果成绩依然相等，则有关运动员均应进入下一赛次。如实际条件不允许，应抽签决定进入下一赛次的人选。在决赛中第一名成绩相同，裁判长有权决定是否重赛，若无条件重赛，则并列第一；至于其他名次成绩相同，按并列处理。

2. 短跑及中长跑的起跑

在国际赛事中，所有 400 米或以下的径赛项目，必须采用蹲踞式起跑及起跑器。

发令员口令为“各就位”“预备”，最后发令枪响。在“各就位”及“预备”口令之后，参赛者应立即完成有关动作，否则属起跑犯规。如果有运动员抢跑，发令员就会宣布起跑犯规。对第一次起跑犯规的运动员应给予警告，除了全能项目，每项比赛只允许运动员一次起跑犯规而不被取消资格，再次起跑犯规将被取消该项目的比赛资格。

全能比赛中，如果一名运动员两次起跑犯规，将被取消比赛资格。

除此以外，在“各就位”口令发出后，以声音或动作扰乱他人，也判为起跑犯规。在枪声响起前有任何起跑动作，均属起跑犯规。如因仪器或其他原因而非运动员造成的起跑，应向所有运动员出示绿牌。

400 米以上（不含 400 米）的径赛项目，均采取站立式起跑。发令员口令为“各就位”，当所有参赛者在起跑线后准备妥当静止后，便可鸣枪开始比赛。

3. 分道跑

在分道跑和部分分道跑的径赛项目中，参赛者越出跑道，获得实际利益或冲撞、阻碍其他参赛者，会被取消资格。如果参赛者被推或挤出指定的跑道，只要未获得实际利益也未影响他人，可不取消其参赛资格。同样，任何参赛者在直道中越出其跑道或在弯道中越出其跑道的外侧，只要没有获得实际利益及阻碍他人，均不算犯规。

4. 赛次和分组

径赛一般分为第 1 轮、第 2 轮、半决赛和决赛 4 个赛次。而赛次的安排和分组，以及每一赛次的录取人数等将根据报名参加比赛的人数决定。预赛分组时要尽可能把成绩好的运动员平均分配到不同的小组中去。在其后的各轮比赛中，分组依据运动员在前一轮的比赛成绩。如果可能，相同国家或地区的运动员应分开。

5. 分道

运动员在所有短跑、跨栏跑和 4×100 米接力跑中自始至终都必须在自己的跑道里。800 米跑和 4×400 米接力跑，在自己的跑道里起跑，当运动员通过抢道标志线以后才能离开自己的跑道，切入里道。运动员的跑道由技术代表抽签确定。第 2 轮开始的各轮比赛，跑道的选择还需依据运动员在上一轮的比赛结果，如排名前 4 位的运动员抽签后分别占据第 3、第 4、第 5、第 6 跑道，后 4 名抽签排定第 1、第 2、第 7、第 8 跑道。

6. 接力赛

4×100 米接力跑是分道进行的，接棒者可以在接力区前 10 米内起跑。

接力赛中，运动员必须在 20 米的接力区内完成交接棒。“接力区内”的判定是根据接力棒的位置，而不是根据参赛者的身体或四肢的位置。

在 4×400 米接力跑中，第 1 棒全程及第 2 棒的第一弯道是分道跑，第 2 棒运动员要跑至抢道线后方可自由抢道。第 1 棒的传接必须在参赛者指定的跑道内进行，其余各棒的传接，裁判员根据第 2 棒及第 3 棒运动员通过 200 米起点处的先后，按次序让其第 3 棒及第 4 棒的队友在接力区内，由内至外排列等候接棒。所有接棒者均不可在接力区外起跑。

接力棒必须拿在手上，直到比赛结束为止。完成交接棒后，运动员应留在本队的跑道中以免因影响他人而被取消比赛资格。任何人掉了棒，必须由其本人拾回，而且要在不影响别人的情况下，方可越出自己的跑道拾回接力棒。

7. 跨栏

各参赛者必须在自己的跑道内完成比赛，当参赛者跨越栏架时，若其腿或足从低于栏架顶的水平线跨越，或跨越并非自己赛道上的栏架，或故意以手或足撞倒任何栏架，均取消其参赛资格。

8. 风速

在 100 米跑、200 米跑和 100 米跨栏跑、110 米跨栏跑比赛中，如果顺风超过 2 米/秒，运动员创造的成绩就不能成为新纪录。

9. 公路赛

奥运会公路赛包括男、女 20 千米竞走，男 50 千米竞走，以及男、女马拉松比赛。

（1）起跑。在发令员召集运动员到出发线以后，运动员按抽签排定的顺序排列。发令员枪响以后比赛开始，任何人两次抢跑都会被取消比赛资格。

（2）取胜。躯干第一个触到终点线的运动员为优胜者。

（3）饮料站。在比赛的起点和终点应提供水和其他饮料，在比赛路线上每隔 5 千米设置一个饮料站。每一个饮料站内分别设有组委会提供的饮料和运动员自己准备的饮料。在两个饮料站之间还要设置饮水用水站，运动员经过时可以取饮用水，还可以取浸了水的海绵为身体降温。除了已经设置的站点，运动员不能从比赛线路的其他地方获得饮料，否则将被取消比赛资格。

10. 竞走

竞走比赛有两个核心规则。首先，竞走运动员必须始终保持至少有一只脚与地面接触。其次，前腿从着地的一瞬间起直到垂直位置必须始终伸直，膝关节不能弯曲。

比赛中有 6~9 名专职的竞走裁判员监督运动员。按规则规定，他们不能借助任何设备帮助判断，只能依靠自己的眼睛来判断运动员是否犯规。当竞走裁判员看到竞走运动员的动作有违反竞走技术的迹象时，应予以黄牌警告，并在赛后报告给主裁判。当运动员的行进方式违反竞走技术的规定，表现出肉眼可见的腾空或膝关节弯曲时，竞走裁判员须将一张红卡送交竞走主裁判。当竞走主裁判收到针对同一名运动员的 3 张来自不同竞走裁判员的红卡时，该运动员即被取消比赛资格，并由主裁判或主裁判助理向其出示红牌通知。

思考与练习

1. 标准田径场的组成部分有哪些？
2. 跳高、跳远、三级跳远、推铅球、短跑、中长跑、跨栏跑、接力跑的动作技术有哪些？

活动与探索

结合个人爱好，谈谈对某一田径项目的实际感受。

若条件允许，可进行多种形式的田径比赛，如单项赛、综合赛、趣味赛等。

第6章 足球

本章将介绍足球运动的起源、发展、竞赛规则等，并详细讲解足球运动的基本技术和基本战术。

6.1 足球运动概述

本节将介绍足球运动的起源，并简述其发展。

6.1.1 足球运动的起源

现代足球运动诞生于英国。1863 年 10 月 26 日，剑桥大学、牛津大学和凯尔波里特专科学校与伦敦周围地区 11 个主要的俱乐部和学校，举行联席会议，创立了英格兰足球总会。这一天被称为现代足球的诞生日。两个月后，英格兰足球总会制定出世界上第一个统一的足球规则。

6.1.2 足球运动的发展

1872 年，足球运动史上的第一次正式比赛在英格兰和苏格兰之间进行，即泛英足球比赛。在此后 30 年，足球运动逐渐风靡英国和欧美各国。1900 年，足球首次在奥运会上露面。1908 年，足球被正式批准为奥运会比赛项目。1930 年，乌拉圭成功举办了第 1 届世界足球锦标赛。1904 年 5 月 21 日，国际足球联合会（简称国际足联）在法国巴黎成立，总部设在瑞士苏黎世。这标志着足球作为一项世界性的体育项目登上了国际体坛，足球运动在更加广泛的范围内开展起来，影响也越来越大。国际上重大足球比赛有世界杯足球赛、奥运会足球赛、世界青年足球锦标赛、女子世界杯足球赛等。

6.2 足球运动的基本技术

本节将讲解踢球、接球、运球、头顶球、抢断、假动作等足球运动的基本技术。

6.2.1 踢球

踢球指运动员有目的地用脚把球击向预定目标的技术。踢球是足球技术中最重要的技术，主要用于传球和射门。

踢球的方法很多，主要有脚内侧踢球（又称脚弓踢球）、脚背正面踢球（又称正脚背踢球）、脚背内侧踢球（又称内脚背踢球）、脚背外侧踢球（又称外脚背踢球）、脚尖踢球（又称脚尖捅球）和脚跟踢球。这些动作结构完全一致，均由助跑、支撑脚站位、踢球腿摆动、脚触球、踢球后的随前动作5个环节组成。

1. 脚内侧踢球

（1）脚内侧踢定位球

扫一扫

踢球

如图6-1所示，直线助跑，支撑前的最后一步稍大些，支撑脚站在球的侧面约15厘米处，脚尖正对出球方向，支撑腿膝关节微屈。在支撑脚着地时，踢球腿大腿带动小腿由后向前摆动，在前摆的过程中大腿外展，当膝关节摆动至接近球的正上方时，小腿做爆发式摆动，在触球前将脚跟送出使得脚内侧部位所形成的平面与出球方向垂直，踢球脚脚尖微微翘起，脚底与地面平行，踝关节功能性地紧张使脚型固定，触（击）球后身体跟随向前移动。

AR图6-1 脚内侧踢定位球

（2）脚内侧踢空中球

如图6-2所示，根据来球速度和运行轨迹及时移动到位，踢球腿的大腿抬起并外展，小腿绕额状轴后摆，而后小腿由后向前摆动，当摆至额状面时与球接触，击球的中部。

2. 脚背正面踢球

（1）脚背正面踢定位球

如图6-3所示，直线助跑，最后一步稍大些，支撑脚积极着地支撑，在球的侧面10～12厘米处，脚尖正对出球方向，膝关节微屈，踢球腿随跑动向后摆动，小腿弯曲，支撑的同时踢球腿以髋关节为轴，大腿带动小腿由后向前摆动。当膝关节摆至接近球的正上方时，小腿做爆发式的摆动，脚趾屈，以脚背正面部位击球的后中部。击球后身体及踢球腿随球前移。

AR图6-2 脚内侧踢空中球

（2）脚背正面踢反弹球

根据来球的速度、运行轨迹、落点，支撑脚踏在球落点的侧面。在球落地时，踢球腿爆

发式前摆，在球刚弹离地面时，用脚背正面击球的中部，并控制小腿的上摆（送髋、膝关节向前平移），出球则不会过高。

AR 图 6–3　脚背正面踢定位球

（3）凌空踢倒勾球

根据来球的速度、运行轨迹，选好击球点，及时移动到位，以踢球腿为起跳腿蹬地起跳，同时另一条腿上摆，身体后仰腾空，眼睛注视来球，蹬地腿在离地后迅速上摆的同时，另一条腿向下摆动，以脚背正面击球的后部。踢球后，两臂微屈，手掌向下，手指指向头部相反方向着地，屈肘，然后背、腰、臀部依次滚动式着地。

3. 脚背内侧踢球

（1）脚背内侧踢定位球

如图 6-4 所示，斜线助跑，助跑方向与出球方向约成 45°，最后一步稍大，以支撑脚底积极着地，脚尖指向出球方向，距球内侧后方 20～25 厘米，膝关节微屈。在支撑的同时，踢球腿已完成后摆，并开始以髋关节为轴大腿带动小腿由后向前摆动，当大腿摆至与支撑腿接近同一平面时，小腿做爆发式摆动，此时脚尖外转、脚背绷直，以脚背内侧部位触击球。击球后踢球腿及身体继续随球向前。

图 6–4　脚背内侧踢球

（2）脚背内侧转身踢球

助跑结束前倒数第二步应向球的侧前方跨出（即与出球方向在支撑脚一侧的侧前方），最

后一步略跳动并伴随转身支撑，脚尖对准出球方向，膝关节微屈，身体向支撑脚一侧倾斜，其余各环节与踢定位球相同。

（3）脚背内侧踢反弹球

根据来球的落点及时移动到位，在球离地（反弹）的瞬间踢球，其他的动作要求与踢定位球相同。这种踢球方法多用于踢侧方或侧前方来的由空中下落的球。

4. 脚背外侧踢球

由于踢这种球的脚踝灵活性较大，摆腿方向变化较多，且助跑时又是正常的跑动姿势，故其出球隐蔽性较强。足球比赛中各种距离的弧线球及非弧线球均可使用。

（1）脚背外侧踢定位球

助跑、支撑脚站位及踢球腿摆动均与脚背正面踢球技术的 3 个环节相同，脚触球是用脚背外侧部位。此时要求膝关节和脚尖内转，脚背绷紧，触（击）球后身体随踢球腿的摆动前移。

（2）脚背外侧踢地滚球

可用于踢正前方、侧前方及侧后方来的地滚球。踢球的动作、规格要求与踢定位球相同，但支撑脚站位时应考虑球的滚动速度，以保证在脚触球的瞬间支撑脚与球的相对位置符合规格要求。

（3）脚背外侧踢反弹球

与脚背正面踢反弹球的方法相同，只是接触球时用脚背外侧部位触（击）球。

5. 脚尖踢球

由于脚尖踢球时出球异常迅速，雨天场地泥泞时多使用这种踢法。还可以借助踢球腿的最大长度，踢那些距离身体较远的球。具体方法是用支撑脚跳跃上步，踢球腿屈膝前跨，髋关节尽量前送，两臂上摆协助身体向前，小腿前伸，在踢球脚落地前用脚尖捅球的后中部。

6. 脚跟踢球

这是用脚跟（跟骨的后面）接触球的一种踢球方法。球在支撑脚外侧时，踢球脚在支撑脚前面交叉摆到支撑脚外侧用脚跟击球。球在支撑脚内侧时，踢球脚后摆用脚跟踢球。虽然由于人体结构的特点决定了这种踢球方法（大腿微伸小腿屈）产生的力量小，但其出球方向是向后，故有隐蔽性和突然性。

6.2.2 接球

接球指运动员有目的地用身体的合理部位把运行中的球停下来，控制在所需要的范围内，以便较好地衔接下一个技术动作。接球的方法有多种，常用的有脚内侧接球、脚背正面接球、脚底接球、大腿接球、胸部接球、头部接球等。

1. 脚内侧接球

由于脚触球面积大，动作简单，较易掌握，比赛中经常使用这种技术接各种地滚球、反弹球、空中球。

（1）接地滚球

如图 6-5 所示，身体正对来球，判断来球的速度和方向，选好支撑脚位置，膝关节微屈。接球脚根据来球的状态相应提起，膝、踝关节旋外，脚趾稍翘，用脚内侧对准来球，触球刹那，接球部位做相应的引撤或变向接球动作，将球控制在所需要的位置上。

图 6–5　接地滚球

（2）接反弹球

如图 6-6 所示，接球腿小腿应与地面形成一定的夹角，向下做压推动作时，膝要领先，小腿留在后面。

（3）接空中球

如图 6-7 所示，接球腿要屈膝抬起，可根据需要采用引撤或切挡动作，接球落地后应随即将球在地面控制住。

图 6–6　接反弹球　　图 6–7　接空中球

2. 脚背正面接球

此方法多用于接有较大抛物线的来球。如图 6-8 所示，根据球的落点，及时移动到位，脚背正面迎下落的球，在球与脚面接触的一瞬间，接球脚与球下落的速度同步下撤，此时接球腿膝关节、踝关节、脚趾均保持适度的紧张，脚尖微翘将球接到需要的地方。

3. 脚底接球

由于脚底接球技术便于掌握，易于将球接到位置，故常被用来接各种地滚球和反弹球。

（1）脚底接地滚球

身体正对来球方向，移动前迎，支撑脚站在球的侧面（或前或后均可），脚尖正对来球方向，膝关节微屈。同时接球腿提起，膝关节微屈，脚背略屈，使脚底与地面之间的夹角小于 45°（且脚跟离开地面），一般以前脚掌接触球的上部为宜。在触球瞬间接球脚可轻微趾屈（前脚掌下点）将球停住，也可根据需要在接球的同时将球推向前方或拉向身后。

（2）脚底接反弹球

根据来球落点，及时前移迎球，支撑脚站在落点侧后方，脚尖正对来球方向，球落地瞬间，用前脚掌去触球的中上部，微伸膝，用脚掌将球接在体前。若需接球到身后则应在触球瞬间继续屈膝，将球回拉，并伴随支撑脚以前脚掌为轴旋转 90° 以上。

4. 大腿接球

大腿接球一般可以用来接抛物线较大的高空球和略高于膝的低平球。

（1）接抛物线较大的下落球

如图 6-9 所示，面对来球方向，根据球的落点迅速移动到位，接球腿大腿抬起，在球与大腿接触的瞬间大腿下撤将球接到需要的位置上。

图 6-8　脚背正面接球

图 6-9　大腿接球

（2）接低平球

面对来球方向，根据来球高度，接球腿大腿微屈，送髋前迎来球，在球与大腿接触的瞬间收撤大腿，使球落在所需要的位置上。

5. 胸部接球

由于胸部接球部位较高，加之胸部面积大、肌肉较丰满等特点，动作易于掌握，故是接高球的一种好方法。胸部接球包括挺胸式接球、收胸式接球两种方法。

（1）挺胸式接球

接球时，身体正对来球，两腿自然开立，膝微屈，两臂在体侧自然屈抬，上体稍后仰与来球形成一定的角度。触球刹那，胸部主动挺送，使球触胸后向前上方弹起落于体前。挺胸式接球一般用于接有一定弧度的高球。

（2）收胸式接球

面对来球，两脚左右或前后开立，两臂自然张开，挺胸迎球，触球瞬间收胸、收腹、臀部后移将球接在体前。若需将球接在体侧，则触球瞬间转体将球接在转体后相应的一侧。收胸式接球多用于接齐胸高的平直球。

6. 头部接球

高于胸部的来球可用头部接球。根据球的运行路线，面对来球，用前额正面接触球的中下部。下颌微抬，两臂自然张开，提踵伸膝。触球瞬间全脚掌着地，屈膝、塌腰、缩颈，全身保持上述姿势下撤将球接在附近。

6.2.3　运球

扫一扫

运球

运球是运动员在跑动中用脚连续推拨球，使球处于自己控制范围内的动作。常用的运球技术有脚内侧运球、脚背正面运球、脚背外侧运球、脚背内侧运球。

1. 脚内侧运球

运球前进时支撑脚位于球的侧前方，支撑腿膝关节微屈，重心放

在支撑腿上，另一条腿提起屈膝，用脚内侧推球前进，然后运球脚着地。肩部指向运球方向，身体侧转，虽然移动速度较慢，但身体前倾有利于将对方与球隔开，因而这种技术多用在运球中做配合传球，或有对方阻拦需用身体做掩护时运球。

2. 脚背正面运球

运球时身体保持正常跑动姿势，上体稍前倾，步幅不宜过大，运球腿提起，膝关节稍屈，髋关节前送，提踵，脚尖下指，在着地前用脚背正面部位触球后中部将球推送前进。

脚背正面运球时身体保持正常跑动姿势，可以发挥出较快的速度，因而这种技术多用在运球前方一定距离内无对手阻拦时。

3. 脚背外侧运球

如图 6-10 所示，运球时身体保持正常跑动姿势，上体稍前倾，步幅不宜过大，运球腿提起，膝关节稍屈，髋关节前送，提踵，脚尖向内旋转，使脚背外侧正对运球方向，在运球脚落地前用脚背外侧推拨球的后中部。

图 6-10　脚背外侧运球

脚背外侧运球时，身体姿势与正常跑动时相同，因而可以发挥出较快的速度，故与脚背正面运球有相同的用途。另外，利用脚踝关节的动作可以很快改变脚背外侧面所正对的方向，故在运球脚一侧改变方向时也多采用这种运球方法。这种方法能用身体将对手与球隔开，故掩护时也常使用。

4. 脚背内侧运球

身体稍侧转并协调放松，步幅小，上体前倾，运球腿提起外展，膝微屈外转，提踵，脚尖外转，使脚背内侧正对运球方向，在运球脚落地前用脚背内侧推拨球，使球随身体前进。

脚背内侧运球由于身体稍侧转，不能采用正常跑动姿势，因此不适用于高速运球。但脚背内侧运球动作幅度大，控球稳，易于运球转换方向，非常适用于掩护性运球或运球变向，是足球比赛中常用的一种运球方法。

6.2.4　头顶球

头顶球技术是传球、射门、抢断的有效手段，特别是争高空球时头顶球技术更为重要。头顶球技术不需要等球落地就可以在空中直接处理来球，因此使用这种技术可以争取时间上的优势和主动。

头顶球具体方法有正额原地顶球、助跑跳起（单脚或双脚）顶球和鱼跃式顶球等。

1. 正额原地顶球

面对来球，两脚前后开立，膝微屈，重心放在两脚上。顶球前，上体先后仰，重心移到后脚上，两臂自然摆动，维持身体平衡，两眼注视来球。顶球时，两腿用力蹬地，迅速伸直，上体由后向前快速摆动，借助腰、腹和颈部力量，用前额正面将球顶出。顶球过程中，身体重心从后脚移到前脚，然后单脚跳起顶球。

2. 助跑跳起（单脚或双脚）顶球

起跳前要有 3～5 步的助跑。最后一步踏跳时要用力，步幅要稍大些，踏跳脚以脚跟先着地再迅速移到脚掌，同时另一条腿屈膝上提，两臂向上摆动。身体腾起后上体随之后仰。顶球时，上体由后向前摆动，借助腰、腹和颈部力量将球顶出，然后两脚自然落地。

3. **鱼跃式顶球**

对于离身体较远的低空球来不及移动到位处理，必须抢点击球时（如抢救险球、射门等）可使用鱼跃式顶球。在判断好来球的路线和选择好顶球点后，以单脚或双脚用力向前蹬地，身体接近水平态向前跃出，同时两臂微屈前伸，手掌向下，眼睛注视来球，利用身体向前跃出的冲力，以额头正面顶球。顶球后，两手先着地，手指向前，接着胸部、腹部和大腿依次着地。

6.2.5 抢断

抢断技术是一种积极有效的防守手段。抢断是防守技术的综合体现，是用争夺、堵截、破坏等方式延续或阻拦对方进攻的一种技术。一旦把球争夺过来，就意味着组织进攻的开始。

1. **正面抢断**

在对方带球队员迎面而来时，便可采用正面抢断方式。

两脚前后稍开立，两膝稍屈，身体重心下降，并均匀落在两脚上，面向对手。当对方带球或触球即将着地或刚刚着地时，立即抢球。抢球脚的脚弓正对球，并跨出一步，膝关节弯曲，上体前倾，身体重心移至抢球脚上。如对方已有准备，在双方脚同时触球时，脚触球后要顺势向上提拉，使球从对方脚背滚过，身体迅速跟上，把球控制住。双方上体接触时，抢球人可用合理部位冲撞对方，使之失去平衡，从而将球控制在自己脚下。

扫一扫

抢断球

2. **侧面抢断**

当防守队员与带球进攻的队员并肩跑动，或二人争夺迎面来球时，双方都可采用侧面抢断方式。

当与对方平行跑动争球时，身体重心要降低，两臂贴紧身体。在对方靠近自己的脚离地时，可用肩和上臂做合理的冲撞动作，使对方身体失去平衡，从而把球抢过来。

3. **后面抢断（铲球）**

后面抢断（铲球）是抢断技术中较困难的一种，一般是在用其他方法抢不到球时才采用铲球方式。

铲球有两种方法：一种是脚掌铲球，另一种是脚尖或是脚背铲球。

当防守人追至离运球人右后方 1 米左右时，可用右脚掌或左脚尖（脚背）进行铲球。在运球人的左侧时，则用左脚掌或是右脚尖（脚背）进行铲球。如用右（左）脚掌铲球，可在运球人刚刚将球拨出时，先蹬左（右）腿，跨右（左）腿，膝关节弯曲，以脚外侧从地面滑出，用脚掌将球踢出。然后小腿、臀部、上体依次着地，身体随铲球动作向前滚动。

温馨提示　铲球脚离地面超过球的高度，易伤害对手造成犯规。

6.2.6 假动作

假动作指运动员在比赛中，为了隐蔽自己真实的动作意图，利用各种动作的假象，来迷惑对方，使对方对其动作产生错误的判断或失去身体重心，形成对自己有利的形势，从而取得时间、空间位置的优势，达到自己真实动作的意图。

1. **踢球假动作技术**

如图 6-11 所示，运动员已控制球或正准备控制球，准备与同伴配合及接球时，对手前来堵抢，挡住其路线时，可先向一方做假动作，当对手以假当真去封堵假动作路线时，应突然改变踢球脚法将球传或接向另一方。

图 6-11　踢球假动作技术

2. **头顶球与胸部接球假动作技术**

当队员面对胸部以上的高空来球，准备接时，对手迎面逼近准备抢截，此时接球的队员做出胸部或头部接球或顶球的假动作诱使对手立定，以假当真，在其封堵接、传路线时，突然改变动作，用头部或胸部将球顶出或接住。

3. **运球假动作技术**

运球假动作技术在比赛中是较常见的，它不仅用来突破正面对手，而且可以用来摆脱来自侧面和后面的对手。

如图 6-12 所示，对手迎面跑来抢截球时，可用左（右）脚的脚背内侧扣拨球动作结合身体的虚晃动作，诱使对手的重心发生偏移，然后用左（右）脚的脚背外侧向同侧方向拨运球越过对手。

图 6-12　运球假动作技术

对手从侧面来抢截球时，先做快速向前运球动作，诱使对手紧追，这时突然减速做停球假动作，当对手上当时，再突然起动加速推球向前甩掉对手。

当对手从身后来抢截球时，运球者用左（右）脚掌从球的上方擦过，做大交叉步，身体也随动作前移，诱使对手向运球者的移动方向堵截，然后以运球脚前脚掌为轴，突然向右（左）后方转身，再用右（左）脚脚背内侧将球扣回，把对手甩掉。

6.3　足球运动的基本战术

本节将讲解比赛阵形、进攻战术、防守战术等足球运动的基本战术。

6.3.1 比赛阵形

为了适应攻守战术的需要，全队队员在场上的位置排列和职责分工称为比赛阵形。比赛阵形是本队攻守力量搭配和分工的形式。

根据队员的职责和排列的层次分为后卫线、前卫线和前锋线。阵形的人数排列原则是从后卫数向前锋的，守门员不计算在内。

目前，世界上普遍采用的阵形有“4-3-3”“4-4-2”“4-1-2-3”“3-5-2”等。在这些阵形中，除“4-4-2”阵形以防守为主、反击为辅外，其他阵形均以进攻为主，尤以“3-5-2”阵形更为突出。

选择阵形要以本队队员的特长、技能、技术水平与赛队的特点为依据。此外，阵形绝不是僵化的规定，每个队员都应在明确基本位置和主要职责的前提下，进行创造性的活动。

6.3.2 局部配合进攻战术

1. “二过一”战术配合

“二过一”战术配合指两个进攻队员在局部地区通过两次或两次以上的连续传球配合，越过一个防守队员的战术行动。“二过一”是集体配合的基础，可以在任何场区、位置上运用这种方法摆脱对方的抢断或突破防线。“二过一”是进攻的两个队员之间相距 10 米左右，进行一传一切的配合。要求传球平稳及时，一般多用“脚内侧”“脚外侧”等脚法，以传低平球为主。球传的位置，尽可能是接球人脚下或前面两三步远的地方。

2. “三过二”战术配合

“三过二”战术配合指在比赛场地中的局部地区，通过 3 个进攻队员的连续配合突破两个防守队员的防守。由于这种配合有两个同队队员可以同时接应传球，因此使持球人的传球路线更多，且进攻面更大。

6.3.3 整体进攻战术

整体进攻战术指在比赛中一方获得球后，通过队员之间的传递配合达到射门的目的而采用的配合方法。与局部配合进攻战术相比较，整体进攻战术具有进攻面更加扩大、进攻和反击速度更加快速等特点。

1. 边路进攻

边路进攻一般是围绕边锋进行的配合方法，因此边锋的速度要快，个人突破能力要强，传中技术要突出。其方法是由守转攻时，获球队员将球传给边锋或其他边路上的队员，从边路发起进攻，经过局部配合突破后，一般采用下底和回扣传中方式，将球传到中央，由其他队员包抄射门。

2. 中路进攻

中路进攻时，必须要求边锋拉开，借以牵制对方的后卫，诱使对方中间区域出现较大的空隙，为中路进攻创造有利条件。前场和中场队员要机动灵活地跑位，以有效调动拉开对方的防线。进攻的推进应有层次和梯队。传球要准确，技术动作应在跑动中准确、简练地完成。

3. **快速反击**

比赛中当攻方进攻时，后卫线往往压至中场附近，防守人数也由于插上进攻和助攻而相对减少，此时如防守方能抓住对方防区空隙较大和回防速度较慢的机会，乘攻方失球之机发动快速反击，往往能取得良好的效果。但其难度较大，既要冒险，又要有准确、快速的传切配合技能。

6.3.4　局部配合防守战术

1. **补位**

补位是足球比赛中在局部地区队员集体进行配合的一种方法。当防守过程中一个防守队员被对手突破时，另一个队员应立即上前进行封堵。

2. **围抢**

围抢是足球比赛中在某局部位置上，一方利用人数上的相对优势（通常是两三个队员）同时围堵对方的持球队员，以求在短暂时间内达到抢断球或破坏对方进攻的目的。

3. **造越位战术**

造越位战术是利用规则而设计的一种防守战术，是一种以巧制胜的省力打法。由于该战术配合难度较大，运用不好会适得其反，让对手钻空子，因此往往被水平较高的球队所采纳，但也不宜过多运用。

6.3.5　整体防守战术

整体防守战术主要有盯人防守、区域防守和综合防守 3 种。

1. **盯人防守**

盯人防守是被盯防的对手跑到哪个位置就盯防到哪里的一种防守战术。盯人防守分为全场盯人和半场盯人。这种防守方法是对口盯人，分工明确，但体力消耗大，一旦被突破，很难补位，会使整个防线出现很大的漏洞。因此，在比赛中，单纯采用人盯人防守方法是不利的。

2. **区域防守**

由攻转守时，根据场上位置的分布，每个防守队员负责防守一定的区域，当对方队员跑到本区域时，就负责盯防，离开这个区域，就不再跟踪盯防。这种战术较为省力。但是，对方可以任意交叉换位，容易造成局部以少防多的被动局面。因此，目前在比赛中已很少采用这种防守方法。

3. **综合防守**

综合防守是盯人防守与区域防守相结合的防守方法。综合防守是目前在比赛中普遍采用的一种防守方法，它集中了盯人防守和区域防守的优点，从而在防守中能根据场上情况进行逼抢、盯人、保护与补位，以达到防守的目的。

6.4　足球运动的竞赛规则

本节将讲解足球运动的竞赛规则，包括赛制、运动员和裁判员、任意球、罚球点球、红牌和黄牌、伤停补时、越位、暂停比赛、进球等。

6.4.1 赛制

正式的国际足球比赛分为上、下两个半场，每半场45分钟，中间休息不得超过15分钟。

正式的国际比赛，在国际足联公平竞赛旗及参赛双方国旗的引导下，参赛队伍伴随国际足联公平竞赛曲列队入场；按规定位置站定，先奏客队国歌，再奏主队国歌。比赛场地的选择是以裁判员掷硬币的方式决定的，猜中者选择上半场比赛的进攻方向，另一方开球开始比赛。

足球比赛分组循环赛期间的积分为胜一场积3分，平1场积1分，负1场积0分，最终以积分多少决定小组名次。如积分相等，则根据赛前规程确定的不同名次判定标准的规定排定名次。

6.4.2 运动员和裁判员

每队上场队员不得多于11名，其中必须有一名守门员。如果场上一队的队员少于7人，则比赛不能开始。奥运会足球比赛中，每场比赛最多可以使用3名替补队员；场外和场上队员未经裁判员许可不能擅自进出场地。比赛时，守门员和其他队员的位置不能随意交换，如需要交换，须经过裁判员同意。

一场正式的足球比赛由一名裁判员、两名助理裁判员和一名第4官员担任裁判工作。裁判员的职责：有场上最终判决权，决定比赛时间是否延长，比赛是否推迟和终止。助理裁判员的职责：示意越位及球出界，协助裁判员的场上判罚，但没有最终判决权。

6.4.3 任意球

足球比赛的任意球分为两种。一种是直接任意球，主要是针对恶意踢人、打人、绊倒对方的行为判罚，另外用手拉扯、推搡对方，手触球的行为也属于这一类，还有辱骂裁判员、辱骂他人的行为也要判罚直接任意球。这种任意球可直接射门得分。如果这些行为发生在罚球区，就要判罚球点球。另一种是间接任意球的判罚，危险动作、阻挡、定位球的连踢的行为就属于这一类判罚。这种任意球不能直接射门得分，只有在球进门前，触及另外一名队员才可得分，罚球区内这种犯规不能判罚点球。

无论直接任意球还是间接任意球，防守方都要退出9.15米线以外，如果不按要求退出9.15米线以外，裁判员可出示黄牌做出警告。

6.4.4 罚球点球

在罚球区内直接任意球的犯规要判罚球点球。罚球点球时，双方队员不能进入罚球区。如防守方进入罚球区，进球有效，不进则重罚；如进攻方进入罚球区，进球应重踢，如不进则为防守方球门球。在罚球点球时，守门员可以在球门线上左右移动，但不可以向前移动。

6.4.5 红牌和黄牌

对于足球比赛中出现的一些严重犯规，足球裁判员在判罚时，根据犯规性质不同可出示红牌或黄牌。裁判员出示红牌的情况：恶意的犯规或暴力行为；故意手球、辱骂他人的行为；同一场比赛中同一人得到两张黄牌。

裁判员出示黄牌的情况：违反体育道德的行为；用语言和行为表示不满的情况；连续犯规、故意延误比赛、擅自进出场地的行为。

6.4.6　伤停补时

足球比赛有时根据场上情况在比赛时间上需要补时。有时是1～2分钟，最长可达5～6分钟，时间长短由裁判员决定。造成补时的主要原因：一是处理场上受伤者；二是拖延时间；三是其他原因。

6.4.7　越位

足球比赛构成越位要满足以下条件：在同伴传球时，脚触球的瞬间，在对方半场内如果同伴的位置与倒数第二名对方队员的位置相比更靠近对方球门线,这时该队员处于越位位置。需要说明的是，与对方倒数第二名队员处于平行时不判越位。裁判员在下列情况中判罚越位犯规：干扰比赛、干扰对方队员、利用越位位置获得利益。

6.4.8　暂停比赛

正式足球比赛一般场上不能暂停，只有在极特殊的情况下，如队员受伤或发生意外纠纷才鸣哨暂停。恢复比赛是在比赛停止时球所在的地点坠球，重新开始比赛。现在足球比赛道德水准普遍很高，通常一方如看到场上有受伤队员，都会将球踢出界。恢复比赛时，对方也会将球踢回。

6.4.9　进球

当球的整体从球门柱间及横梁下越过球门线，而此前未违反竞赛规则，即为进球得分。

有时在比赛中会看到球打到横梁后落地又弹回场内，裁判员可以根据自己的观察来确认球是否越过球门线，这种判决有时会引起很大争议。

思考与练习

1. 足球运动的基本技术有哪些？
2. 足球运动的基本战术有哪些？
3. 足球运动的竞赛规则有哪些？

活动与探索

若条件允许，可组织足球比赛。

本章将介绍篮球运动的起源、发展、竞赛规则等，并详细讲解篮球运动的基本技术和基本战术。

7.1 篮球运动概述

本节将介绍篮球运动的起源和发展历程。

7.1.1 篮球运动的起源

1891 年，美国的詹姆斯·奈史密斯（James Naismith）博士从儿童喜欢用球投向桃子筐的游戏中得到启发，创编了篮球游戏。为了怀念这位篮球运动先驱，国际篮球联合会于 1950 年将世界男子篮球锦标赛的金杯命名为“奈史密斯杯”。

7.1.2 篮球运动的发展

1904 年，在第 3 届奥林匹克运动会上第一次进行了篮球表演赛。1932 年，国际业余篮球联合会宣告成立。1936 年第 11 届奥运会上，男子篮球被列为正式比赛项目。1976 年第 21 届奥运会上，女子篮球被列为奥运会的正式比赛项目。自 1992 年第 25 届奥运会开始，职业篮球运动员被允许参加奥运会的篮球比赛。美国“梦之队”的参赛使世界篮坛更为精彩。

篮球运动以其特有的魅力，深受世界各国人民的喜爱，国际篮球联合会成为单项体育人口最多的国际单项运动协会。奥林匹克运动会篮球比赛、世界篮球锦标赛、美国 NBA 职业联赛，这三大赛事代表着世界篮球运动的领先水平。

7.2 篮球运动的基本技术

本节将讲解篮球的进攻和防守技术，阐述移动、投篮、传球、接球、运球、抢篮板球、防守等基本技术。

7.2.1　移动

进攻者运用急起、急停、转身、变速变向跑等移动动作，摆脱防守完成进攻任务。防守者则运用跑、停、滑步、后撤步、交叉步等动作阻止进攻。这些争取比赛主动权的行动都离不开快速灵活的脚步移动动作。

7.2.2　投篮

按照持球的方法不同，可分为双手投篮和单手投篮；依据投篮前球置于身体部位的不同，可分为胸前、肩上、头上等不同的投篮动作；就运动员投篮时移动形式而言，又可分为原地、行进间和跳起投篮。

1. 原地双手胸前投篮

如图 7-1 所示，两脚左右或前后站立，两膝微屈，两脚脚跟略离地面，上体稍向前倾，两手手指自然张开，握球两侧略后的部位，两大拇指相对成“八”字形，掌心空出，持球于胸前，屈肘靠近身体。投篮时，两脚蹬地身体伸展，同时两臂向前上方伸出，大拇指向前上方用力推送，手腕稍外翻，使球从大拇指、食指、中指指尖投出。

2. 原地单手肩上投篮

以右手为例，如图 7-2 所示，右手五指自然分开，手心空出，用指根以上部位持球，大拇指和小拇指控制球体，左手扶球的左侧，右手屈肘，肘关节自然弯曲，置球于右肩上方。投篮时，下肢蹬地发力，右臂向前上方伸直，手腕前屈，食指、中指用力拨球，通过指端将球柔和地送出。球出手的同时，身体随投篮动作向前伸展。

图 7–1　原地双手胸前投篮

图 7–2　原地单手肩上投篮

3. 行进间单手低手投篮

以右手为例，如图 7-3 所示，在跑动中接球或运球突破上篮时，应先跨右脚接球或拿球，接着第二步跨左脚起跳，左脚跨的步子稍小一些（已能掌握基本动作者，其左脚跨出的步子大小，可根据对方防守的情况和自身进攻的需要选择），右腿屈膝上抬，身体上升到最高点时，右臂向上伸或向前上方伸，掌心向上，用手指和手腕的力量，将球上拨。

4. 运球急停跳投

以右手为例，如图 7-4 所示，在快速运球中，用一步或两步的方式接球停步，两膝微屈，身体重心下降，迅速蹬地起跳，同时两手迅速举球于右肩上。在身体接近最高点处于稳定的一刹那，迅速向上伸臂，用右手的手腕和手指的力量将球投出。

图 7-3 行进间单手低手投篮

图 7-4 运球急停跳投

7.2.3 传球、接球

1. 传球基本技术

（1）双手胸前传球

如图 7-5 所示，两手五指自然分开，大拇指相对成“八”字形，用指根以上部位握球的两侧后下方，掌心空出，两臂自然弯曲于体侧，将球置于胸前。肩、臂、腕肌肉放松，两眼注视传球目标，身体成基本姿势。传球时，后脚蹬地，身体重心前移，同时两臂前伸，手腕由下向上翻转，同时大拇指用力下压，食指、中指用力弹拨，将球传出。双手胸前传球是一种基本、常用的传球方法，具有准确性高、容易控制、便于变化的优点。

图 7-5 双手胸前传球

（2）单手肩上传球

以右手为例，如图 7-6 所示，原地右手肩上传球时，两脚前后开立，右脚在前，侧对传球方向，右手肩上托球于头侧，掌心空出，以转体、挥臂、甩腕及手指拨球的力量将球传出。单手肩上传球是一种中远距离的传球方法，其特点是传球力量大、速度快、距离远，在长传快攻和突破起跳分球时经常采用。

图 7–6　单手肩上传球

（3）单手体侧传球

以右手为例，如图 7-7 所示，两脚开立，两腿微屈，双手持球于胸前。传球时，左脚向左跨步的同时将球移至右手引到身体右侧，出球前一刹那，持球手的大拇指在上，掌心向前，手腕后屈，出球时前臂向前做弧线摆动，当球摆过身体右前方时，迅速收前臂，用手腕、手指的力量将球传出。单手体侧传球的特点是隐蔽、动作快而幅度小。

图 7–7　单手体侧传球

（4）反弹传球

反弹传球是一种近距离较隐蔽的传球方法，是小个队员对付高大防守者的有效传球手段。方法很多，如单手胸前、双手胸前、单手体侧、单手背后等反弹传球，都可通过地面反弹传球给同伴。反弹传球的动作方法与各种传球相同，但运用反弹传球时要掌握好球的击地点，一般应在传球者距离接球者 2/3 的地方。当防守自己的对手距离自己较远，而传球的距离又较近时，可向防守者的脚侧击地传出。球弹起的高度一般在接球人的腰部为宜。

2. 接球基本技术

接球时眼睛要注视来球，肩、臂都要放松，手臂应迎球伸出，手指自然分开。当手指触球时，屈肘、臂后引，缓冲来球的力量，两手握球，保持身体平衡，以便做下一个动作。

（1）接反弹球

掌心要向着来球反弹的方向，屈膝弯腰并向前下方伸手迎球，五指自然分开成上、下手

接球动作。在球刚刚离地弹起时，手指触球将球接住。接球后手腕迅速向上翻，持球于胸腹前保持身体平衡，成基本站立姿势。

（2）接球后急停

安全接球后急停已成为进攻技术的基础。要点是正确运用转入下次进攻的衔接点，不要做带球走等违规动作。

（3）摆脱接球

摆脱接球是抢先一步接球的动作。为了安全准确地接球，无球队员以切入、策应等配合创造接球机会。

7.2.4　运球

运球不仅是个人进攻摆脱防守的有力手段，而且是组织全队进攻战术配合的重要桥梁。下面介绍 4 种主要运球技术。

1. 身前换手变换方向运球

如图 7-8 所示，右手运球向左侧做变向时，右手拍球的右侧上方，使球从右侧反弹向左侧，同时右脚向左侧前方跨步，右侧肩向前，并迅速用左手拍球的正后方继续运球前进。左手运球向右变向时，则与右手动作相反。这种运球技术的特点是便于结合假动作，变化突然，易造成防守者错误判断，伺机运、传，从左至右、从右至左改变方向地运球。以娴熟的左、右假动作和反弹高运球突然降低至 30～50 厘米低运球来控制身体重心是运球的诀窍。

运球技术

2. 胯下运球

胯下运球是使球穿过两腿之间来改变运球方向的运球技术，如图 7-9 所示。胯下运球的特点是两腿可以保护球，且可以安全转换方向，使防守者的手难以够着。

3. 后转身运球

如图 7-10 所示，身体左侧对防守者，左脚在前做中枢脚，右手左右后侧运球或向后运球，同时做后转身，换左手拍球的后上方运至左侧，右脚落地贴近防守者的右侧（脚尖向前），然后运球继续前进。后转身运球的特点是转身时便于保护球，改变球的路线幅度大，攻击力强，灵活多变。

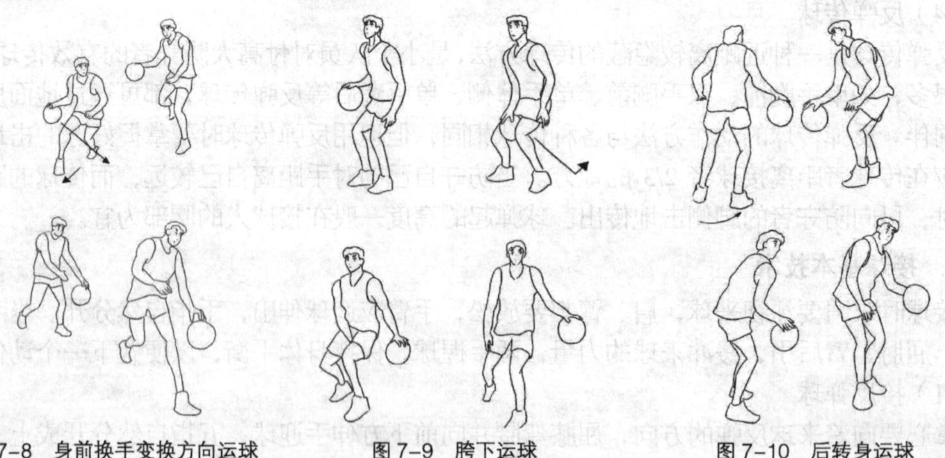

图 7–8　身前换手变换方向运球　　图 7–9　胯下运球　　图 7–10　后转身运球

4. **运球急停急起**

如图 7-11 所示，可用两步急停，两腿屈膝前后开立，跨出第一步时，身体稍后仰。同时，按拍球的上方，降低球的反弹高度，使球在原地反弹，同时降低身体的重心，用腿和异侧臂护球。急起时，拍球的后上方。身体重心移至前脚掌，同时后脚迅速蹬地跨出超越防守者，迅速向前推进。运球急停急起的特点是动作突然、起动快、线路多变、攻击力强、易摆脱防守。

图 7-11 运球急停急起

7.2.5 抢篮板球

抢篮板球分为抢进攻篮板球和抢防守篮板球两种。

1. **抢进攻篮板球**

当同伴或自己投篮时，处在近篮的进攻队员首先应判断球的反弹方向，然后向相反方向的侧前方跨步，利用身体虚晃的假动作，诱开身前的防守队员，绕跨挤到对手的前面或侧前方，抢占有利位置，借助跨步或助跑起跳，跳至最高点补篮或抢篮板球。

2. **抢防守篮板球**

如图 7-12 所示，当对方投篮出手后，首先应注意对手的动向，并根据当时与进攻队员所处的位置和距离的远近，运用上步、撤步和转身抢占有利位置，把进攻队员挡在身后，与此同时还要判断球的落点准备起跳。

图 7-12 抢防守篮板球

7.2.6 防守

1. **防守无球队员**

防守队员应站在对手与球篮之间的内侧，保持与对手有适当的距离和角度，做到以人为

主，人球兼顾，使对手和球处于自己的视野之内，随对手的动作积极跟进移动，调整防守位置，堵截其移动和接球的路线，手臂配合做出伸出、挥摆、上举等动作，干扰对手接球，争取抢、断球。

（1）防纵切

如图 7-13 所示，A 传球给 B，a 及时偏向球侧错位防守，当 A 向篮下纵切要球时，a 应抢前防守，合理运用身体堵住对方的切入路线，同时伸臂封锁接球，迫使对手向远离球的方向移动。

（2）防横插

如图 7-14 所示，A 持球，C 欲横插过去要球，c 应上步挡住对手，并伸臂不让对手接球，用背贴着对手，随其移动到有球一侧。

（3）防溜底

如图 7-15 所示，A 持球，C 溜底的时候，c 要面向球滑步移动，至纵轴线时，迅速上右脚前转身，错位防守，右臂伸出不让对方接球。

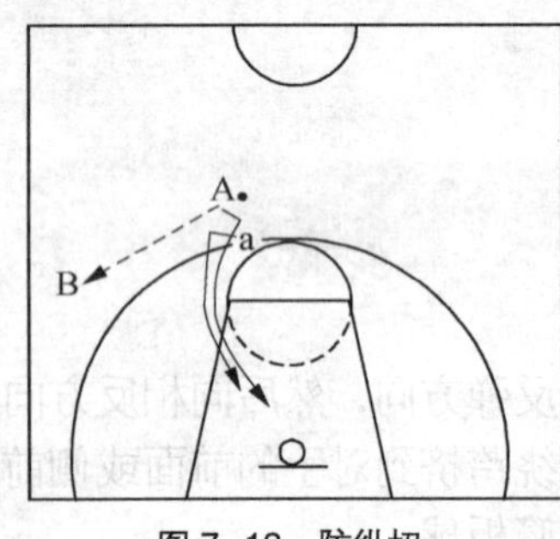

图 7-13 防纵切

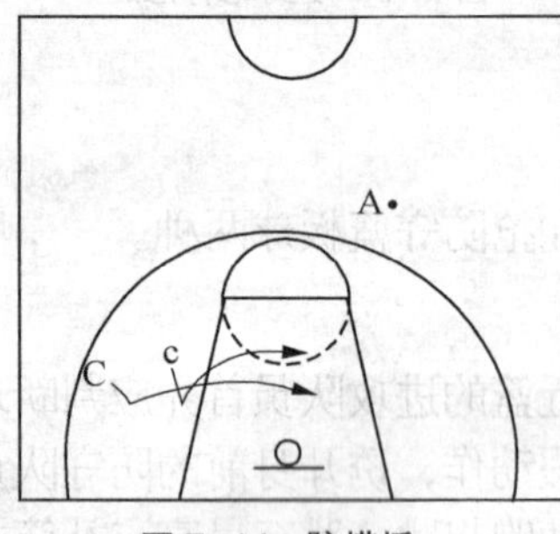

图 7-14 防横插

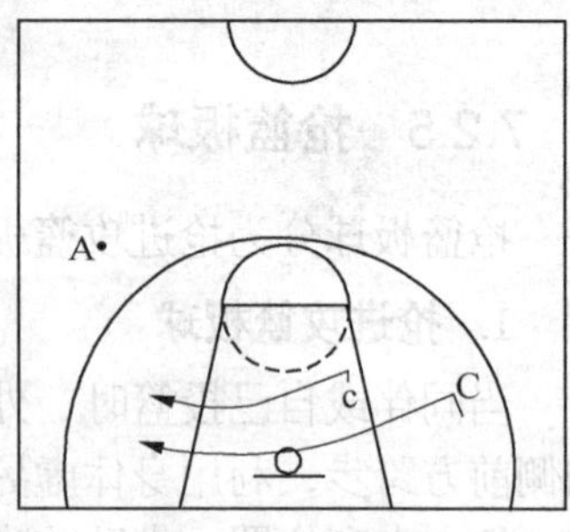

图 7-15 防溜底

2. 防守持球队员

在对手接球后，防守队员应迅速调整防守位置和距离，占据对手与球篮之间的有利位置，还要与对手保持适当的距离（一臂左右）。一般来说，对手离球篮远则防守队员离对手远，反之则稍近，并根据对手的特点（投篮或突破）而有所调整。防守持球队员在离球篮近时采用贴近的攻击步防守，离球篮远时则采用平步防守，无论采用哪一种防守，都要积极移动，阻截和干扰对方传球、投篮，同时伺机抢、断球。

7.3 篮球运动的基本战术

本节将介绍篮球的基础配合、快攻与防守快攻、攻防半场人盯人等基本战术。

7.3.1 基础配合

1. 进攻基础配合

进攻基础配合是两三名进攻队员，为了创造投篮机会，合理运用技术而组成的合作方法。

（1）传切配合

传切配合有两种，分别为一传一切配合和空切配合。

一传一切配合如图 7-16 所示，A 传球给 D 后，立刻摆脱对手。

扫一扫

进攻基础配合

A 向篮下切入，接 D 的回传球投篮。空切配合如图 7-17 所示，A 传球给 D 时，C 突然切向篮下接 D 的传球投篮。

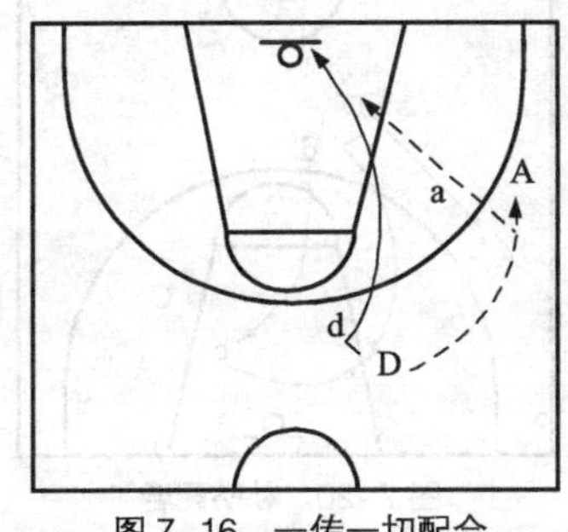

图 7–16　一传一切配合

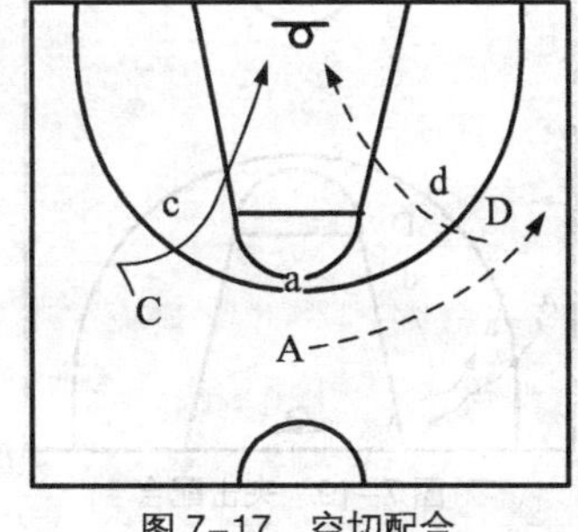

图 7–17　空切配合

（2）突分配合

突分配合是有球队员持球突破后，主动或应变地利用传球与同伴配合的方法。其要求是，突破动作要突然、快速，在突破过程中，要随时观察场上攻、守队员行动和位置的变化，既要做好投篮的准备，又要及时、准确地传球给同伴。其他进攻队员要掌握时机及时跑到有利于进攻的位置上接球。

（3）掩护配合

掩护配合是掩护队员采用合理的行动，用自己的身体挡住同伴的防守者的移动路线，使同伴得以摆脱防守，或利用同伴的身体和位置使自己摆脱防守的一种配合方法。掩护配合的形式根据掩护的位置和方向不同，分为前掩护、后掩护、侧掩护 3 种。

扫一扫

防守基础配合

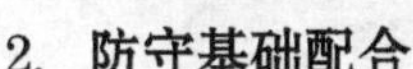

2. 防守基础配合

防守基础配合是两三名防守队员，为破坏对方进行配合，或当同伴防守出现困难时，及时互相协作行动的方法。以下是 3 种常用的防守基础配合方法。

（1）关门配合

关门配合是两个防守队员靠拢协同防守突破的配合方法。如图 7-18 所示，当 D 从正面突破时，a、d 或 d、c 进行关门配合。

关门配合的要求：防守队员应积极堵住进攻者的突破路线；临近突破一侧的防守队员要及时向同伴靠拢进行“关门”，不给突破者留有通过的空隙。关门配合也可运用于区域联防。

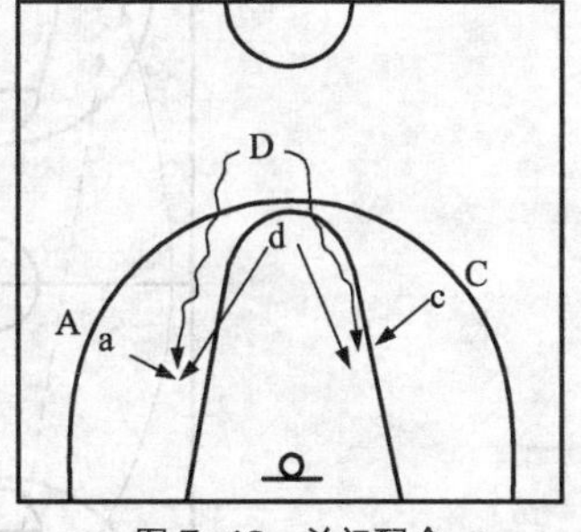

图 7–18　关门配合

（2）夹击配合

夹击配合是两个防守队员积极防守一个进攻队员的配合方法。如图 7-19 所示，A 从底线突破，a 封堵底线，迫使 A 停球，d 同时向底线迅速跑去与 a 协同夹击 A，封堵其传球路线，迫使其违例或失误。

夹击配合要正确地掌握夹击的时机和区域。行动要果断，出其不意。在形成夹击时要用身体和腿部限制进攻队员的活动，用手臂封堵传球或接球，但要防止不必要的犯规。

（3）补防配合

补防配合是防守队员在同伴漏防时，立即放弃自己的对手，去补防那个威胁最大的进攻者，而与漏人的防守队员及时换防的一种协同防守方法。如图 7-20 所示，D 传球给 A，突然摆脱 d 的防守直插篮下，此时 c 放弃 C 的防守补防 D，d 去补防 C。

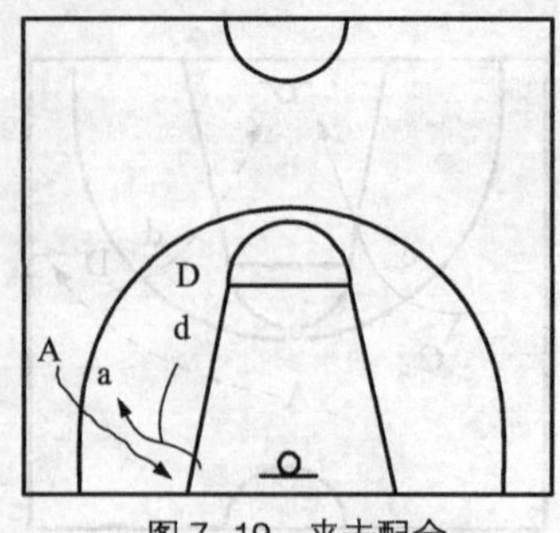

图 7-19　夹击配合

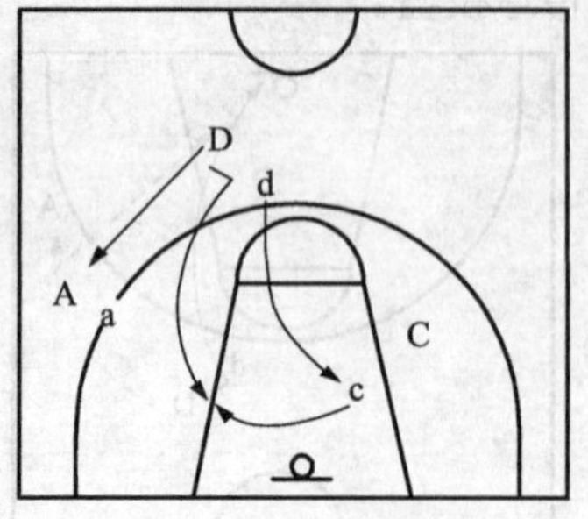

图 7-20　补防配合

温馨提示　应特别注意整体配合，包括配合的位置、距离、路线和时机，其中配合时机尤为关键。此外，还要注意保持攻守平衡。

7.3.2 快攻与防守快攻

1. 快攻

快攻是由防守转入进攻时，趁对方未站稳阵脚之前，抓住战机以最快的速度、最短的时间，果断而合理地发动攻击的一种速决性战术配合。发动快攻的时机是在抢获后场篮板球以及抢球、断球和跳球获球后。快攻的形式有抢后场篮板球长传快攻、断球长传快攻、短传与运球结合快攻等。

（1）抢后场篮板球长传快攻

如图 7-21 所示，D 抢到后场篮板球后，首先观察场上的情况，寻找长传快攻机会。B 和 C 判断 D 有可能抢到篮板球时，便立即起动快下，争取超越防守队员接 D 的长传球投篮。

（2）断球长传快攻

如图 7-22 所示，c 断球后，看到 b 已快下，可立即传球或运球后传球给 b 投篮。

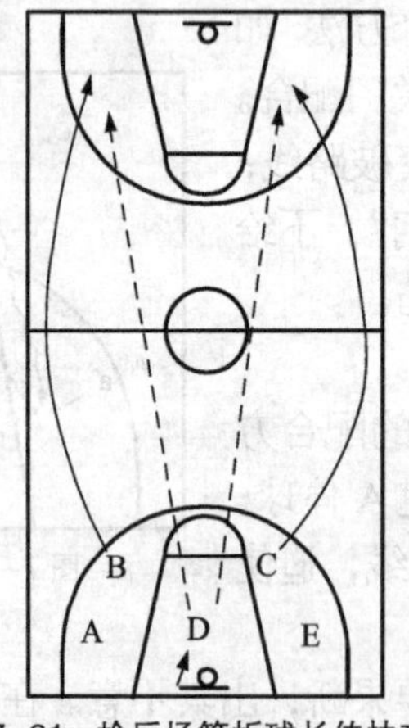

图 7-21　抢后场篮板球长传快攻

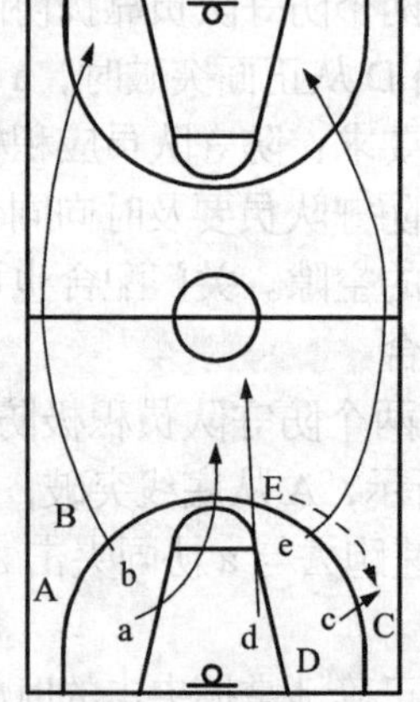

图 7-22　断球长传快攻

（3）短传与运球结合快攻

短传与运球结合快攻是队员在后场获球后，利用快速的短传球和运球推进相结合的方法迅速推进到前场进行攻击的一种配合。其特点是参加人数多、机动灵活、层次清楚、容易成

功，但对队员配合的技巧要求较高。

2. **防守快攻**

篮板球是发动快攻的主要先决条件之一，积极地与对方争抢前场篮板球是防止发动快攻的重要步骤。

（1）有组织、积极地堵截对方发动快攻的第一传，是防守快攻的关键。

（2）防守快下队员。快下队员是对方长传快攻的主要成员，如果快下队员接到球，将给防守造成极大的困难。因此，当对方抢获篮板球时，外线队员要迅速退守，在退守过程中，控制好中路，堵截快下路线，紧逼沿边线快下的进攻队员，切断对方长传球的路线。

（3）提高以少防多的能力。当对方发动快攻并迅速地向前场推进时，防守队员往往来不及全部退防，出现以少防多的局面。提高一防二、二防三的能力，重点防篮下，为同伴回防赢得时间，这就必须提高个人防守能力，以及同伴之间的相互补防能力。

7.3.3　攻防半场人盯人

1. **人盯人防守战术**

人盯人防守战术是在由攻转守时，放弃前场的防守，全队迅速退回后场，每人盯住自己对手的配合方法。它是以个人防守为基础，综合运用挤过、穿过、交换、关门、夹击等几个人之间的防守基础配合所组成的全队战术。

（1）防守要点：人盯人防守要从由攻转守时开始。此时，每个队员都要快速退向自己的后场，立即找到对手，形成集体防守；要根据对手、球、球篮选择有利位置，做到球、人、区兼顾，与同伴协同防守。

（2）防守原则："以球为主，人球兼顾""有球紧，无球松""近球紧，远球松"，积极移动，抢占有利位置。

（3）运用时机：半场扩大人盯人防守主要用于对付外围远投较难、突破与篮下进攻能力和后卫控制球能力相对较差的队，而本队需要扩大战果，争抢时间时；半场缩小人盯人防守用于对付中远距离投篮不准、突破和篮下攻击能力较强的队，本队得分已占优势，保持体力再扩大战果时。

2. **进攻人盯人防守战术**

进攻人盯人防守战术是根据人盯人防守战术的特点，从每个队员的具体实际出发，综合运用传接球、投篮、运球、突破等个人技术动作和传切、掩护、策应等几个人之间的战术基础配合所组成的一种全队进攻战术。

进攻人盯人防守战术的要点：由守转攻后，要迅速到位。

7.4　篮球运动的竞赛规则

本节将介绍篮球比赛的概况和违规现象。

7.4.1　篮球比赛的概况

篮球比赛由两个队参加，每队上场 5 人，其中 1 人为队长，替补球员有 7 人。

将球投入对方球篮得 2 分，在 3 分区外投入对方球篮得 3 分，罚球中 1 次得 1 分。

比赛由 4 节组成，每节 10 分钟。在第 1 节和第 2 节（第一半时）之间、第 3 节和第 4 节（第二半时）之间以及每一决胜期之前，有 2 分钟的比赛休息时间；两个半时的比赛休息时间为 15 分钟，以全场得分多者为胜。如果在第 4 节比赛时间终了时比分相等，则需要一个或多个 5 分钟的决胜期来继续比赛，直至决出胜负。

比赛中每队的换人次数不限。但是，要登记的暂停在第一半时的任何时间每队可准予 2 次，在第二半时任何时间可准予 3 次，每一决胜期的任何时间每队可准予 1 次。

整个比赛过程由裁判员（三人制：包括主裁判员、第一副裁判员和第二副裁判员。二人制：包括主裁判员和副裁判员）、记录台人员（包括记录员、助理记录员、计时员和 24 秒计时员）和技术代表管理。

7.4.2 篮球比赛的违规现象

篮球比赛中对规则的违反有违例和犯规两大类。

1. 违例

违例是违反规则。

罚则是将球权判给对方队在靠近发生违例的地点掷球入界。

（1）带球走：当持活球的队员用同一只脚向任何方向踏出一次或多次，其另一只脚（称为中枢脚）不得离开与地面的接触点，如果中枢脚离开了这个接触点就构成带球走违例。

（2）非法运球：队员在运球后，用双手同时触及球或允许球在一手或双手中停留时，运球即完毕。运球结束后，除非失去控球权后又重新控制球，否则不得再次运球，如果再次运球，则为非法运球违例。

（3）拳击球或脚踢球：比赛中队员不得故意用拳击球或用腿的任何部分去阻挡球，否则将判违例。如果球偶然地接触到腿的任何部分，或腿的任何部分无意碰到球，则不算违例。

（4）球回后场：在比赛中，前场控制球的队，不得使球再回到后场，否则为球回后场违例。具体判定球回后场有 3 个条件：①该队必须控制球；②球进入前场后，在球又回到后场前该队队员（或裁判员）最后触及球；③球回后场后，该队队员在后场最先触及球。这 3 个条件必须依次连续发生。

（5）干涉得分和干扰：投篮（罚球）的球在飞行下落并完全在篮圈水平面之上时，双方队员不可触及球。当投篮的球触及篮圈时，双方队员都不得触及球篮或篮板，不得从下方伸手穿过球篮并触及球，不得使篮板和篮圈摇动。如果进攻队员违犯这一规定，中篮无效，将球判给对方在罚球线延长部分的界外掷球入界；如果防守队员违犯这一规定，不论是否投中，均判投篮（罚球）队员得分。

（6）3 秒违例：当某队在前场控制活球并且比赛计时钟正在运行时，该队队员在对方的限制区内持续停留的时间不得超过 3 秒。否则，便是违例。

（7）5 秒违例：进攻球员必须在 5 秒之内掷出界外球；或在被严密防守时，必须在 5 秒之内传、投或运球；当裁判员将球递给罚球队员可处罚时，该队员必须在 5 秒内出手。否则，便是违例。

（8）8 秒违例：一个球队从后场控制活球开始，必须在 8 秒内使球进入前场（对方的半场)。否则，便是违例。

（9）24 秒违例：每当一名队员在场上获得控制活球时，该队必须在 24 秒内尝试投篮。否则，便是违例。

2. 犯规

犯规是对规则的违犯，含有与对方队员的非法身体接触和/或违反体育道德的举止。对违犯者登记犯规并随后按规则予以处罚。

（1）侵人犯规：队员与对方队员的接触犯规。无论球是活球还是死球，队员均不应通过伸展其手、臂、肘、肩、髋、腿、膝或脚来拉、阻挡、推、撞、绊、阻止对方队员行进；不应将其身体弯曲成“反常的”姿势（超出其圆柱体）；也不应放纵任何粗野或猛烈的动作。在所有情况下都要给犯规队员登记1次侵人犯规。如果对未做投篮动作的队员犯规，由非犯规队在靠近犯规地点的界外掷球入界重新开始比赛。如果犯规队处于全队犯规处罚状态，则应判给未做投篮动作的队员2次罚球，代替掷球入界。如果对正在做投篮动作的队员犯规，如果投篮成功，应计得分并判给1次追加罚球；如投篮未中，则要根据投篮的地点，判给2次或3次罚球。

（2）技术犯规：包含（但不限于）行为性质的队员的非接触犯规。如不顾裁判员警告；没有礼貌地冒犯裁判员、技术代表、记录台人员或球队席人员；使用冒犯或煽动观众的语言或举止；戏弄对方队员或在对方队员的眼睛附近摇手妨碍其视觉；在球穿过球篮后，故意触及球以延误比赛；假摔以伪造一次犯规等。

队员技术犯规，裁判应给其登记一次技术犯规，作为全队犯规之一计数。教练员、替补队员和随队人员的技术犯规，对每一起违犯行为都要登记教练员一次技术犯规，但不作为全队犯规之一计数。

对技术犯规的处罚，是判给对方2次罚球，以及随后在记录台对面的中线延长部分掷球入界或在中圈跳球开始第一节（如犯规发生在第一节比赛前）。

（3）违反体育道德的犯规：根据裁判员的判断，一名队员不是在规则规定的范围内合法地直接抢球，发生的接触犯规就是违反体育道德的犯规。应给犯规队员登记1次违反体育道德的犯规。判给对方罚球，以及随后在记录台对面的中线延长部分掷球入界或在中圈跳球开始第一节（如犯规发生在第一节比赛前）。

思考与练习

1. 篮球运动的基本技术有哪些？
2. 篮球运动的基本战术有哪些？
3. 篮球运动的竞赛规则有哪些？

活动与探索

若条件允许，可组织篮球比赛。

本章将介绍排球运动的起源、发展、竞赛规则等，并详细讲解排球运动的基本技术和基本战术。

8.1 排球运动概述

本节将介绍排球运动的起源，阐述我国排球运动的发展。

8.1.1 排球运动的起源

排球运动始于1895年，创始人是美国的威廉·摩根。排球运动的第一部规则发表在1896年7月出版的美国《体育》杂志上。最初排球比赛没有人数规定，赛前由双方临时商定，只要双方人数相等即可。

在美国，排球运动受到学校和社会的广泛重视，并被列为军事体育项目。1896年美国开始举行排球比赛。1947年国际排球联合会成立，1949年第1届世界男子排球锦标赛举行，1964年排球运动被列为第18届奥运会正式比赛项目。世界级排球比赛主要有世界锦标赛、世界杯赛、奥运会排球赛、世界沙滩排球锦标赛、残疾人奥运会排球赛等。

8.1.2 我国排球运动的发展

排球运动于1905年传入我国，当时仅在广东等地开展。

自20世纪50年代起，我国排球运动有了较快的发展，形成了一套以快球为中心的快攻掩护战术，此后男排在掌握“盖帽”拦网技术的基础上，创造了“平拉开”扣球新技术，发展了我国排球快攻打法的特点。20世纪70年代中期，我国首创了“时间差”打法。男排创造的前飞、背飞、拉三、拉四等技术，丰富了快中有变的自我掩护打法，在世界比赛中取得了良好的效果。1979年，我国男排、女排分别夺得了亚洲排球锦标赛男子组和女子组的冠军，并获得了奥运会参赛资格，实现了冲出亚洲的愿望。1981—1986年，我国女排5次连获世界冠军，在国际排坛上创下了辉煌的纪录。

8.2　排球运动的基本技术

本节将讲解准备姿势、移动、发球、垫球、传球、扣球、拦网等排球运动的基本技术。

8.2.1　准备姿势

如图 8-1 所示，按照身体重心的高低，准备姿势可分为稍蹲准备姿势、半蹲准备姿势和低蹲准备姿势 3 种。

1. 稍蹲准备姿势

两脚左右开立与肩同宽，一只脚在前，两膝微屈，身体重心位于两脚之间，并稍靠近前脚，后脚跟稍提起，上体稍前倾，两臂放松，自然弯曲置于腹前。两眼注视球并兼顾场上各种情况，两脚保持微动状态。

2. 半蹲准备姿势

两脚开立略比肩宽，两膝弯曲，脚跟自然提起，上体前倾，重心靠前，膝部的垂直线应在脚尖前面，两臂放松，自然弯曲置于腹前，两眼平视，注意来球，两脚始终保持微动。

3. 低蹲准备姿势

身体重心比半蹲准备姿势更低更靠前，两脚左右、前后的距离更宽一些，膝部弯曲的程度大于半蹲准备姿势。身体重心要更靠前，肩部垂直线过膝，膝部垂直线超过脚尖。两手臂置于胸腹之间。

图 8-1　准备姿势

8.2.2　移动

移动由起动、移动步法和制动 3 个环节构成。

1. 起动

起动是移动发力的开始，它的快慢是移动的关键，起动的速度取决于正确的准备姿势、反应能力和腰腿部的速度力量。

2. 移动步法

起动后应根据临场战术的需要，灵活地采用各种移动步法进行移动。

（1）并步与滑步

并步如向前移动，则后腿蹬地，前脚向来球方向跨出一步，后腿迅速跟上做好击球准备。连续并步就是滑步。

（2）跨步与跨跳步

跨步如向前移动，则后腿用力蹬地，前脚向来球方向跨出一大步，膝部弯曲，上体前倾，身体重心移至前腿上。跨步过程中有跳跃腾空即为跨跳步。

（3）交叉步

以向右交叉步为例，上体稍向右转，左脚从右脚前面向右交叉迈出一步，右脚再向右跨出一大步，同时身体转向来球方向，保持击球前的姿势。

（4）跑步

跑步时两臂要配合摆动，如球在侧方或后方时应边转身边跑。

（5）综合步

以上各种步法的综合运用。

3. 制动

在快速移动之后，为了保持稳定的击球姿势和克服身体惯性的冲力，必须运用制动技术。

（1）一步制动法

一步制动时，最后跨出一大步，同时降低重心，膝和脚尖适当内转，全脚掌横向蹬地，抵住身体重心继续移动的趋势，并用腰腹力量控制上体，使身体重心的投影落在两脚所构成的支撑面内。

（2）两步制动法

两步制动时，以倒数第二步做第一次制动，接着跨出最后一步做第二次制动，同时身体后仰，重心下降，双脚用力蹬地，使身体处于做下个动作的有利姿势。

8.2.3 发球

发球是1号位队员在发球区内自己抛球后，用一只手将球直接击入对方场区的一种击球方法。发球是排球技术中唯一不受他人制约的技术。

1. 正面上手发球

如图8-2所示，队员面对球网，两脚前后自然开立，左脚在前，用手托球于身前，抬高手臂，手掌平托上送，将球平稳地垂直抛于右肩前上方，高度适中。在左手抛球的同时，右臂抬起，屈肘后引，肘与肩平，上体稍向右转。击球时，利用蹬地、转体和收腹带动手臂挥动，在右肩前上方伸直手臂至最高点，以全手掌击球的中下部。击球时，手指自然张开吻合球，手腕要迅速主动地做推压动作，使击出的球呈上旋飞行。为了加强发球的力量和攻击性，还可采用一步、两步或多步的助跑发球方法。

2. 正面上手发飘球

正面上手发飘球是采用正面上手的形式，发出球不旋转、不规则地飘晃飞行的一种发球方法。

如图8-3所示，准备姿势同正面上手发球，但抛球比正面上手发球稍低、稍靠前。击球前，手臂自后向前做直线挥动。击球时，五指并拢，手腕稍后仰，用掌根平面击球的中下部，作用力通过球体重心。击球瞬间手指、手腕紧张，手型固定，不加推压动作，手臂并有突停动作。

图 8–2　正面上手发球

图 8–3　正面上手发飘球

3. 正面下手发球

正面下手发球是正面对网，手臂由后下方向前摆动，在腹前将球击入对方场区的发球方法。

如图 8-4 所示，面对球网，两脚前后开立，左脚在前，两膝微屈。上身稍前倾，重心偏后脚。左手持球于腹前，将球轻轻抛起在体前右侧，离手高约 20 厘米，在抛球的同时右臂伸直以肩为轴向后摆动，借右腿蹬地力量，身体重心随着右手向前摆动击球而移至前脚上。在腹前以全手掌、掌根或虎口击球后下方。

图 8–4　正面下手发球

4. 跳发球

如图 8-5 所示，面对球网，站在距端线 2～4 米处，利用单手或双手将球抛在前上方，离地面高 4～5 米，甚至 6～7 米，随着抛球离手向前助跑起跳。起跳时，两臂要协调摆动，摆幅要大。击球时利用收腹和转体动作带动手臂挥动。

图 8-5　跳发球

5．勾手飘球

勾手飘球采用侧面对网站位，可利用身体转动和腰部力量带动手臂的快速挥动击球，比较省力。勾手飘球是目前排球比赛中常用的一种发球方法，男女队员均可采用。

发球队员应左肩对网，左手将球平衡抛向左肩前上方，抛至与击球点相同的高度。在抛球的同时，右臂伸直向身体右侧后下方摆动，身体重心移至右脚。当球开始上升到最高点时，右脚蹬地，身体向左侧转动，带动手臂沿弧线轨迹挥动，在右肩前上方以掌根或半握拳大拇指根部坚硬平面击球后中下部，击球一瞬间，手腕稍后仰并保持紧张，用力集中，作用力要通过球体的重心。击球后，可做突停或下拖动作，但不能有推压动作。

温馨提示　无论采用哪种发球方法，都必须做到 3 点：一是平稳抛球；二是击球要准；三是手法要正确。

8.2.4　垫球

垫球在比赛中主要用于接发球、扣球、拦回球以及防守和处理各种困难球。下面介绍 4 种常用的垫球技术。

1．正面双手垫球

正面双手垫球是双手在腹前垫击来球的一种垫球方法，是各种垫球技术的基础，适用于接各种发球、扣球和拦回球，也可用来组织进攻。

如图 8-6 所示，正面双手垫球的基本手型有抱拳式、叠掌式和互靠式。

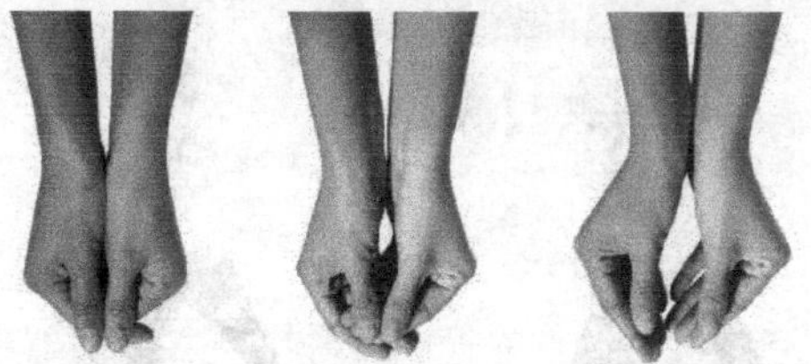

图 8–6　正面双手垫球的基本手型

正面双手垫球在垫轻球、垫中等力量来球和垫重球时，动作方法是有一定区别的。

（1）垫轻球

如图 8-7 所示，采用半蹲准备姿势，双手成垫球手型，手腕下压，两臂外翻形成一个平面，当球飞到腹前一臂距离时，两臂夹紧前伸，插到球下，向前上方蹬地抬臂，迎击来球，利用腕关节以上 10 厘米左右处的桡骨内侧平面击球的后下部，身体重心随击球动作前移。

图 8–7　垫轻球

（2）垫中等力量来球

动作方法与垫轻球相同，由于来球有一定力量，因此击球动作要小，速度要慢，手臂适当放松。

（3）垫重球

根据来球的高低和角度，采用半蹲或低蹲准备姿势，击球时要含胸、收腹，手臂要随球屈肘后撤，适当放松，以缓冲来球力量。在撤臂缓冲的同时，用微小的小臂和手腕动作控制垫球方向和角度。

2. 体侧垫球

体侧垫球简称侧垫，是在身体侧面垫球的一种垫球方法。其特点是控制来球面宽，但较难把握垫击的方向、弧度和落点。

以左侧垫球为例，如图 8-8 所示，以右脚前脚掌内侧蹬地，左脚向左跨出一步，身体重心随即移至左脚，并保持左膝弯曲，两臂夹紧向左侧伸出，左臂高于右臂，右肩向下倾斜，再向右转腰和收腹，配合两臂在体侧截击球的后下部。

3. 跨步垫球

向前或向侧跨出一步的垫球方法称为跨步垫球。当来球速度较快、弧线低、距身体 1 米左右时，可采用跨步垫球的方法。如图 8-9 所示，跨步垫球时，判断来球的落点后，迅速向来球方向跨出一大步，屈膝深蹲，臀部下降，两臂夹紧伸直插入球下，用两前臂的内侧平面击球的后下部，对准垫出方向，将球平稳垫起。

图 8-8　左侧垫球

图 8-9　跨步垫球

4. **单手垫球**

当来球较远、速度快、来不及或不便用双手垫球时，可采用单手垫球。单手垫球动作快，垫击范围大，但触球面积小，不易控制。单手垫球可采用各种步法接近球，可采用虎口、半握拳、掌根、手背及前臂内侧击球。

8.2.5　传球

传球是排球运动的一项重要技术，是组织进攻战术的基础。传球主要运用在第二传，用于衔接防守和进攻。

1. **正面传球**

面对出球方向的传球动作，称为正面传球。正面传球是最基本的传球方法，是其他传球技术的基础。

如图 8-10 所示，采用稍蹲准备姿势，当来球接近额头时，开始蹬地、伸膝、伸臂，两手微张经脸前向前上方迎球。击球点在额头前上方约一球距离处。当手触球时，两手自然张开成半球形，手腕稍后仰，两大拇指相对成“一”字形或“八”字形，两手间有一定距离，用大拇指内侧，食指全部，中指的二、三指节触球的后下部，无名指和小拇指在球两侧辅助控制传球方向。两肘适当分开，两前臂之间约成 90° 夹角，传球时主要依靠腿、臂、手指、手腕的力量以及球的反弹力将球传出。

2. **背传球**

背对传球目标的传球动作叫背传球。如图 8-11 所示，身体背面要正对传球目标，上体保持正直或稍后仰，身体重心在两脚之间，双手自然抬起，放松置于脸前。迎球时，抬上臂、挺胸、上体后仰。击球点保持在额上方，比正传稍高、稍后。触球时，手腕后仰并适当放松，掌心向上，击球的下部，手型与正面传球相同。背传球的动作要领是蹬地、展腹、抬臂、伸肘，依靠手指、手腕的弹力，将球向后上方传出。

AR图 8-10　正面传球　　AR图 8-11　背传球

3. **跳传**

跳传是当一传弧线较高而又接近球网时，所采用的跳起传球技术。目前在比赛中运用比较广泛，一般用于二传。跳传可起到加快进攻速度和迷惑对方的作用，并且可使进攻战术多样化，扩大进攻的范围，减少二传环节中的失误。

如图 8-12 所示，起跳时，首先选好起跳点，掌握好起跳时间。起跳后，两臂屈肘抬起，两手放于脸前，击球点保持在额上方，在身体跳至最高点时，做伸臂动作，用手指、手腕的弹力将球传出。由于人在空中，无法用上伸腿蹬地的力量去传球，因此，要加大伸臂的幅度和速度。

图 8-12　跳传

8.2.6　扣球

扣球是攻击性最强、最有效的进攻手段，在比赛中占有非常重要的地位。

1. **正面扣球**

正面扣球是扣球技术中一种重要的方法，是比赛中运用较多的一项进攻性技术，适用于近网和远网扣球。

（1）准备姿势

扣球助跑前采用稍蹲姿势，两臂自然下垂，站在离网 3 米左右处，身体转向来球方向，观察来球，做好向各个方向助跑起跳的准备。

（2）助跑

助跑开始时，左脚先向前迈出一步，紧接着右脚再快速跨出一大步，左脚及时并上，踏在右脚之前，两脚尖稍向右转。两臂绕体侧向上引摆。

（3）起跳

在助跑跨出最后一步（即第二步），左脚并上踏地制动的同时，两臂自后积极向前摆动，随着双腿蹬地向上起跳，两臂配合起跳有力地向上摆动。

（4）空中击球

起跳后，挺胸展腹，上体稍向右转，右臂向后上方抬起，身体成反弓形。挥臂时，以迅速转体、收腹动作发力，依次带动肩、肘、腕各部位关节向前上方成鞭甩动作挥动。击球时，五指微张，以掌心为主，全掌包满球，在手臂伸直的最高点的前上方击球的后中部，同时主动用力屈腕屈指向前推压球，使扣出的球呈上旋状态。

（5）落地

落地时，以两脚前脚掌先着地再迅速过渡到全脚掌着地，同时顺势屈膝、收腹，以缓冲下落的力量，立即做好下一个动作的准备。

2. 调整扣球

调整扣球指在接发球或后排防守垫球不到位时，二传队员从后场区将球传到网前所进行的扣球。调整扣球技术动作与正面扣球相同，但由于二传球来自后场区，有近网球，也有远网球，还有拉开球和集中球，与球网有一定的角度并且弧线不固定，扣球队员难以判断，因此扣这种球难度较大。

3. 扣快球

扣快球是扣球队员在二传队员传球前或传球的同时起跳，并迅速将二传队员传出的球击入对方场区的扣球。扣快球在时间上争取主动，起到攻其不备、突然袭击的作用，可使对方拦网和防守产生判断错误。这种扣球的特点是速度快、力量大、时间短、落点近、突然性强、牵制能力大。扣快球技术动作方法较多，有近体快球、半快球、短平快球、平拉开快球、背快球、背平快球、调整快球等。

4. 自我掩护扣球

（1）时间差扣球

扣球队员利用起跳时间的差异迷惑对方拦网的扣球称为时间差扣球。这种扣球可运用在近体快球、背快球、短平快球等扣球中。扣球时，按扣快球的助跑、摆臂节奏假装起跳，以诱使对方起跳拦网。待对方拦网队员下落后，扣球队员立即原地起跳扣半高球。

（2）位置差扣球

扣球队员按扣球的时间助跑，在助跑后佯作踏蹬、下蹲与摆臂动作明显的起跳扣球，但助跑后不起跳，待对方队员拦网起跳时，突然变向侧跨出一步，动作幅度、挥臂幅度小，速度快，用双足或单足“错”开拦网人的位置起跳扣球，称为位置差扣球，或称错位扣球。

（3）空间差扣球

扣球队员利用助跑的冲力和专门的踏蹬技术，使身体向前上方跃出，把正面区位盯人拦网的对手甩开，使扣、拦在空中出现差误，称为空间差扣球，也叫冲飞扣球。

8.2.7 拦网

1. 单人拦网

单人拦网是集体拦网的基础，其动作结构分为准备姿势、移动、

起跳、空中动作和落地 5 个互相衔接的部分，如图 8-13 所示。

图 8–13　单人拦网

（1）准备姿势

队员面对球网，两脚左右开立，约与肩同宽，距网 30～40 厘米。两膝微屈，两臂屈肘置于胸前。

（2）移动

常用步法有一步、并步、交叉步、跑步等。无论采用哪种移动步法，都要做好制动动作，以保证向上起跳，避免触网和冲撞同队队员。

（3）起跳

原地起跳时，两腿屈膝，重心降低，随即用力蹬地，两臂以肩发力，于体侧近身处，做画弧或前后摆动动作，帮助身体迅速跳起。移动后的起跳，起跳动作与原地起跳一样，但要注意制动并使移动与起跳动作紧密衔接。

（4）空中动作

起跳时，两手从额前沿球网向上方伸出，两臂伸直并保持平行，两肩上提。拦网时，两臂应伸过网去接近球。两手自然张开，屈指屈腕成半球状。当手触球时，两手要突然收紧，手腕下压盖在球的前上方。

（5）落地

拦球后，要做含胸动作，以保持身体平衡。手臂要先后摆或上提，从网上收回至本方上空，再屈肘向下收臂，以保持身体平衡。与此同时屈膝缓冲，双脚落地，随即转身面向后场，准备接应来球或为下一个动作做好准备。

2. **双人拦网**

由前排两名队员互相靠近，同时起跳组成的拦网，称为双人拦网。双人拦网是集体拦网的一种，是比赛中常用的一种拦网形式，主要在对方大力扣球时采用。

双人拦网时，应以一人为主拦队员，另一人为配合队员。但主拦队员不是固定的，一般情况下距对方扣球点近的队员应为主拦队员。主拦队员必须抢先移动到正对扣球点的位置，做好起跳准备，配合队员则迅速移动靠近主拦队员准备同时起跳。两队员之间的距离一定要合适，距离太远，跳起后将出现“空门”；距离太近，起跳时互相干扰，致使双方都跳不高。双人拦网起跳时，两人的手臂应该在体前画小弧向上摆伸，身体要尽量垂直向上起跳，防止互相碰撞或干扰。手臂在空中既不能重叠，造成拦击面缩小，又不能间隔太宽，造成中间漏球。扣球靠近边线时，靠边线近的拦网队员外侧的手应适当内转，以防打手出界。

3. 三人拦网

三人拦网也是集体拦网的一种，多用于对方扣球进攻力强，路线变化多，但很少轻扣和吊球的情况。三人拦网的动作方法与双人拦网相同，关键在于移动迅速，取位恰当，配合密切。无论对方从哪个位置进行扣球，一般都以 3 号位队员为主拦队员，2 号位、4 号位队员为配合队员。由于三人拦网对配合的要求高，加之减弱了防守、保护的力量，故要在很有必要的情况下才采用。

拦网队员要在瞬间从防守转为进攻，从被动转为主动，而完成这些都要在空中进行，所以难度较大，这就要求拦网队员应积极主动，判断准、起动快、跳得高、下手狠。

8.3 排球运动的基本战术

本节将阐述阵容配备、进攻战术、防守战术等排球运动的基本战术。

8.3.1 阵容配备

1. “三三”配备

由 3 名进攻队员和 3 名二传队员组成。站位时，1 名进攻队员间隔 1 名二传队员。目前采用这种配备形式的球队比较少。一般适用于初学者和水平较低的球队。

2. “四二”配备

由 4 名进攻队员（主攻和副攻队员各两名）和 2 名二传队员组成，他们分别站在对角的位置上。目前，在水平一般的球队中采用这种配备形式的比较多。

“四二”配备的优点是每一轮次前排都有 1 个二传队员和 2 个进攻队员，便于组织“中二三”“边二三”进攻，战术配合有一定的稳定性。缺点是前排进攻点相对较少，隐蔽性差，不能适应高水平球队的要求。

3. “五一”配备

由 5 名进攻队员和 1 名二传队员组成。位置的安排与“四二”配备基本相同，只是有 1 名进攻队员站在与二传对应的位置上作为接应二传，目的是防止在主二传来不及到位传球时出现被动局面，但主要还是承担进攻任务。这种阵容配备在水平较高的球队中普遍采用。

“五一”配备的优点是加强了拦网和前排进攻力量，全队的进攻队员只需适应 1 名二传队员的技术特点，有利于统一指挥、相互配合，能够更好地控制比赛的节奏，使进攻战术富于变化。缺点是当二传队员轮转到前排时，有 3 轮前排只有两名进攻队员，影响了前排整体进攻的威力。

8.3.2 进攻战术

进攻战术主要有 3 种形式：“中一二”进攻战术、“边一二”进攻战术、“插上”进攻战术。

1. “中一二”进攻战术形式特点

容易组织，但战术变化少，只能两点进攻，战术意图容易被识破，战术的突然性和攻击性小。其变化形式：扣球队员通过二传队员传出集中、拉开、背传和平快等各种球，采用斜线助跑、直线助跑和跑动中变步起跳扣球等。

2. “边一二”进攻战术形式特点

形式简单，容易掌握，也是基本战术形式之一。“边一二”进攻战术变化形式除“中一二”进攻战术变化形式外，还可组织“快球掩护拉开”“前交叉”“围绕”“快球掩护夹塞”“梯次”“短平快掩护拉开”“掩护活点进攻”等战术变化。

3. “插上”进攻战术形式特点

保持前排 3 人进攻，充分利用网的全长，发挥每个队员的特点，组成快速多变的各种战术变化。进攻的突破点多，突然性大，使对方难以有效地组织集体拦网和防守。

8.3.3　防守战术

这里主要介绍“心跟进”和“边跟进”两种防守战术。

1. “心跟进”防守战术

在本方拦网能力强，对方采取打吊结合时采用“心跟进”防守战术。当甲方 4 号位队员进攻时，乙方 2 号位、3 号位队员拦网，后排中心的 6 号位队员在本方拦网时跟在拦网队员之后进行保护，其余 3 名队员组成后排弧形防守。其优点是加强了前区的防守能力，缺点是后排防守队员之间的空档较大。

2. “边跟进”防守战术

多在对方进攻较强、吊球较少时采用“边跟进”防守战术。当甲方 4 号位队员进攻时，乙方 2 号位、3 号位队员拦网，其他 4 个队员组成半圆弧形防守。如遇甲方吊前区，由边上 1 号位队员跟进防守。其优点是加强了拦网，缺点是边上的队员既要防直线，又要跟进防前区，比较困难。

8.4　排球运动的竞赛规则

本节将介绍发球犯规、位置错误犯规、击球时犯规、暂停、换人、自由防守队员的规定等排球运动的竞赛规则。

8.4.1　规则简介

排球是一项集体比赛项目，由两队 12 名队员组成，两队各派 6 名队员在由球网分开的场地上进行比赛。

比赛的目的是各队遵照规则，将球击过球网，使其落在对方场区的地面上，而防止球落在本方场区的地面上。每队可击球 3 次（拦网触球除外），将球击回对方场区。

比赛由发球开始，发球队员击球使其从网上飞至对方场区，比赛由此连续进行，直至球落地、出界或某一队不能合法地将球击回对方场区。

排球比赛采用五局三胜制，胜三局的队胜一场。比赛中，某队胜 1 球，即得 1 分（每球得分制）。接发球队胜 1 球时得 1 分，同时获得发球权，队员按顺时针方向轮转一个位置。每局比赛（决胜局第 5 局除外）先得 25 分并同时领先对手 2 分的队胜一局；当比分为 24：24 时，比赛继续进行至某队领先 2 分（26：24、27：25…）为止。决胜局先得 15 分并同时领先对手 2 分的队获胜；当比分为 14：14 时，比赛继续进行至某队领先 2 分（16：14、17：15…）为止。

8.4.2　发球犯规

发球犯规包括发球击球时的犯规和发球击球后的犯规。

发球击球时的犯规：①发球次序错误；②发球队员在击球或击球起跳时，踏及场区（包括端线）或发球区以外地面；③发球队员在第一裁判员鸣哨允许发球后 8 秒内未将球击出；④球未被抛起或持球手未清楚撤离就击球；⑤双手击球或单手将球抛出、推出；⑥将球抛起准备发球却未击球。

发球击球后的犯规：①球触及发球队其他队员或球的整体没有从过网区内通过球网的垂直平面；②界外球；③球越过发球掩护的个人或集体（在发球时，某一队员或两名以上队员密集站位或挥臂跳跃、移动遮挡接发球队员，且发出去的球从他或他们上空飞过，则构成个人或集体发球掩护犯规）。

8.4.3　位置错误犯规

当发球队员击球时，如果场上队员不在其正确位置上，则构成位置错误犯规。下列情况均构成位置错误犯规：①发球队员击球时，场上其他队员未完全站在本场区内；②发球队员击球时，场上队员未按“每一名前排队员至少有一只脚的一部分比同列后排队员的双脚距中线更近”的规定站位；③发球队员击球时，场上队员未按“每一名左边（右边）队员至少有一只脚的一部分比同排中间队员的双脚距左（右）边线更近”的规定站位。

8.4.4　击球时犯规

1. 连击犯规

排球比赛中，运动员身体任何部分均可触球，但一名队员（拦网队员除外）连续击球两次或球连续触及身体的不同部位即为连击犯规。但在第一次击球时，允许队员在同一击球动作中，球连续触及身体的不同部位。

2. 持球犯规

排球运动员在比赛中，身体任何部分均可触球，但球必须被击出，不得接住或抛出，否则即为持球犯规。

3. 4 次击球犯规

一个队连续触球 4 次（拦网除外）为 4 次击球犯规。队员不论是主动击球还是被动触及，均算该队员击球一次。

4. 借助击球犯规

队员在比赛场地内借助同伴或任何物体的支持进行击球，均为借助击球犯规。

5. 队员在球网附近的犯规

队员在球网附近的犯规包括过网击球犯规、过中线犯规、触网犯规和网下穿越进入对方空间妨碍对方比赛犯规等。对方进攻性击球前或击球时，在对方空间触及球为过网击球犯规。比赛进行中，队员整只脚、手或身体其他任何部分越过中线并接触对方场区，为过中线犯规。比赛过程中，队员触网或触标志杆不是犯规，但队员在击球时或干扰比赛情况下的触网或触标志杆为犯规。队员击球后可以触及网柱、全网以外的网绳或其他任何物体，但不得影响比赛。比赛过程中，在不妨碍比赛的情况下，允许队员在网下穿越进入对方空间。若网下穿越

进入对方空间的队员妨碍了对方比赛则为犯规。

6. 同时击球

双方队员或同队队员可以同时触球。同队的两名或两名以上队员同时触到球，被计为两次或两次以上击球（拦网除外）。双方队员在网上同时击球后，如果球落入场内，应继续比赛，获得球的一方仍可击球3次。

7. 拦网犯规

拦网犯规包括过网拦网犯规、后排队员拦网犯规、拦发球犯规和从标志杆外伸入对方空间拦网犯规。在对方进攻性击球前或击球时，在对方空间拦网触球为过网拦网犯规，判断过网拦网的依据是进攻队员与拦网队员触球时间的先后。后排队员或后排自由防守队员完成拦网或参与完成集体拦网，为后排队员拦网犯规。拦对方发过来的球为拦发球犯规。从标志杆外伸入对方空间拦网并触球为拦网犯规。

8. 后排队员进攻性击球犯规

后排队员在前场区内或踏及进攻线（或其延长线），将整体高于球网上沿的球，击过球网垂直面或触及对方拦网队员，则为后排队员进攻性击球犯规。

8.4.5　暂停和换人

在比赛中，每局每队最多可以请求2次暂停并有6次换人机会，暂停时间限制为30秒。第1～4局，每局另外有2次时间各为60秒的技术暂停，每当领先队达到8分和16分时自动执行。决胜局（第5局），没有技术暂停，每队在该局中可请求2次30秒的普通暂停。

8.4.6　自由防守队员的有关规定

排球比赛的各队可以在最后确认的12名队员中选择1名作为自由防守队员。自由防守队员身着区别于其他队员颜色的服装。比赛前，自由防守队员必须登记在记分表上，并在旁边注明“L”字样，其号码必须登记在第1局上场阵容位置表上。自由防守队员仅作为特殊的后排队员参加比赛，在任何位置上（包括比赛场区和无障碍区）都不得将高于球网的球直接击入对方场区完成进攻性击球。自由防守队员不得发球、拦网或试图拦网。自由防守队员在前场区进行上手传球且所传球的整体高于球网上沿时，其同伴不得在高于球网处完成对该球的进攻性击球。

思考与练习

1. 排球运动的基本技术有哪些？
2. 排球运动的基本战术有哪些？
3. 排球运动的竞赛规则有哪些？

活动与探索

若条件允许，可组织小型排球比赛。

本章将介绍乒乓球运动的起源、发展、竞赛规则等，并详细讲解乒乓球运动的基本技术和基本战术。

9.1 乒乓球运动概述

本节将介绍乒乓球运动的起源和发展。

9.1.1 乒乓球运动的起源

乒乓球运动起源于英国，由网球发展而来。19 世纪末，欧洲盛行网球运动，由于受到场地和天气的限制，英国大学生便把网球移到室内，以餐桌为球台，用书做成球网，用羊皮纸做成球拍，在餐桌上打来打去。球台和球网的大小、高度及记分方法均无统一规定，发球的方法也无严格限制。

约 1890 年，英格兰运动员詹姆斯·吉布从美国带回了赛璐珞空心玩具球，将其稍加改进，逐步在英国和世界各地推广运用。后来人们根据球触拍、触桌时发出“乒”“乓”的声音，称这项运动为“乒乓球”运动。

9.1.2 乒乓球运动的发展

1926 年 12 月，国际乒乓球联合会在英国伦敦成立，并举行了第 1 届世界乒乓球锦标赛。世界乒乓球运动的发展主要经历了 5 个阶段：第一阶段是欧洲乒乓球运动的全盛期（1926—1951 年），第二阶段是日本称雄世界乒坛时期（1952—1959 年），第三阶段是中国乒乓球运动的崛起时期（1960—1965 年），第四阶段是欧洲乒乓球运动的复兴和欧亚乒乓球运动对抗时期（1971—1987 年），第五阶段是奥运时代（1988 年至今）。

20 世纪 50 年代，我国在全国范围内开展了群众性的乒乓球运动，技术水平得以迅速提高。1952 年 10 月，在北京举行了第 1 次全国乒乓球比赛。1959 年，我国优秀运动员容国团在第 25 届世界乒乓球锦标赛中获得第 1 个男子单打世界冠军，这标志着我国乒乓球运动在世

界乒坛的崛起。自此，我国乒乓球技术水平进入了世界先进行列，并长盛不衰。

9.2　乒乓球运动的基本技术

本节将阐述握拍、基本站位、基本姿势、基本步法、发球、接发球、推挡、攻球、搓球等乒乓球运动的基本技术。

9.2.1　握拍

当前世界上流行的握拍法有直拍握法和横拍握法两种。

1. 直拍握法

直拍握法正反手都用球拍的同一拍面击球，一般情况下不需要两面转换，出手较快；正手攻球快速有力，攻斜线、直线球时拍形变化不大，对手不易判断，便于从速度、球路和力量上取得主动；手腕动作灵活，发球可做较多变化；但反手攻球时，因受身体阻碍较难掌握，不易起重板；攻削交替时手法变化大，影响击球速度和准确性；防守时照顾面积较小。

基本握法如图 9-1 所示，用大拇指和食指握住球拍拍柄与拍面的结合部位。拍柄右侧贴在食指的第三关节内侧。食指的第二关节压住球拍的右肩，其第一关节自然向内弯曲，大拇指的第一关节压住球拍的左肩，其他三指自然弯曲斜形重叠，以中指第一关节贴于球拍的 1/3 上端。

图 9–1　直拍握法

2. 横拍握法

横拍握法照顾面比直拍大，攻球和削球时握拍的手法变化不大；反手攻球不受身体阻碍，便于发力；削球时用力方便，易于发挥手臂的力量和掌握旋转变化。但在还击左右两面来球时，需变换击球拍面；攻斜线、直线球时调节拍形的幅度大、动作明显，易被对方识破；台内正手攻球也较难掌握。

基本握法如图 9-2 所示，以中指、无名指、小拇指自然地握住拍柄，大拇指在球拍正面轻贴在中指旁边，食指自然伸直斜于球拍的背面，虎口轻微贴拍。

图 9–2　横拍握法

在准备击球或将球击出后，握拍都不宜过紧或过松。过紧会使手腕僵硬，影响球的飞行弧线；过松会因拍面不稳，影响发力和击球的准确性。

9.2.2 基本站位

乒乓球运动员的基本站位应根据不同类型的打法、个人技术特点和身体特点确定。基本站位的一般形式如下（以右手持拍为例）。

（1）左推右攻打法的运动员，其站位在近台偏左，距球台 30～40 厘米。

（2）两面攻打法的运动员，基本站位也在近台中间偏左，距球台 40～50 厘米。

（3）弧圈球打法的运动员，基本站位在中台偏左，距球台约 50 厘米。两面拉弧圈球的运动员，其站位中间略偏左。

（4）横板攻削结合打法的运动员，基本站位在中台附近；削球打法的运动员，基本站位则在中远台附近。

9.2.3 基本姿势

击球前身体的基本姿势（见图 9-3）：①两脚平行站立，距离略比肩宽，保持身体平稳，重心置于两脚之间；②两脚稍微提踵，前掌内侧着地，两膝微屈内扣，上体含胸略前倾；③右手握拍腹前，手臂自然弯曲，持拍手腕放松，左手协调平衡；④下颌稍向下收，两眼注视来球；形如箭在弦上，视球以外无物。

图 9-3 基本姿势

关键是要做到重心低，起动快。两脚略比肩宽和屈膝内扣是为了保持身体重心的稳定性；脚掌内侧着地和稍微提踵是为了保证快速起动。横握球拍时肘部向下，前臂自然平举即可，其余与直握拍相同。

9.2.4 基本步法

乒乓球运动常用的基本步法有单步、跨步、跳步、并步、交叉步等。

1. 单步

以一只脚为轴心，另一只脚向前或向后、左、右移动一步，身体重心随之落到移动脚上，挥拍击球。单步的特点是移动简单，范围小，身体重心平稳，适用于球离身体较近时的情况。

2. 跨步

从来球方向的异侧脚蹬地，同侧脚向来球方向跨出一大步，身体重心随即移到同侧脚，异侧脚迅速跟上。跨步的特点是移动范围比单步大，适用于球离身体较远时的情况。移动速度快，多用于借力回击。

3. 跳步

以来球方向的异侧脚蹬地为主，两只脚发力同时离地，异侧脚先落地，另一只脚随即着地即挥拍击球。跳移过程中，身体重心起伏不宜过大，落地要稳。跳步的特点是移动范围比单步和跨步大，移动速度快，适用于来球离身体较远较急时的情况。

4. 并步

由来球方向的异侧脚向同侧脚并一步，然后同侧脚向来球方向迈一步，挥拍击球。并步的特点是移动时脚步不腾空，身体重心平稳，移动范围不如跳步大。

5. 交叉步

来球方向的同侧脚发力，异侧脚迅速从体前做平行交叉横跨一大步，同侧脚迅速跟上落地还原，挥拍击球。交叉步的特点是移动范围比其他步法大，适用于来球距身体较远时主动发力进攻的情况。

9.2.5　发球

乒乓球比赛中的发球技术将直接影响得分和失分，发球是力争主动、先发制人的第一个环节。现介绍 5 种常用的发球技术。

1. 平击发球

平击发球速度慢，力量轻，几乎不带旋转，易掌握，是初学者的入门技术，也是掌握其他发球技术的基础。它分为正手平击发球和反手平击发球两种。

正、反手平击发球时，站位近台，抛球的同时，向右（左）侧后方引拍。当球下降至稍高于网时，上臂带动前臂向前平行挥动，拍形稍前倾，或接近垂直，击球的中上部。击球后，手臂继续向左（右）前上方顺势挥动，并迅速还原。

2. 正手发转和不转的球

正手发转和不转的球是用相似的动作迷惑对方，发出旋转差异较大的球，往往能够取得主动。它是中国队于 1959 年发明的一种发球技术。其准备姿势与正手平击发球相似。发加转球时，拍面后仰，用球拍下半部靠左的一侧去摩擦球的底部。发不转球时，拍面的后仰角度小一些，用球拍上半部偏右的一侧碰击球的中下部。

3. 发短球

发短球指发至对方距球网约 40 厘米范围内的球，且第二跳不出台。具有动作小、出手快、落点短的特点。正反手均可发短球。

在抛球时，向身体右后方引拍，手腕放松。当球从高点下降至稍高于网时，前臂向前下方稍用力，拍面后仰，击球瞬间主要以手腕发力为主，触球中上部并向底部摩擦。

4. 正手发左侧上、下旋球

正手发左侧上、下旋球指用近似的发球方法发出两种旋转方向完全不同的球，极易迷惑对方，并具有较大的威胁性，是极常用的发球技术。所发出的球均具有较强烈的左侧旋。

如图 9-4 所示，右脚在后，抛球时，持拍手向右上方引拍，手腕略向外展。当球下落时，手臂迅速向左下方挥动，在与网同高时触球，触球瞬间手腕快速向左上方挥动，使球拍从球的中部略偏下向左上方摩擦。发左侧下旋球时，手腕快速向左下方转动，使球拍从球的中下部向左下方摩擦。

图 9-4　正手发左侧上、下旋球

5. 侧身正、反手发高抛球

如图 9-5 所示，由于将球高抛至 2～3 米，故下降的球获得加速度，从而增大球与拍的合力，增强了发球的旋转；也因高抛球下落时间长，改变了击球节奏，可影响对手的注意力和心理状态，从而增大了发球的威胁性。

图 9-5　侧身正、反手发高抛球

9.2.6　接发球

接发球的基本方法由点、拨、带、拉、攻、推、搓、削、摆短等技术组成。运用这些方法接发球时，存在一般规律，即用某单一接发球方法可以接稳对方某种性能的发球。下面介绍接发球的一般规律和基本的接发球方法。

1. 接上旋球

一般采用推、拨、攻、拉等技术接上旋球。

2. 接下旋球

发过来的球速度较慢，触拍后向下反弹，用搓球接下旋球时，注意拍面后仰以增加向前上方的发力。用拉攻或弧圈球接下旋球时，一定要增加向上提拉的力量。

3. 接左侧上、下旋球

接左侧上旋球一般采用推、攻为宜。回接时，拍面角度要稍前倾，拍面向左偏斜以抵消来球的左侧旋，向前下方用力要相对加大，防止球触拍时向自己右上方反弹。接左侧下旋球一般采用搓、削为宜。回接时，拍面角度要稍后仰，拍面所朝方向向左偏斜以抵消来球的左侧旋，稍向上用力，防止球触拍时向自己左下方反弹。

4. 接旋转不明发球

如图 9-6 所示，当发球旋转判断不明时，站位应稍远，运用慢搓，在球下降中期时接，这样有利于增加判断时间，降低来球旋转强度和赢得接球的技术选择时间。

图 9-6　接旋转不明发球

5. 接短球

由于对方发来的球是台内近网短球，回接时要注意及时上前，以获得最适合的击球位置。同时要控制好身体的前冲力量。接发球后要迅速还原，准备下一拍来球。无论采用搓、削、挑、带哪一种方法回接短球，都应特别注意，来球是在台内，台面会影响引拍，因此要充分依靠前臂和手腕发力，同时要根据来球的旋转性能调节拍面角度、击球部位、击球时间和用力方向。

9.2.7　推挡

推挡，顾名思义，具有推和挡的两种功能："挡"着重防守，强调借力，如在接重板或速度较快的球时，多采用"挡"，其主要有平挡、减力挡、侧挡等技术；"推"力主进攻，强调主动加力，加快球速，主要技术有快推、加力推、推挤、下旋推挡等。这里着重介绍平挡、快推和加力推 3 种技术。

1. 平挡（挡球）

两脚平行站位，身体靠近球台。击球前，上臂贴近身体，前臂约与台面平行，球拍置于腹前，略高于台面呈半横状，拍面近乎垂直。击球时，调整好拍形，在来球上升前期触球中部或中上部，借来球的反弹力将球挡回。平挡具有速度慢、发力均匀柔和、力量小等特点。

2. 快推

近台中偏左站位，右脚稍前，上臂和肘关节靠近右侧身旁。拍面垂直，当球弹起至上升前或中期时，拍面略前倾，大臂带动前臂向前或前上方加速推出，击球中上部。

3. 加力推

加力推动作较大，回球力量重，球速快，主要用于对付反手位速度较慢、反弹偏高的球。当来球弹至上升后期或高点期时，拍面前倾，大臂带动前臂，前臂带动手腕向前或前下方加速发力推出，击球中上部或上中部。加力推时，可以配合髋、腰及身体前移共同发力。

9.2.8 攻球

攻球可分为正手攻球和反手攻球两种。每种又包括许多不同的攻球方法。下面介绍 6 种常用的攻球技术。

1. 正手快攻

正手快攻具有站位近、动作小、速度快、攻击性强的特点。左脚稍前，身体离球台 40～50 厘米，成基本姿势站立。以前臂为主引拍至身体右侧方。球拍呈半横状。击球时，在上臂带动下前臂和手腕由右侧方向左前上方挥动，大拇指压拍，食指放松，拍面稍前倾，在来球弹起上升期，击球的中上部。击球后，手臂随势向前挥摆，迅速还原成击球前的准备姿势。

2. 正手台内攻

正手台内攻具有站位近、动作小、速度快、突然性强等特点，站位近台，右方大角度来球时右脚上步，中间或偏左方向来球时左脚上步。上步的同时上臂和肘部前移，前臂伸进台内迎球。当来球跳至高点期，下旋强时，拍面稍后仰，前臂和手腕向前上方发力，击球的中下部；下旋弱时，拍面接近垂直，前臂和手腕以向前发力为主击球的中部；上旋球时，拍面稍前倾，前臂和手腕向前发力击球的中上部。

3. 正手中远台攻

正手中远台攻具有站位远、动作大、力量大的特点。左脚稍前，身体离球台 1 米左右。持拍手臂较大幅度向右后方引拍，拍面接近垂直。击球时，右脚蹬地、向左转体的同时，上臂带动前臂由右后方加速向左前上方发力挥动，手腕边挥边转使拍形逐渐前倾，在来球弹起至下降前期，击球中部或中上部。

4. 正手扣杀

正手扣杀具有力量大、速度快、攻击性强的特点。前臂内旋使拍面稍前倾，随着身体向右转动的同时，持拍手臂引拍于身体右后方。随着右脚蹬地，身体左转的同时，持拍手上臂带动前臂加速向左前上方发力挥动，拍面稍前倾，在来球弹起至高点期，击球的中上部。一般击球点在胸前 50 厘米为宜。

5. 反手快攻

左脚稍后，身体离球台 40～50 厘米。持拍手臂自然弯曲并外旋使拍面前倾，上臂与肘关节自然靠近身体，引拍至腹前偏左的位置。击球时，在上臂带动下前臂和手腕向右前上方挥动，同时配合外旋转腕动作，使拍面稍前倾，在来球弹起上升期，击球中上部。

6. 反手中远台攻

右脚稍前，身体离球台 0.7～1 米。身体左转的同时，持拍手的上臂和肘关节靠近身体，前臂向左下方移动，引拍至身体左侧下方，拍面稍前倾。击球时，身体右转的同时，手臂由左后向前挥动，前臂在上臂带动下，向前上方用力，并配合向外转腕，使拍面稍倾，在来球弹起下降期，击球中下部。

9.2.9 搓球

对初学者来说，首先学反手搓球，再学正手搓球。先练习慢搓，再练习快搓。在基本熟悉以上技术之后，再练习搓转与不转球。

1. 慢搓

慢搓的动作幅度较大，回球速度较慢，靠主动发力回击，回球有一定旋转强度。

如图 9-7 所示，反手搓球时，向左上方引拍，前臂以肘关节为轴，快速向前下方用力挥摆，伸手腕辅助用力，手指配合使拍面后仰，在球的下降前期切击球的中下部。

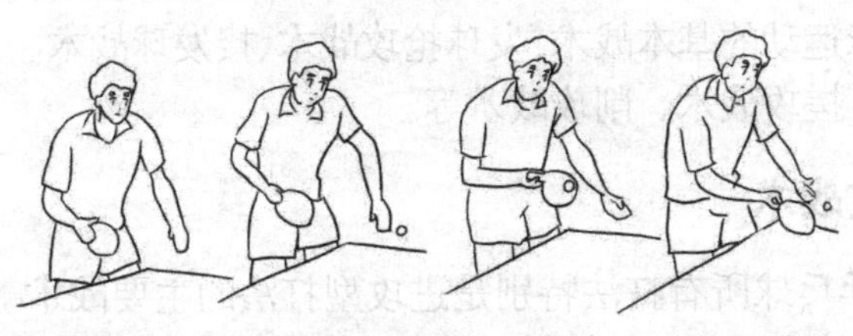

图 9–7　反手搓球

如图 9-8 所示，正手搓球时，手臂外旋使拍面后仰，前臂提起，向右上方引拍至右肩高度。当来球至下降前期，手臂快速向左前下方挥摆，屈手腕辅助用力，切击球的中下部。

图 9–8　正手搓球

2. 快搓

动作幅度较小，回球速度较快，能借助来球的前进力回击。它是对付削球和搓球的一种方法。

右脚稍前，身体靠近球台。来球在身体左侧时，可运用反手搓球。击球时，上臂迅速前伸，前臂跟随向前，拍形稍后仰，利用上臂前送力量，在上升期击球中下部。来球在身体右侧，可以运用正手搓球。搓球时，身体稍向右转，手臂向右前上方引拍，然后前臂和手腕向前下方用力，在上升期击球中下部。

3. 搓转与不转球

用近似手法搓出转与不转两种性质不同的球，使对方难以判断，增加其回球难度或直接导致接球失误。图 9-9 所示为反手搓转与不转球时击球位置的差异。

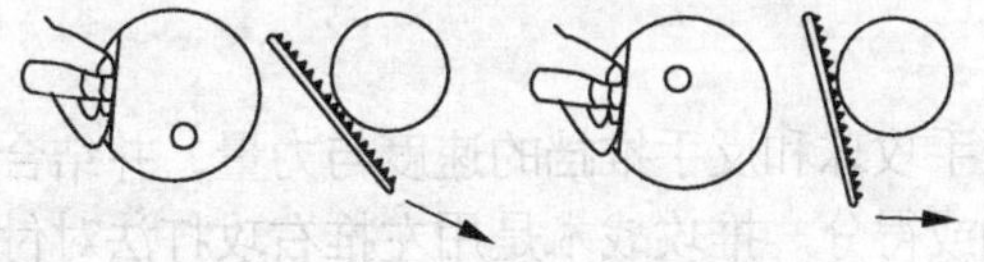

图 9–9　搓转与不转球

搓转与不转球的动作方法与快搓相同。决定转与不转的是击球作用力是偏离球心还是通过球心。搓转球时，除击球速度、击球力量和拍面后仰角度要加大外，还要在球拍切击球时切薄一些，使其作用力远离球心，形成较旋转的下旋球。而搓不转球时，减小拍面后仰角度，击球中下部并向前上推，使击球力量接近或通过球心，这样就形成相对的不转球。搓转与不转球时，一定要在相似的动作上下功夫，如果搓不转球的动作意图很明显，则会弄巧成拙，送给对方进攻机会。

9.3 乒乓球运动的基本战术

本节将介绍乒乓球运动的基本战术：发球抢攻战术、接发球战术、对攻战术、推攻战术、搓攻战术、削攻战术等。

发球抢攻战术

9.3.1 发球抢攻战术

发球抢攻战术是乒乓球所有打法特别是进攻型打法的主要战术和得分手段。发球抢攻战术以发球的旋转、速度、落点灵活变化为主要技术特征，常用的发球抢攻战术如下。

（1）发下旋转与不转球抢攻。

（2）发正、反手奔球抢攻。

（3）发正、反手侧上、下旋球抢攻。

发球抢攻注意事项：①发球要有线路和落点变化，以便使对方在前、后、左、右走动中接发球；②发球后要有抢攻准备，以便不失抢攻的机会；③自己发什么球，对方可能以什么技术回击，这些要在发球前做到心中有数。

9.3.2 接发球战术

接发球战术是发球抢攻战术的直接对立面。接发球战术一方面要抑制、扰乱或破坏对方运用发球抢攻的战术，降低发球抢攻的质量，形成相持状态；另一方面要从被动中求主动，通过过渡性接发球技术力争在第 4 板抢先上手，转入对己方有利的战局，同时抓住机会采用接发球抢攻直接得分或设法取得明显的战术优势。接发球战术是各类型打法的选手都必须掌握的战术，主要有主动法、稳健法和相持法。

9.3.3 对攻战术

对攻战术是进攻型选手经常采用的战术。运用正手攻球、反手攻球、反手推挡等技术，攻击对方。常用的对攻战术有 3 种：①压反手，伺机正手侧身攻；②调右压左，转攻两角或追身；③连压中路，突变攻两角。

9.3.4 推攻战术

推攻战术主要运用正手攻球和反手推挡的速度与力量，并结合落点变化和节奏变化压制与调动对方，以争取主动或得分。推攻战术是用左推右攻打法对付攻击型打法的主要战术，具有反手推挡能力的两面攻的运动员和攻削结合的运动员也时常使用它。常用的推攻战术有 6 种：①左推右攻；②推挡侧身攻；③推挡、侧身攻后，扑正手；④左推结合反手攻；⑤左推、反手攻后，侧身攻；⑥左推、反手攻、侧身攻后，扑正手。

9.3.5 搓攻战术

搓攻战术主要运用“转、低、快、变”的搓球控制对方，以寻找战机，然后采用低突、快点或快拉等技术展开攻势并进入连续攻；在搓球中遇到机会球时进行扣杀，常常带有突然

性，往往可以直接得分。搓攻战术是乒乓球各种打法都不可缺少的辅助战术。常用的搓攻战术有两种：①正、反手搓球结合正手快拉、快点、突击或扣杀；②正、反手搓球结合反手快拉、快点、突击或扣杀。

9.3.6　削攻战术

削攻战术是利用削球的旋转、节奏、落点变化控制对方的攻势，并为进攻创造机会，达到反击对方目的的一种战术。削攻战术是对付进攻型、弧圈型打法的重要战术。常用的削攻战术有 4 种：①削转与不转球，伺机反攻；②削长、短球反攻；③削逼两角，伺机反攻；④逢直变斜，逢斜变直，伺机反攻。

9.4　乒乓球运动的竞赛规则

本节将阐述发球、击球、失分、一局比赛、次序、方位、间歇、竞赛方法等乒乓球运动的竞赛规则。

9.4.1　发球

（1）发球开始时，球自然地置于不持拍手的手掌上，手掌张开，保持静止。

（2）发球时，发球员须用手将球几乎垂直地向上抛起，不得使球旋转，并使球在离开不持拍手的手掌之后上升不少于 16 厘米，球下降到被击出前不能碰到任何物体。

（3）当球从抛起的最高点下降时，发球员方可击球，使球首先触及本方台区，然后越过或绕过球网装置，再触及接发球员的台区。双打中，球应先后触及发球员和接发球员的右半区。

（4）从发球开始，到球被击出，球要始终在台面以上和发球员的端线以外，并且不能被发球员或其双打同伴的身体或衣服的任何部分挡住。

（5）在运动员发球时，球与球拍接触的一瞬间，球与网柱连线所形成的虚拟三角形之内和一定高度的上方不能有任何遮挡物，并且其中一名裁判员要能看清运动员的击球点。

9.4.2　击球

对方发球或还击后，本方运动员必须击球，使球直接越过或绕过球网装置，或触及球网装置后，再触及对方台区。

9.4.3　失分

（1）未能合法发球。
（2）未能合法还击。
（3）击球后，该球没有触及对方台区而越过对方端线。
（4）阻挡。
（5）连击。
（6）用不符合规则条款的拍面击球。
（7）运动员或运动员穿戴的任何物件使球台移动。
（8）运动员或运动员穿戴的任何物件触及球网装置。

（9）不持拍手触及比赛台面。

（10）双打运动员击球次序错误。

（11）执行轮换发球法时，发球一方被接发球一方或其双打同伴，包括接发球一击，完成了13次合法还击。

9.4.4　一局比赛

在一局比赛中，先得11分的一方为胜方；10平后，先多得2分的一方为胜方。一场单打或双打（男、女双打和混合双打）比赛的淘汰赛采用七局四胜制，团体赛中的一场单打或双打采用五局三胜制。

9.4.5　次序和方位

（1）在获得2分后，接发球方变为发球方，以此类推，直到该局比赛结束，或直至双方比分为10平，或采用轮换发球法时，发球和接发球次序不变，但每人只轮发1分球。

（2）在双打中，每次换发球时，前面的接发球员应成为发球员，前面的发球员的同伴应成为接发球员。

（3）在一局比赛中首先发球的一方，在该场比赛的下一局中应首先接发球，在双打比赛的决胜局中，在一方先得5分后，接发球一方必须交换接发球次序。

（4）一局中，在某一方位比赛的一方，在该场比赛的下一局应换到另一方位。在决胜局中，一方先得5分时，双方应交换方位。

9.4.6　间歇

（1）在局与局之间，有不超过1分钟的休息时间。

（2）在一场比赛中，双方各有一次不超过1分钟的暂停。

（3）每局比赛中，每得6分球后，或决胜局交换方位时，有短暂的时间擦汗。

9.4.7　竞赛方法

在已经举办的各届奥运会乒乓球比赛中，竞赛方法虽不完全相同，但主要采用分组预选和单淘汰加附加赛或排名淘汰赛加附加赛的方式。

思考与练习

1. 乒乓球运动的基本技术有哪些?
2. 乒乓球运动的基本战术有哪些?
3. 乒乓球运动的竞赛规则有哪些?

活动与探索

若条件允许，可组织乒乓球比赛。

本章将介绍羽毛球运动的起源、发展、竞赛规则等，并详细讲解羽毛球运动的基本技术和基本战术。

10.1 羽毛球运动概述

本节将介绍羽毛球运动的起源和发展。

10.1.1 羽毛球运动的起源

一般认为现代羽毛球运动起源于英国。相传，1873 年，英格兰格拉斯哥郡的伯明顿镇，在鲍费特公爵举办的一次社交聚会上，有位从印度退役的军官向大家介绍了一种用拍隔网来回打毽球的游戏。游戏趣味横生，引人入胜，此后，这项游戏活动便不胫而走，并逐步发展成为当今人们所熟悉和喜爱的羽毛球运动。

10.1.2 羽毛球运动的发展

1893 年，世界上最早的羽毛球协会——英国羽毛球协会成立，并于 1899 年举办了全英羽毛球锦标赛。1934 年，国际羽毛球联合会成立，通过了第一部国际公认的羽毛球竞赛规则。1978 年 2 月，世界羽毛球联合会在中国香港地区成立。1981 年 5 月，国际羽毛球联合会和世界羽毛球联合会正式合并。

1988 年，在第 24 届奥运会上，羽毛球运动被国际奥委会列为表演项目。1989 年 5 月，在印度尼西亚雅加达举办了首届苏迪曼杯羽毛球大赛。1992 年，在第 25 届奥运会上，羽毛球运动被正式列为比赛项目，设男、女单打和男、女双打 4 个项目。1996 年，第 26 届奥运会增设了男女混合双打。从此，羽毛球运动进入了新的发展阶段。

10.2 羽毛球运动的基本技术

本节将讲解羽毛球运动的握拍、发球、接发球、后场击球、前场击球、中场击球、基本

步法等基本技术。

10.2.1 握拍

羽毛球运动的握拍方法一般分为正手握拍法和反手握拍法。

1. 正手握拍法

如图 10-1 所示，右手虎口对准拍柄窄面内侧斜棱，小拇指、无名指、中指自然并拢，食指和中指稍分开，大拇指的内侧和食指贴在拍柄的两个宽面上将球拍柄握住。握拍时掌心不要贴紧拍柄，要使掌心与拍柄保持一定的空隙。

2. 反手握拍法

如图 10-2 所示，在正手握拍的基础上，将大拇指伸直用其第一指节内侧顶贴在拍柄内侧的宽面上，食指收回，与大拇指同（或略）高，用大拇指和食指将球拍稍向外转，中指、无名指、小拇指紧握拍柄，拍柄端近靠小拇指根部。握拍手心与拍柄之间留有空隙，以便能充分利用手腕力量和大拇指的内侧压力击球。

AR 图 10–1 正手握拍法

AR 图 10–2 反手握拍法

10.2.2 发球

羽毛球运动的发球技术，按其动作分为正手发球和反手发球两种。按球在空中飞行的弧线可分为网前球、平快球、平高球和高远球 4 种（见图 10-3，1 为网前球，2 为平快球，3 为平高球，4 为高远球）。

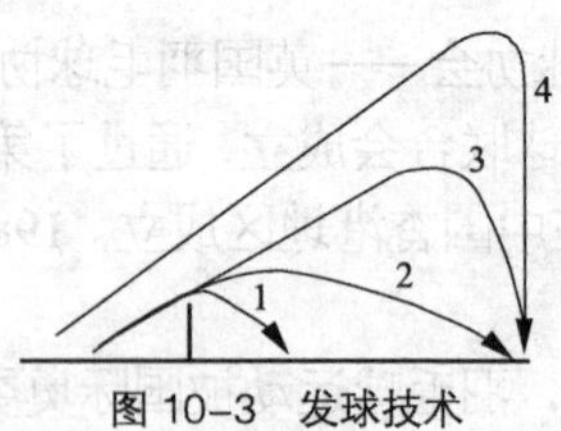

图 10–3 发球技术

1. 正手发高远球

所谓高远球，主要是把球发得又高又远，使球飞行到对方底线上空时，几乎垂直下落。

如图 10-4 所示，发球时，重心由后脚前移至前脚，带动转腰，同时右手持拍沿着从下而上的弧线自然地沿着身体向前上方挥摆。球拍触球前刹那，小臂带动手腕向前上方闪动发力，手紧握拍柄，利用手腕、手指的爆发力及拍面的前半部击球。击球瞬间，拍面正对出球方向，击球点在发球员的右前下方。出球飞行弧度与地面仰角一般大于 45°。

图 10-4 正手发高远球

2. **正手发网前球**

如图 10-5 所示，正手发网前球是把球发至对方发球区内前发球线附近。球的飞行速度较慢，飞行弧度较低，球“贴网”而过。它是双打比赛最常用的发球方法，在单打比赛中，用于对付接网前球较差的对手，有时也可以作为过渡性的发球，或发球抢攻战术的手段。在发球时，挥拍幅度较小，击球瞬间无须紧握拍柄，而是利用手腕和手指的力量从右向左横切推送，将球轻轻发出，球贴网而过。

图 10-5 正手发网前球

3. **正手发平快球**

正手发平快球又称发平球，是把球发得又平又快，使球快速落在对方场内端线附近。平快球突袭性强，往往能使对手措手不及而造成被动或失误。准备姿势同发高远球的准备姿势，站位稍靠后些。击球瞬间紧握球拍柄，利用小臂挥动力量带动手腕、手指力量快速向前击球，球飞行的路线与地面形成的仰角小于 30°。

4. 反手发网前球

如图 10-6 所示，准备击球时手腕内屈，击球瞬间利用小臂带动手腕、手指力量向前横切推送，将球击出。发球时，挥拍较慢，力量较轻，球的落点近网，球“贴”网而过后即往下坠落在对方发球区内前发球线附近。

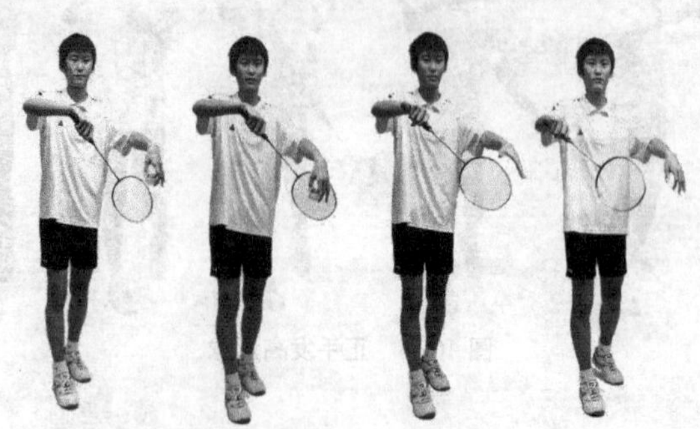

图 10–6　反手发网前球

10.2.3　接发球

单打站位一般是在离发球线 1.5 米处，站在右发球区靠近中线的位置；在左发球区则站在中间的位置。双打发球多以发网前球为主，所以双打的接发球站位要在靠近前发球线的地方。

1. 接平高/高远球

接平高/高远球时可以用平高球、吊球或扣杀球进行回击（见图 10-7，1 为平高球，2 为吊球，3 为扣杀球）。一般来说，接高远球是一次进攻的机会，回击得好就能掌握主动权。因此，初学羽毛球者必须努力提高后场进攻的能力。

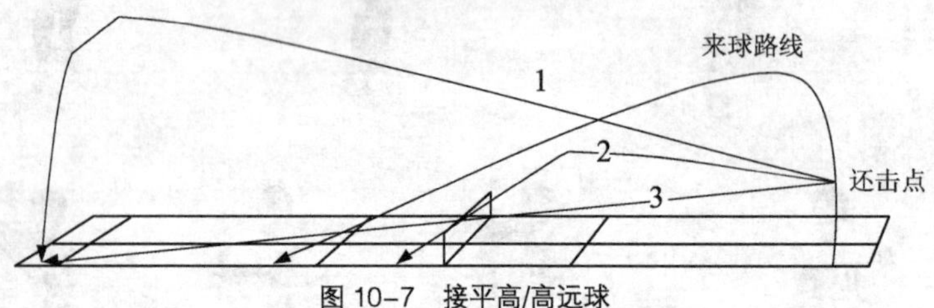

图 10–7　接平高/高远球

2. 接网前球

接网前球时可以用平高球、高远球、放网前球或平球进行回击（见图 10-8，1 为发网前球，2 为平球，3 为平高/高远球，4 为网前球）。如果对方发球的质量不高，或球离网顶较高过网，则可采用扑球进攻。若对方企图发球抢攻，而自己防守能力较差，则以放网前球或平推球为宜，落点要远离对方站位，控制住球，不让对方进攻。

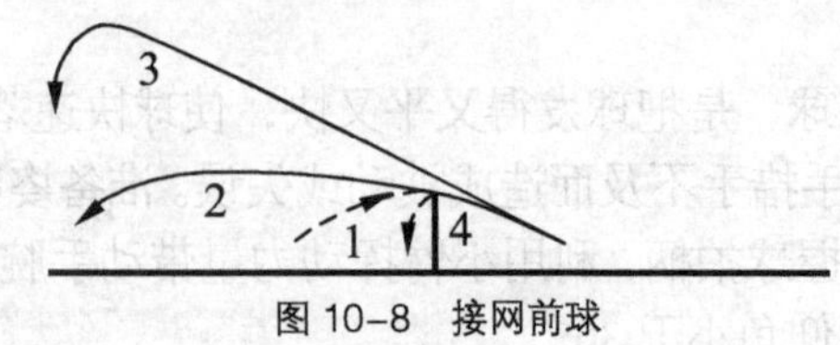

图 10–8　接网前球

10.2.4　后场击球

后场击球主要由高远球、平高球、扣杀球和吊球等技术及相应的后退步法组成。其特点是击球点高、力量大、速度快、威力大。

扫一扫

后场高空击球技术

1. 高远球

高远球飞行弧度高、速度慢，主要是迫使对方离开中心部位去击球；或当自己位置错乱时，击这种球来争取回位时间，所以比赛中在被动情况下常采用这种球进行过渡。

（1）正手击高远球

如图 10-9 所示，用后场退步法迅速向来球方向移动，调整好身体与来球间的位置，使球恰好在右肩稍前方上空。当球落到一定的高度时，右手肘上抬，手臂后倒引拍，以肩为轴做回环动作，同时身体左转，前臂充分向后下方摆动并外旋，手腕充分伸展。击球时，前臂迅速内旋带动手腕加速向前方挥动，手腕屈，收手指屈指发力，将球击出。

图 10–9　正手击高远球

（2）反手击高远球

如图 10-10 所示，准备击球前，右脚在前（先不着地，与击球动作完成的瞬间同时着地），身体背向球网，持拍臂向上抬举，身体稍向左转，含胸收腹，左腿微屈，同时手臂回环内旋引拍，握拍手尽量放松，手腕稍向外展。当球下落至右肩前上方一定高度时，以上臂、前臂迅速外旋带动手腕加速，由左下方经胸前向右肩前上方挥动。击球时手腕由伸展至屈收快速屈指发力，用反拍面将球击出。

图 10–10　反手击高远球

2. 平高球

击平高球与击高远球一样，也可分为正手、头顶和反手 3 种击球技术，是一种进攻性的击球技术。其技术动作与击高远球基本相同，不同的是引拍、击球动作较高远球小而快，击球的瞬间运用前臂内旋带动手腕，向前快速发力击球。

3. 扣杀球

扣杀球从动作结构上可分为重杀、点杀、劈杀；从击球点距身体的位置可分为正手扣杀球、头顶扣杀球和反手扣杀球 3 种。而正手扣杀球是各种扣杀球的基础，初学者必须首先掌握好这一扣杀技术。

正手扣杀球如图 10-11 所示，准备姿势、击球动作与正手击高球大致相同，不同的是在击球瞬间需用全力，充分利用右腿的蹬力、腰腹力、手臂腕力及重心的转移，快速将球向前下方击出。球拍触球时拍面前倾向前下方用力，手握紧球拍，击球点在右肩稍前上方。

图 10-11 正手扣杀球

温馨提示 在实战中，扣杀球必须同其他进攻技术有机地结合起来，如盲目地进行单一的大力扣杀，往往不能争取主动，反而常常使自己陷入被动。

4. 吊球

吊球技术按球的飞行弧线和击球动作的不同分为劈吊、轻吊和拦截吊。其准备姿势与击高球、扣杀球相似，只是击球时用力不同。击球瞬间前臂突然减速，快速“闪”动手腕击球托的偏右侧（头顶吊球及反手吊球击球托的偏左侧）。打对角吊球，当对方来球较高时，手腕向下切削的角度要大些，力量稍大些；当对方来球较平时，手腕向前推的动作要大些，向下切削的力量要小一些。吊直线球时，拍面正对前方，向前下方压。

不论劈吊还是轻吊，都要注意手腕灵活闪动，即注意爆发力的运用。同时还要注意掌握好击球点和控制好击球力量，将球吊准。拦截吊和假动作配合运用具有一定的威力，拦截对方击来的半场球或弧线较低的平高球能出其不意地达到进攻的效果。

10.2.5 前场击球

前场击球包括网前的放、搓、推、勾、扑、挑球等。因球飞行距离较短，落地快，常使对手措手不及而直接得分。即使不能直接得分，也能迫使对方被动回球，创造下一拍的机会。现介绍几种常用的前场击球技术。

1. 放网前球

（1）正手放网前球

如图 10-12 所示，准确判断来球路线和落点，跨步上网，最后一步右脚在前左脚在

后成弓箭步，上体前倾重心在右脚，侧身对网。右手正手握拍向前下方伸臂，小臂外旋展腕，左臂自然后伸，起平衡作用，拍面几乎朝上迎击来球。击球瞬间，手腕稍内屈轻轻闪动，食指和大拇指控制拍面角度和用力大小，球拍向前上方轻轻一托，把球轻击送过球网。

图 10-12 正手放网前球

（2）反手放网前球

快速向前左侧上网，右脚前跨成弓箭步，侧背对网，上体前倾重心在右脚。右手反手握拍向前下方伸臂，小臂内旋展腕，左臂自然后伸，起平衡作用，拍面几乎朝上迎击来球。击球瞬间，伸腕轻闪动，食指和大拇指控制拍面角度和用力大小，球拍向前上方轻轻一托，把球轻击送过球网。

2. 搓球

网前搓球是羽毛球技术中动作较细腻的一种，是网前技术中的高难度击球动作。

（1）正手搓球

用正手上网步法迅速向来球方向移动，当右脚向前跨出时，持拍手向来球方向伸出，争取高击球点。左手于身后拉举与右手对称，以保持身体的平衡。正手搓球有两种击球方式：一种是手腕动作由展腕至收腕发力，由右向左以斜拍面切击球托的右后侧部位，此时球呈下旋翻滚过网；另一种是手腕动作由收腕至展腕发力，由左向右以斜拍面切击球托的左后侧部位，球则呈上旋翻滚过网。

（2）反手搓球

如图 10-13 所示，用反手上网步法迅速向来球方向移动，其余动作与正手搓球相同。反手搓球有两种击球方式：一种是手腕动作由展腕至收腕发力，由左至右切击球托左后侧部位；另一种是手腕动作由收腕至展腕发力，由右向左切击球托的右后侧部位。

图 10-13 反手搓球

3. 扑球

扑球是在对方回球刚越过网顶上空时，运用跨步或蹬跳步迅速上前，利用前臂、手腕和手指的力量，快速地由高向下将球击回对方场区的击球方法。

（1）正手扑球

如图 10-14 所示，对方来球距网较高时，快速跨步上网，身体向右前倾，手臂充分伸展，同时迅速变换握拍手法，使拍面与球网平行正对来球。击球时，主要利用中指、无名指、小拇指突然紧握拍柄和手腕闪动，将球向前下方击出。击球后，随前动作甚微，右脚落地制动。

图 10–14　正手扑球

（2）反手扑球

反手握拍于左侧前，当身体向左侧前方跃起时，持拍手小臂前伸上举，手腕外展，拍面正对来球。击球时，手臂伸直，手腕由外展到内收闪动，手握紧拍柄，大拇指顶压，加速挥拍扑击球。击球后即刻屈肘，球拍回收，以免球拍触网违例。

4. 挑球

挑球是将对方击来的网前区域低手位的球以较高的弧线向上击至对方端线附近上空。它是在被动情况下运用的一种过渡球。

（1）正手挑球

如图 10-15 所示，右脚向网前跨出一大步，左脚在后，侧身向网，重心在右脚上。同时右臂向后摆，自然伸腕，使球拍后引。以肘关节为轴，屈臂内旋，并捏紧球拍。用食指及手腕的力量，从右下方向右前方至左上方挥拍击球，将球向前上方击出。

图 10–15　正手挑球

（2）反手挑球

如图 10-16 所示，右脚跨步向前成弓箭步，重心在右脚，侧身背对网。反手握拍，手臂向左前方伸出，小臂内旋屈肘屈腕，左臂自然后伸起平衡作用。击球时，以肘关节为轴，小臂带动手腕、手指快速由左下方向前上方成半圆形挥拍击球。

图 10-16　反手挑球

10.2.6　中场击球

中场击球技术主要包括接杀球、平抽球、平挡球技术，要求判断反应快，出手击球快，引拍预摆动作弧度小，由防转攻或由攻转防意识强。

1. 接杀球

把对方扣杀过来的球还击回去，称为接杀球。接杀球主要由挡网前、挑后场和平抽球 3 种技术组成。

接杀球的站位一般在中场，两脚屈膝平行站立。右侧来球用正手挡，身体重心移向右脚。右手向右侧伸出，放松握拍，拍面略后仰对准来球。左侧来球用反手挡，身体重心移向左脚，右脚向左前方跨出一步，换成反手握拍，拍面略向后仰对准来球回击。

2. 平抽球

平抽球是击球点在肩以下，以较平的弧度、较快的球速、接近球网的高度，将来球还击到对方场区的一种进攻性技术。击球时，应借助腰部的转体带动前臂、手腕和手指的力量快速协调地发力。击球点尽可能地在身体的侧前方，这样有利于转动腰部和前臂旋内、旋外地发力。如果来球正对自己而又来不及闪让时，一般不要用正手击球。因为当来球靠近自己身体时，即使击球点在自己右侧腋下，反手也比正手容易发力还击。

3. 平挡球

平挡球和平抽球的动作结构基本相同，其区别主要在于：发力较小，通常无须身体部位发力，当对方来球力量较大时，还应有所缓冲；通常击球时不要握紧球拍，以免影响击球时对力量和出球方向的精确控制；羽毛球的飞行路线较短，一般落在对方前半场。

10.2.7　基本步法

羽毛球运动的步法一般分为起动、移动、到位配合击球和回位 4 个环节。根据场上移动的方向和场区的位置，可以将羽毛球运动的步法划分为上网步法、后退步法和两侧移动步法。

1. 上网步法

从中心位置移动到网前击球的步法，称为上网步法。上网步法可根据各人习惯采用交叉步、并步、垫步或蹬跨步。不论是正手还是反手，根据来球远近，上网步法可采用三步、两步或一步上网击球。

（1）右边上网步法

如图 10-17 所示，可采用两步或三步交叉步加蹬跨步移动的方法上网；也可采用垫一步再跨一大步移动的方法上网。

（2）左边上网步法

如图 10-18 所示，左边上网步法与右边上网步法相同，只是移动上网是朝左边网前，如两步跨步上网。

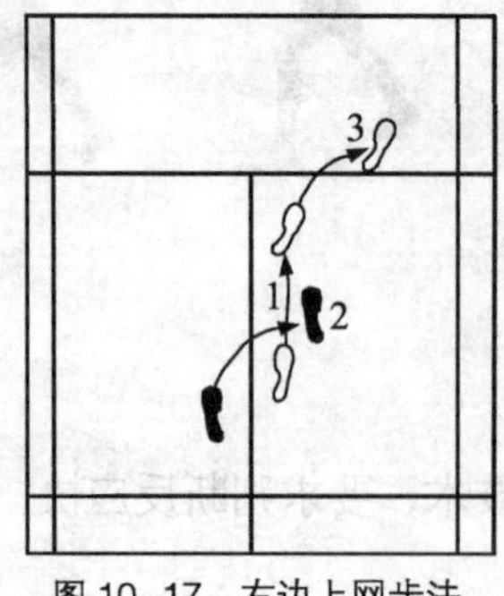

图 10-17　右边上网步法

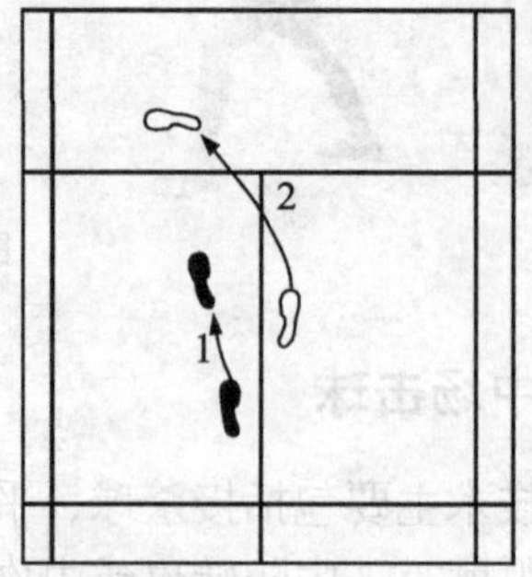

图 10-18　左边上网步法

2. 后退步法

从中心移动到后场各个击球点的位置上击球的步法，称为后退步法。

（1）正手击球后退步法

如图 10-19 所示，正手击球后退步法分为三步并步后退和三步交叉步后退两种。主要动作方法：在对方击球刹那间，判断来球，迅速调整重心至右脚。接着右脚蹬地快速向右后撤一小步，上体右转侧身对网，以交叉步或并步移动到接近击球点的位置。在移动的同时必须完成举拍准备动作，最后一步利用右脚（或双脚）蹬地起跳并在空中转体，击球后左脚后撤落地缓冲，右脚前跨以利于迅速回动。

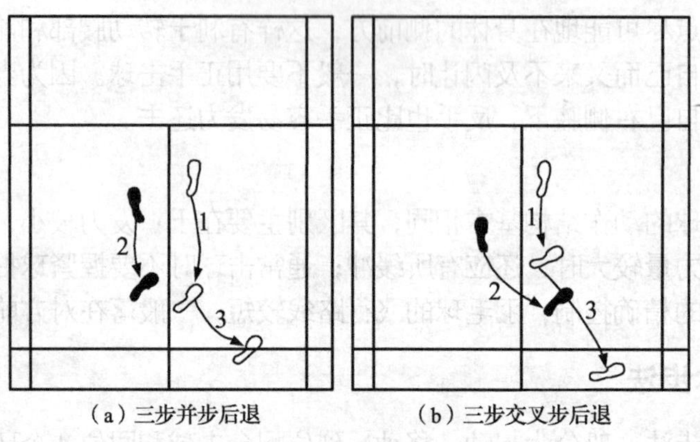

（a）三步并步后退　　（b）三步交叉步后退

图 10-19　正手击球后退步法

（2）反手击球后退步法

反手击球后退步法如图 10-20 所示，调整重心后，右脚后撤一步，接着上体左转，左脚随即向左后退一步，右脚再跨出一步，背对网，做底线反手击球。反手击球后退步法应根据来球距离的远近调整步法。如距离来球较近，可采用两步后退步法，上体向左后转，左脚同时后撤一步，右脚再向左后跨一步，做底线反手击球。如距离来球较远，则采用三步或五步后退步法：右脚先垫一步，而后左脚向后方跨一步，再按右、左、右向后退。但无论是几步，反手击球后退步法最后一步应右脚在后，重心在右脚上。

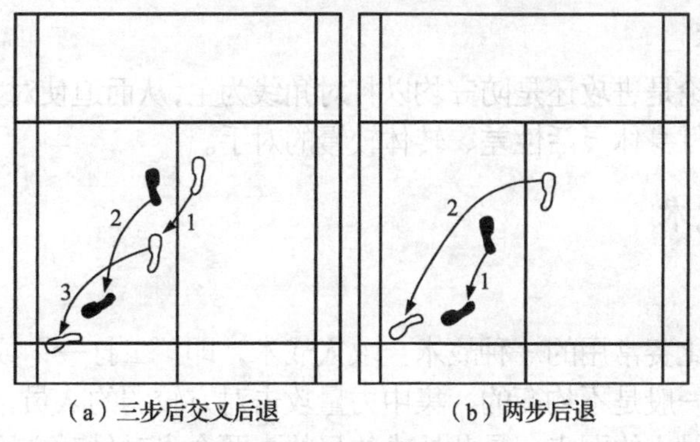

图 10-20　反手击球后退步法

3. 两侧移动步法

两侧移动步法多用于接对方的杀球和击来的半场低平球。其站位和准备姿势与上网步法基本相同。

（1）向右侧移动步法

两脚左右开立，脚跟稍提起，根据来球，调整重心，上体稍倒向左侧，左脚掌内侧用力起蹬，右脚同时向右侧转跨大步。如距离来球较远，左脚向右垫一小步再起蹬，右脚同时向右侧转跨大步。

（2）向左侧移动步法

根据来球，调整重心，上体稍倒向右侧，右脚掌内侧用力起蹬，左脚同时向左侧转跨大步。如距离来球较远，左脚先向左侧移半步，上体向左转身的同时右脚向左前交叉跨大步。

10.3　羽毛球运动的基本战术

本节将讲解羽毛球运动的单打战术和双打战术。

10.3.1　单打战术

1. 发球抢攻战术

发球抢攻战术是运动员利用发球使对方被动，为自己创造进攻的一种战术。这种战术一般用发网前球结合平快球、平高球，争取第三拍的主动进攻。运动员使用这一战术，可以打乱对方的整个战略部署，造成对方措手不及。运用此战术时，要求运动员具有高质量的发球，否则难以成功。

2. 攻前击后战术

攻前击后战术是先以吊球、放网前球、搓球吸引对方到网前，然后用推球、平高球或杀球突击对方的后场底线，一般用于对付上网步法较慢或网前球技术较差的对手。采用此战术，要求运动员首先具有较好的网前击球技术。

3. 打四方球战术

打四方球战术是以快速、准确的落点攻击对方场区的 4 个角落，逼迫对方前后奔跑、被动应付，并在回球质量下降或露出破绽时乘虚而攻之。它用于对付体力差、反应和步法移动慢的对手。

4. 打对角线战术

打对角线战术无论是进攻还是防守均以打对角线为主，从而迫使对方在移动中多做转体，多走曲线。它用于对付身体灵活性差、转体较慢的对手。

10.3.2 双打战术

1. 攻人战术

攻人战术是双打比赛常用的一种战术。攻人战术，即“二打一”或避强击弱战术。对方两个队员的技术水平一般是不均衡的，集中力量攻击对方较弱的队员，尽量使对方的特长得不到发挥，充分暴露对方的弱点，是此战术的目的。两个人对付对方的强者，消耗其体力，减弱其进攻威力，伺机突击空当，这也是“二打一”。

2. 攻中路战术

当对方队员分边站位时，要尽可能将球攻到对方两人之间的空隙区，以造成对方争夺回击或相互让球而出现失误。这对于一些配合较差的对手，较行之有效。当对方成前后站位时，将球还击到两人之间靠边线的位置上。

3. 软硬兼施战术

软硬兼施战术先用吊网前球或推半场球迫使对方被动防守，而后大力扣杀进攻。若硬攻不下，则重吊网前球，待对方挑球欠佳时，再度强攻。此时，攻击对象最好选择对方刚后退而立足未稳者。

4. 后压前封战术

当本方取得主动欲采取攻势时，站在后场者见高球则强攻杀或吊网前球，迫使对方被动还击；站在前场者则应立即积极移位，准备封网扑杀。这种战术要求打法比较积极，前半场技术要好，步法移动要快，配合要默契。

10.4 羽毛球运动的竞赛规则

本节将介绍挑边、计分、站位、间歇、违例、重发球、交换场区等羽毛球运动的竞赛规则。

10.4.1 挑边

赛前，采用挑边的方法（抛硬币）来决定发球方和场区。挑边赢者将优先选择发球或接发球，以及在一个半场区或另一个半场区比赛。输者在余下的一项中选择。

10.4.2 计分方法

羽毛球世界联合会于 2006 年 5 月在日本东京举行的年度代表大会上，正式决定实行 21 分的新赛制。这一赛制成为所有羽毛球国际大赛的通用赛制。21 分赛制对于提高运动员的积极性、减少运动员受伤及电视转播等方面较 15 分赛制有更大的优势。

21 分赛制实行每球得分制，所有单项的每局获胜分皆为 21 分，最高不超过 30 分。每场比赛采取三局两胜制，先到 21 分的一方赢得当局比赛。如果双方比分为 20∶20 时，获胜一方需超过对手 2 分才算取胜；直至双方比分打成 29∶29 时，先到第 30 分的一方获胜。首局

获胜一方在接下来的一局比赛中先发球。

10.4.3　站位方式

1. 单打

当发球方的分数为 0 或偶数时，双方运动员均在各自的右发球区发球或接发球；当发球方的分数为奇数时，双方运动员均在各自的左发球区发球或接发球。

2. 双打

比赛中，当比分为 0 或偶数时，球由右发球区对角发向对方场地的右接发球区；当比分为奇数时，球由左发球区对角发向对方场地的左接发球区。比赛中，只有当一方连续得分时，发球者必须在右或左发球区交替发球，而接发球方队员的位置不变。其他情况下，选手应站在上一回合的各自发球区不变，以此保证发球者的交替。

双打比赛无论是在开始还是在赛中，皆为单发球权，也就是说每次一方只有一次发球权。发球方失误不仅丢失发球权，也将丢失 1 分，如果这时得发球权的一方得分为奇数，则必须是位于左发球区的选手发球，如果此时得发球权的一方得分为偶数，则必须是位于右发球区的选手发球。

双打比赛只有接发球队员才能接发球，若其同伴接发球或被球触及则“违例”，判发球方得分，在发球被回击后，球可由二人中任意一人击回，不得连击，如此往返直至死球。双打比赛发球时，发球队员和接发球队员必须站在规定的发球区和接发球区内发球和接发球，他们的同伴站位可以不受限制，但不得妨碍对方。运动员发球和接发球顺序有误，已得比分有效，纠正方位或顺序。

10.4.4　赛中间歇方式

每场比赛均采用三局两胜制。任意一方在比赛中得到 11 分后，比赛将间歇 1 分钟；两局比赛之间的间歇时间为 2 分钟。

10.4.5　比赛中常见的违例

（1）过手违例：发球时，在击球的瞬间，发球员的拍杆应指向下方；否则，将判违例。

（2）过腰违例：发球时，在击球的瞬间，整个球应低于发球员的腰部；否则，将判违例。

（3）挥拍有停顿：发球开始后，挥拍动作不连贯，将判违例。

（4）脚移动、触线或不在发球区内：自发球开始至发球结束，发球员或接发球员的两脚都必须有一部分与球场地面接触，不得移动，且都必须站在斜对面的发球区内，脚不得触及发球区或接发球区的界线；否则，将判违例。

（5）最初击球点不在球托上或发球时未能击中球，将判违例。最初击球点不在球托上指发球时，球拍先触及羽毛或同时击中羽毛和球托。

（6）发球时，球没有落在规定的接发球区内，将判违例。如发出的球没有落于对角的场区内或不过网，或挂在网上、停在网顶等。球从网下或网孔穿过，触及天花板或触及运动员的身体或衣服，将判违例。

（7）球触及球场或其他物体或人，将判违例。击球点超过网的向上延伸面，即在对方场区上空击球，将判违例。

（8）运动员的球拍从网上、网下侵入对方场区导致妨碍对方或分散对方注意力或妨碍对

方、阻挡对方靠近球网的合法击球，将判违例。

（9）同一运动员连续两次挥拍击中球，或双打的同方两名队员连续各击中球一次，将判违例。

（10）球停在球拍上，紧接着被拖带抛出，将判违例。

（11）运动员严重违反或屡次违反比赛的连续性的规定或运动员行为不端，将判违例。如擅自离开比赛场地喝水、擦汗、换球拍、接受场外指导等，或故意改变球形、破坏羽毛球、举止无礼等。

10.4.6　重发球

（1）重发球时，原回合无效，由原发球员重新发球。

（2）除发球外，球过网后，挂在网上或停在网顶，判重发球。

（3）发球时，发球方和接发球方同时被判违例，将重发球。

（4）发球方在接发球方未做好准备时，将球发出，判重发球。

（5）球在飞行时，球托与球的其他部分完全分离，判重发球。

（6）裁判员对该回合不能做出判决时，将判重发球。

（7）出现意外情况，判重发球。

10.4.7　交换场区

（1）第一局比赛结束时，双方应交换场地。

（2）若局数为 1∶1，在第三局比赛开始前，双方应交换场地。

（3）在第三局比赛中，领先一方得分达到 11 分时，双方应交换场地。

（4）若应交换场地而未交换时，一旦发现应立即交换，已得分数有效。

思考与练习

1. 羽毛球运动的基本技术有哪些？
2. 羽毛球运动的基本战术有哪些？
3. 羽毛球运动的竞赛规则有哪些？

活动与探索

若条件允许，可组织羽毛球比赛。

本章将介绍网球运动的起源、发展、竞赛规则等，并详细讲解网球运动的基本技术和基本战术。

11.1 网球运动概述

网球运动历史悠久，早在 13 世纪至 14 世纪，便盛行于法国、英国。1873 年，英国人温菲尔德改进了早期的网球打法，使之成为能在草坪上进行的一项运动，取名为“草地网球”，并出版了《草地网球》手册，制定了最早的网球运动规则。温菲尔德因此被人们称为近代网球运动的创始人。1877 年 7 月，在英国的温布尔登举行了第 1 届草地网球比赛，这标志着近代网球运动的开始。

网球比赛分男子单打、女子单打、男子双打、女子双打、混合双打、男子团体和女子团体 7 个项目。影响较大、较著名的网球赛事有温布尔登网球锦标赛、美国网球公开赛、法国网球公开赛、澳大利亚网球公开赛。

11.2 网球运动的基本技术

本节将阐述握拍、基本步法、发球、接发球、底线正手击球、底线反手击球、截击球等网球运动的基本技术。

11.2.1 握拍

目前，网球基本的握拍法可分为 3 种：东方式握拍法、西方式握拍法、大陆式握拍法。

1. 东方式握拍法

东方式握拍法分为正手握拍法和反手握拍法。

（1）正手握拍法

如图 11-1 所示，握拍手的虎口对正拍柄右上侧棱，手掌根与拍柄右上斜面紧贴，大拇指垫握住拍柄的左垂直面，食指稍离中指，食指下关节压住拍柄右垂直面，五指紧握拍柄。拍面与地面垂直，手握拍柄好像与人握手一样。

（2）反手握拍法

在正手握拍法的基础上把手向左转动 1/4（即转动 90°）或拍柄向右转动 1/4（即转动 90°），虎口对正拍柄左侧棱面。即用手掌根压住拍柄的左上斜面，大拇指直贴在拍柄的左垂直面上，食指下关节压住右上斜面。

2. 西方式握拍法

如图 11-2 所示，握拍时，拍面与地面平行，大拇指与食指几乎成直角，大拇指直伸压住拍柄上平面，食指下关节握住右上斜面，与底平面对齐，手掌从上面握住拍柄。这是底线上旋攻击型打法的首选握拍方法。这种握拍法的优点是能击出强有力的上旋球，且稳定性强。但是其技术难度相对较大，初学者较难掌握。

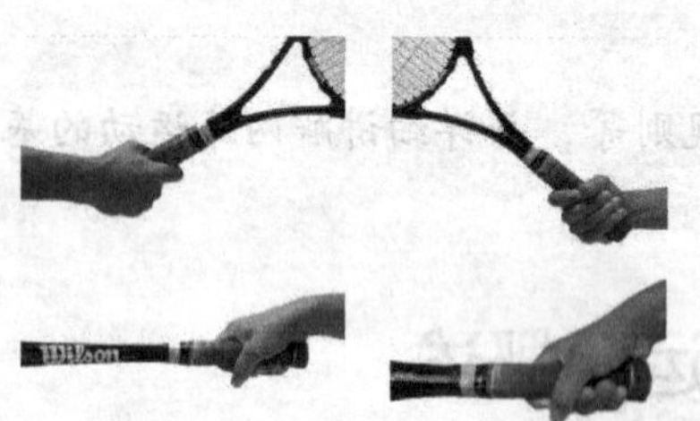

AR 图 11-1　东方式握拍法

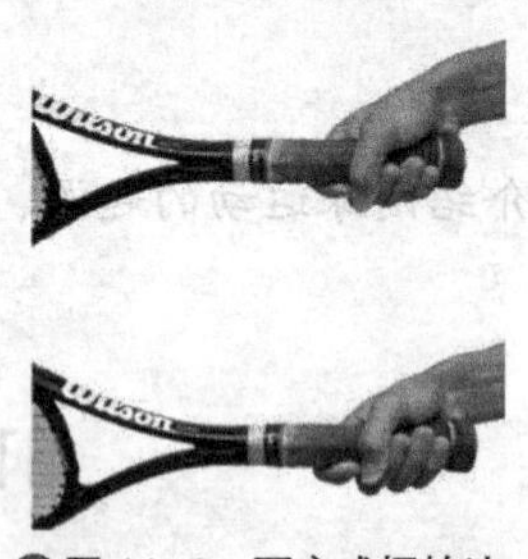

AR 图 11-2　西方式握拍法

3. 大陆式握拍法

如图 11-3 所示，由于其形状像握着锤子的样子，因此又称为握锤式握拍法。由大拇指与食指形成的“V”字形虎口放在拍柄的上平面与左上斜面的交界线上，手掌根部贴住上平面，与拍柄底部平齐，大拇指与食指不分开，食指与其余 3 个手指稍分开，食指下关节紧贴在右上斜面上。这种握拍法的优点是正、反手击球时都不需要转换握拍，简单灵活。但是底线击球时不容易发力，因此是底线的攻击性打法所不适宜采用的握拍方法。

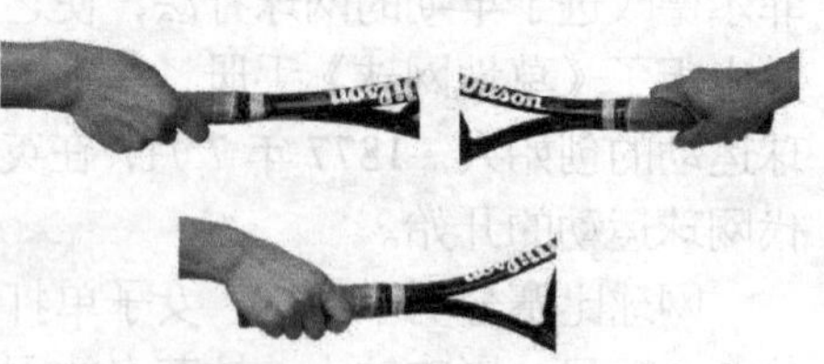

图 11-3　大陆式握拍法

11.2.2　基本步法

网球击球时，脚步主要采用“关闭式”和“开放式”两种步法。

1.“关闭式”步法

如图 11-4 所示，左脚向来球的方向迈出一步，两脚的假想连线与来球的方向平行。这种步法在底线正反手击球和网前截击中大量运用。初学者应首先学习这种步法。

2.“开放式”步法

如图 11-5 所示，击球时，两脚平行站立，以前脚掌为轴，转胯转体形成击球步法。通常在有一定技术基础的前提下运用这种步法。

图 11–4 “关闭式”步法

图 11–5 “开放式”步法

11.2.3　发球

发球动作由准备姿势和站位、抛球与后摆动作、挥拍击球和随挥动作 4 个环节组成。下面介绍 3 种常见的发球方法。

1. 平击发球

如图 11-6 所示，平击发球的击球点应在身体的右前上方，击球的后上部，挥拍时“鞭击”动作发力要集中，充分向上伸展身体以获得最高的击球点提高命中率。这种发球几乎没有旋转，球差不多笔直地落下，力量大，往往贴着网才能进入场内，在绝大多数场地上球反弹较低，一般用于第一发球，发球成功时有时能直接得分，但平击发球失误率较高。

图 11–6　平击发球

2. 切削发球

切削发球实用且易掌握，初学者适宜学习。它是一种以右侧旋转（稍带上旋）为主的发球方法，球抛在右侧前上方，球拍击球部位在球的右侧偏上方，整个挥拍动作是从右侧上方至左下方，使球产生右侧旋转。球的飞行路线是一条从右向左的弧线，可以提高命中率并把对方拉出场外回击，尤其在右区发球。切削发球的准确率高，常用于第二发球。

3. 上旋发球

如图 11-7 所示，上旋发球时，抛出球的位置在头后偏左的头上方；拍面的触球点在球的中部偏下方；击球时身体成弓形，利用杠杆力量对球施加旋转，球拍快速从左向右上方挥动，并从下向上擦击球的背面，使球产生右侧上旋。球的过网点较高，落地急速，球落地后反弹很高，这种发球难度较大。

图 11–7 上旋发球

11.2.4 接发球

接发球在态势上是被动的，受发球方的制约，并且发球在瞬间千变万化，多数发球都指向接球方软弱的地方，因此，接发球技术是较难掌握的技术之一。

温馨提示 接发球的指导思想：摆脱被动，力争主动，敢于迎接强有力的发球挑战。

接发球的站位，一般位于端线附近，力求在接发球时向前移动击球。同时，保持两脚平行站位，比肩略宽，右手持拍者一般右脚稍前，两膝微屈，上体稍前倾，脚跟提起，将球拍置于体前。

在接发球的全过程中眼睛要始终注视来球，一直到完成还击动作。要观察对手的抛球，这样有利于判断发球的方向和旋转。对方第一次发球时多采用大力发球，站位应偏后一些；如果对方是第二次发球，站位可略向前移，这样有利于采取攻击性的还击。

接大力发球时不要做大幅度的后摆动作，主要是控制好拍面角度，并握紧球拍，以免拍面被震转动。还击来球之前要观察对方行动，对自己的回球路线和落点要有所考虑。选择好接发球落点，对控制手发球后抢攻有重要意义。

11.2.5　底线正手击球

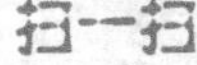

底线正手击球

1. 正手平击球

如图 11-8 所示，后摆引拍时，手腕稍上翘使拍头高于手腕，并引拍至头部高度。挥拍时手腕相对固定握拍，以减少拍面挥动过程中的变化。击球时拍面与地面保持垂直并以同样拍面继续前挥。击球后，球拍向前挥动于左肩上方自然收拍。这种击球方法简单易学，适合初学者使用。

图 11–8　正手平击球

2. 正手上旋击球

如图 11-9 所示，正手上旋击球是从网球的后下方向前上方挥拍，整个球体受摩擦，产生一种从后下方朝前上方的旋转。其特点是球飞行弧线高，落地迅速，落地后弹起的反射角度较小，产生较大的前冲力。这种击球方法适合于有一定技术基础，能发力击球的人使用。

图 11–9　正手上旋击球

3. 正手削球

如图 11-10 所示，正手削球是以底线正手切削方法击出下旋球的技术动作。后摆引拍时，直线将球拍引至身体后侧，动作较小。挥拍时手腕固定握拍，使拍面斜向地面稳定前挥。击球时用斜向地面的拍面以切削动作在身体侧前方击球。击球后球拍随球前送，并在身体前方以左手扶拍结束动作。

图 11-10 正手削球

11.2.6 底线反手击球

1. 反手平击球

反手平击球的特点是球速快，球的飞行路线比较平直，球落地后的前冲力量大。动作方法：后摆引拍时右脚向左侧前方跨出并用力踏地，屈膝降低重心；击球时手腕绷紧，使球拍与地面垂直；挥拍击球时，从后向前上方比较平缓地挥击，同时左臂自然展开留在身后，保持身体的平衡；击球后，球拍随着惯性挥至右肩上方，持拍手臂挥直。

2. 反手下旋球

如图 11-11 所示，反手下旋球又称为反手削球，一般是防御性的。削球时挥拍不要过于用力，击球后拍面向上做托盘状运动。击球后，不要急于把球拍提拉起来，应该让球拍平稳向前运动一段距离。反手下旋球的好处是击出的球向下旋转，飘向对方场区后回弹高度较低，落地后还可向前滑行。这种击球方法简单易学，且比较安全，适合于初学者使用。

图 11-11 反手下旋球

3. 双手反手击球

双手反手击球由于双手握拍，拍面容易稳定，初学者易于学习和掌握。如图 11-12 所示，双手反手击球的准备姿势与单手反手击球相同，左手在转肩引拍的同时，顺着拍柄下滑至双手相接，形成双手反手握拍，引拍尽量向后，转动上体，使右肩前探侧身对网，手腕固定球拍稍稍低于击球点，右脚向左前方跨一步，重心落在左脚上，球拍从低向高向前挥出，击球点同腰高，比单手反手击球点略靠后，重心前移，随上体移动将球拍充分挥向右前上方，拍头朝上。然后迅速回到准备姿势。

图 11-12　双手反手击球

11.2.7　截击球

截击球指凌空击对方来球，即在球落地之前将来球击回对方场区，可以在网前截击，也可以在场内任何地方截击空中球。截击球以网前截击为主。截击球的特点是缩短击球距离，扩大击球的角度，加快回球速度，其在网球比赛中已成为一种主要打法和进攻手段。

1. 正手截击球

如图 11-13 所示，后摆引拍时，右脚立即向右前方跨出，同时转肩，带动球拍向后引，拍头要高于握拍手，绷紧手腕，握紧球拍。截击球的动作有点像挡击或撞击，在拍面短促向前撞击的同时微微向下做切削球动作，击球时保持拍头上翘，拍面稍向后仰。击球后有一个小幅度向前的随挥动作，随挥过程仍紧握拍。

图 11-13　正手截击球

2. 反手截击球

对大多数人来说，反手截击球比正手截击球更容易，因为它更符合人体解剖学肌肉用力结构特点。其技术要点如图 11-14 所示，后摆引拍时，右脚立即向左前方跨出，左手扶拍手向后拉拍，同时转肩，做短距离后摆引拍动作，拍头高于握拍手，眼睛注视来球。挥拍击球时，左手松开稍后伸，右手握紧球拍前挥并在身体前方切削来球。向前挥拍时，两只手的动作好像在拉长一根橡皮筋，以保持身体平衡。

图 11-14　反手截击球

11.3 网球运动的基本战术

本节将讲解网球运动中的单打战术和双打战术。

11.3.1 单打战术

1. 变换发球的位置

球员可以通过改变发球的位置获取得分机会，因为这种战术迫使对手必须从不同角度判断不同旋转的球，回球的难度比较大，容易失分。

2. 发球上网战术

发球上网是利用发球的力量进行主动进攻，先发制人，然后上网抢攻的一项战术。它是上网型选手在比赛中的主要得分手段。

3. 接发球破网战术

接发球破网战术主要用于对付发球后直接冲到网前的对手，挑出有深度的高球是相当有效的破网方法。

4. 攻击对方反手

由于绝大部分球员的反手是比较弱的，因此采用攻击对方反手战术，加大力量攻击对方反手，迫使对方逐步离开场区的位置，即可掌握比赛主动权。

5. 不上网战术

不上网战术指发球或接发球之后，如果自已不上网，应该把对方也控制在端线后面，使对手也难以找到得分的机会。在一次较长的端线来回球中，谁耐不住性子，谁就有可能因失误而失分。

11.3.2 双打战术

1. 发球上网抢网战术

在双打比赛中运用发球上网抢网战术时，首先队友之间要默契，网前队员在背后做手势，告诉发球员应发什么落点，抢与不抢。采取此战术可以干扰对方接发球，为发上网前得分及抢网得分创造条件。其次强调发球员的发球质量、成功率和落点的变化。

2. 澳大利亚网前战术

澳大利亚网前战术的特别之处是发球方的一名队员以低姿势在网前的中央准备截击。这样能给接发方造成很大的压力，起到破坏对方接发球节奏，为发球上网截击和抢网创造有利条件。运用这一战术时，要求队友间沟通好发球落点和抢与不抢，另外第一发球成功率要高，这样才能有良好的战术效果。

11.4 网球运动的竞赛规则

网球比赛参赛选手数量：男、女单打各 64 名，男、女双打各 32 对。为了避免高水平

球员的过早相遇，按照世界排名，单打前 16 位和双打前 8 位的球员及组合被列为种子选手，抽签时提前分开，同时来自同一国家或地区的选手也要分到不同的半区。

比赛采取单淘汰赛制，每轮只有获胜者才能进入下一轮比赛。除了在男子单打决赛中采用五盘三胜制，其他所有的比赛将采用三盘两胜制；除了在男子单打的第 5 盘及其他比赛的第 3 盘，即决胜盘的比赛中，只有净胜两局才能赢得该盘比赛（长盘制），其他每盘比赛都采用平局决胜制（抢 7 局）。

思考与练习

1. 网球运动的基本技术有哪些？
2. 网球运动的基本战术有哪些？
3. 网球运动的竞赛规则有哪些？

活动与探索

若条件允许，可组织网球比赛。

第12章 武术

12.1 武术概述

12.1.1 武术的起源与发展

武术起源于远古祖先的生产劳动。在原始社会生产力极为低下的情况下，人类主要以狩猎等原始的生产活动为主，并从中学会了徒手或使用木棒、石头等器具击打野兽的方法。这些方法多是基于本能的、自发的、随意的身体动作，人们还不能有意识地把搏杀技能作为一种专门练习，但这些击打技能是武术的源头之一。

旧石器时代晚期，人类打制石器等生产工具的技术有了较大发展；进入新石器时代后，人们已经广泛地运用弓箭来狩猎了。由于生产、狩猎工具的不断创新，人们在劈、砍、击、刺等技术上初步积累了经验。这时，以创造锋利工具的能动性、使用工具方法的主动性、运用格斗技术的自觉性为标志，武术进入了萌芽状态。

商周时期，军事训练的主要形式是“田猎”和“武舞”。田猎的目的是训练各种武器的使用及驭马驾车技术，是集身体、技术、战术训练为一体的综合训练。武舞是将用于实战的格杀经验按一定程式来训练，是古代武术由感性认识向理性认识的升华，是从支离破碎向系统化演进的象征，也是武术套路的雏形。

秦、汉、三国时期，政治、经济、文化的发展为武术逐步由单纯的军事技能向竞技方向发展创造了条件，角抵、手搏、击剑等竞技项目都很兴盛，用于攻防格斗的武术与适于表演的武术套路并行发展。

明、清时期是武术的大发展时期，该时期武术的一个重要特点是流派林立，不同风格的拳仲和器械得到了空前的发展，武术作为军事技术、健身手段及表演技艺的多种价值被人们所认识和利用。

1956年，中国武术协会在北京成立。1957年，国家体育运动委员会（现为国家体育总局）将武术列为体育竞赛项目，并于1958年制定了《武术竞赛规则》，编订了拳、刀、枪、剑、棍 5 种竞赛规定套路。一些省市相继组建了武术运动队伍，使武术开始步入竞技体育运动行列。竞赛、表演以及群众性武术活动的开展，促进了武术技术水平的提高。在国家体委的统一指导下，各省市和基层区县也相继建立了武术协会、民间武术馆、辅导站、研究会等地方武术机构。至此，武术运动蓬勃发展。

12.1.2 武术的分类

我国武术运动根深叶茂，流派众多，可从不同的角度对武术进行分类。

1. 按运动形式分类

（1）功法运动

功法运动是以单个武术动作作为主体进行练习，以达到增强专项体能或健体目的。其包括内功（内养功）、外功（外壮功）、轻功（弹跳）、硬功（击打和抗击打）等。功法运动既是套路运动和搏斗运动的基础，又是很好的锻炼方法。

（2）套路运动

套路运动是以踢、打、摔、拿、击、刺等技击动作为主要内容，按攻守进退、动静疾徐、刚柔虚实等矛盾运动的变化规律编成的整套练习动作。按其练习形式可分为单练、对练、集体表演 3 种类型。

（3）搏斗运动

搏斗运动是两人在一定条件下，按照一定的规则，运用相应的攻防技法，斗智、斗勇、较技、较力地进行对抗性练习，如散打、推手、短兵等。

2. 按依附地域分类

传统的武术流派往往是依托不同的山川名胜而自然形成的，并传承至今，如少林派（嵩山）、武当派、峨眉派、青城派等。

3. 按二分法分类

按技术、技击风格的不同，以及兴盛地域的差异等，民间多以二分法对武术进行分类，即通过比较对武术进行分类，如南拳与北腿、长拳与短打、内家拳与外家拳等。

12.2 武术的基本功与基本动作

12.2.1 武术的基本功

武术的基本功是发展某项专门素质的基础功法。它能有效提高关节的伸展性和灵活性，增强韧带的柔韧性和肌肉的力量，它既是武术入门必不可缺的基础功夫，又是提高体能和武术技能的必要手段。

武术的基本功按人体的身体部位可划分为肩臂功、腿功、腰功和桩功。

1. 肩臂功

肩臂功主要是加大肩关节的活动范围并增进其韧带的柔韧性，发展肩臂部肌肉力量，提高上肢运动的伸展、敏捷、松长、转环等能力。练习方法主要有压肩、吊肩、转肩、绕肩等。

（1）压肩

如图 12-1 所示，开步站立（两脚平行，左右站立），与肩同宽或稍宽，上体前俯，手握

肋木，下振压肩。也可两人面对面站立，互相扶按肩部，做体前屈振动压肩动作。

动作要点：挺胸、塌腰、收髋，两臂、两腿伸直；振幅逐步加大，压点集中于肩部。

（2）吊肩

如图 12-2 所示，并步（两脚内侧相靠）站立，背对肋木，两手反臂抓握，然后下蹲，两臂拉直或悬空吊起。

动作要点：两臂伸直，肩部放松。

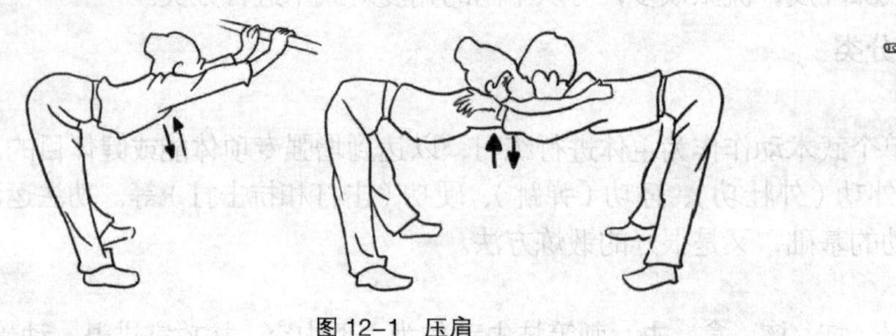

图 12–1 压肩　　图 12–2 吊肩

（3）转肩

如图 12-3 所示，开步站立，两手正握棍于体前。以肩关节为轴，两臂伸直上举经头顶绕至体后，再从体后向上绕至体前。

动作要点：两臂始终伸直；两手握棍距离应由宽到窄，一般与肩同宽。

（4）绕肩

① 单臂绕环

成左弓步姿势，左手按于左膝上（也可两脚开立，左手叉腰），右臂上举，由上向后、向下、向前环绕，为后绕环，如图 12-4 所示；右臂由上向前、向下、向后环绕，为前绕环。左右臂交替练习。

动作要点：臂要伸直，肩应放松，贴身划立圆，逐渐加速。

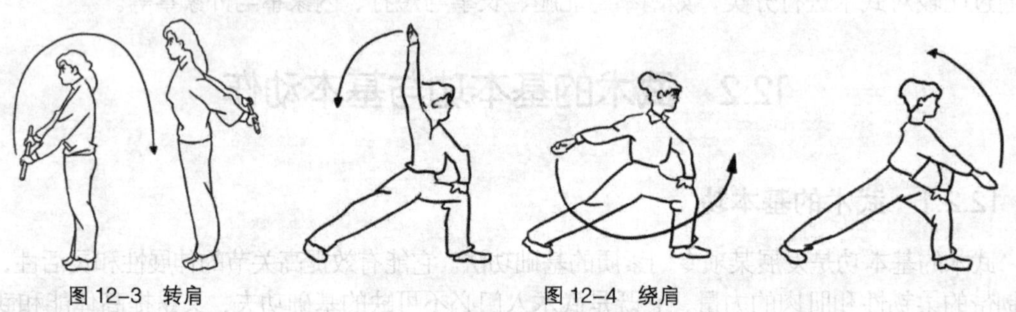

图 12–3 转肩　　图 12–4 绕肩

② 双臂绕环

两脚开立，与肩同宽。如图 12-5 所示，两臂垂于体侧，依次由下向前、向上、向后绕环，此为前后绕环。数次后，再做反方向的绕环。如图 12-6 所示，左右两臂同时向右、向上、向左、向下绕环，此为左右绕环。数次后，再做反方向绕环。如图 12-7 所示，两臂直臂上举，左臂前绕环，同时右臂后绕环，此为交叉绕环。数次后，再做反方向绕环。

动作要点：松肩、探臂，划立圆绕环。

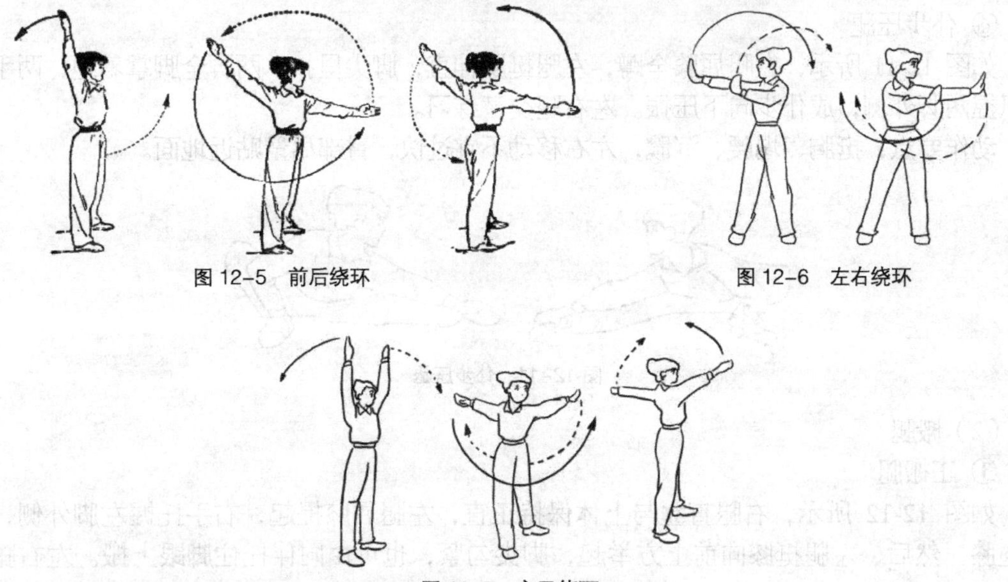

图 12-5　前后绕环　　　　图 12-6　左右绕环

图 12-7　交叉绕环

2. **腿功**

腿功主要是拉长腿部的肌肉和韧带，加大髋关节和膝关节的活动范围，发展腿部的柔韧性、灵活性、协调性和力量等。练习方法主要有压腿、搬腿、劈腿等。

（1）压腿

① 正压腿

如图 12-8 所示，右腿直立支撑，将左脚跟放在与髋同高或比髋稍高的肋木上，脚尖勾紧，两手扶按在膝关节上（或双手抱脚），立腰、收髋、挺膝，上体前屈，向前、向下做压振动作。左右腿交替练习。

动作要点：逐渐加大振幅，先以前额、鼻尖触及脚尖，然后过渡到下颏触及脚尖，以提高腿的柔韧性。

② 侧压腿

如图 12-9 所示，身体侧对肋木，右腿伸直支撑，脚尖外展。左脚跟放在肋木上，脚尖勾紧，右臂上举，左掌附于右胸前，立腰、展髋，上体向左侧压振。左右腿交替练习。

动作要点：逐步加大振幅，直到右手握左脚掌、上体侧卧在左腿上。

③ 后压腿

如图 12-10 所示，背对肋木，右腿支撑，左脚背放在肋木上，脚面绷直，上体后仰做压振动作。左右腿交替练习。

动作要点：挺胸、展髋、腰后屈。

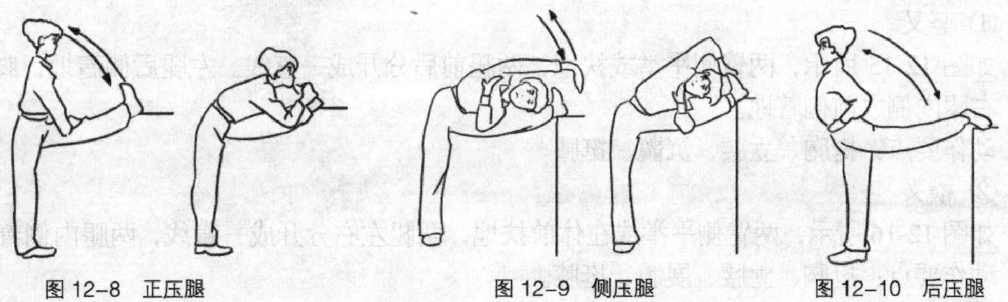

图 12-8　正压腿　　　　图 12-9　侧压腿　　　　图 12-10　后压腿

④ 仆步压腿

如图 12-11 所示，右腿屈膝全蹲，左腿挺膝伸直，脚尖里扣。两脚全脚掌着地，两手分别抓握两脚外侧，成仆步向下压振。左右腿交替练习。

动作要点：挺胸、塌腰、沉髋，左右移动不宜过快，臀部尽量贴近地面。

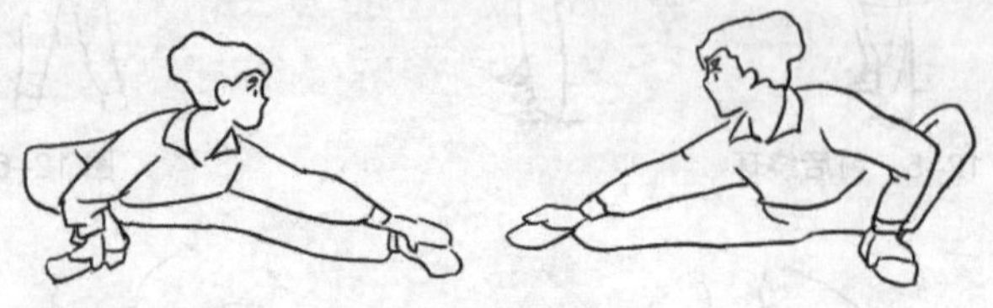

图 12-11 仆步压腿

（2）搬腿

① 正搬腿

如图 12-12 所示，右腿直立与上体保持正直，左腿屈膝提起，右手托握左脚外侧，左手抱膝。然后，左腿挺膝向前上方举起，脚尖勾紧，也可由同伴托住脚跟上搬。左右腿交替练习。

动作要点：挺胸、立腰、收髋；上搬高度应由低到高。

② 侧搬腿

如图 12-13 所示，左腿直立与上体保持正直，右腿屈膝提起，右手经小腿内侧托住脚跟，然后将右腿向右上方搬起，左臂上举亮掌。也可由同伴托住脚跟向侧上搬腿。左右腿交替练习。

动作要点：挺胸、立腰，髋关节放松。

③ 后搬腿

如图 12-14 所示，手扶一定高度的物体或肋木，左腿支撑，由同伴托起右腿从身后向上搬举，挺膝，脚尖绷直，上体后屈。左右腿交替练习。

动作要点：挺胸、塌腰、髋放正、腰后屈。

图 12-12 正搬腿　　图 12-13 侧搬腿　　图 12-14 后搬腿

（3）劈腿

① 竖叉

如图 12-15 所示，两臂侧平举或扶地，两腿前后分开成一直线。左腿后侧着地，脚尖勾起，右腿内侧或前侧着地。

动作要点：挺胸、立腰、沉髋、挺膝。

② 横叉

如图 12-16 所示，两臂侧平举或在体前扶地，两腿左右分开成一直线，两腿内侧着地。

动作要点：挺胸、立腰、展髋、挺膝。

图 12-15 竖叉

图 12-16 横叉

3. 腰功

腰是贯通上下肢体的枢纽，是表现身法技巧的关键。腰功主要发展脊椎和腰部各肌肉群的柔韧性与弹性，加大腰部的活动范围。练习方法主要有俯腰、甩腰、涮腰、下腰等。

（1）俯腰

① 前俯腰

如图 12-17 所示，并步站立，两手手指交叉，直臂上举，掌心朝上，上体前俯，两掌心尽量贴地。也可两手分别抱住两脚跟腱部位，头贴近腿部，持续一定时间后再站立，如图 12-18 所示。

动作要点：两腿挺膝伸直，挺胸、塌腰、收髋，尽力向前折体。

② 侧俯腰

如图 12-19 所示，侧俯腰的动作基本同前俯腰，但两手手指交叉在脚外侧触地，向左或向右转体。

动作要点：两腿挺膝伸直，两脚不可移动，上体尽量下屈。

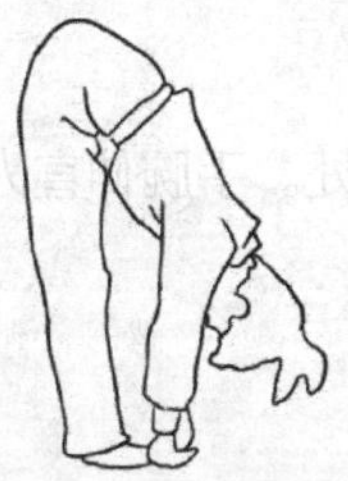

图 12-17 前俯腰 1

图 12-18 前俯腰 2

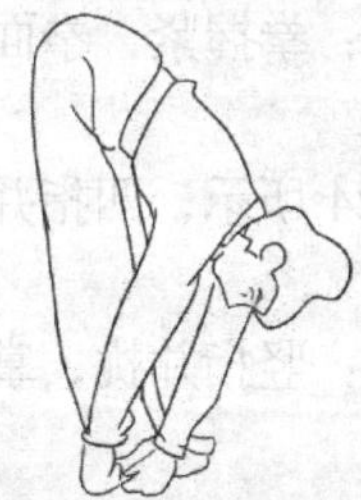

图 12-19 侧俯腰

（2）甩腰

如图 12-20 所示，两脚开步站立，两腿挺膝伸直，两臂上举。以腰、髋关节为轴，上体做前后屈的甩动动作，两臂随之摆动。

动作要点：快速、紧凑而有弹性。

（3）涮腰

如图 12-21 所示，两脚开立，略宽于肩，上体前俯，两臂向左前下方伸出。然后以髋关节为轴，向前、向右、向后、向左翻转绕环一周。左右交替练习。

动作要点：尽量增大绕环幅度。

（4）下腰

如图 12-22 所示，两脚开步站立，与肩同宽，两臂伸直上举。腰向后屈，抬头、挺胸、顶腰，两手撑地成桥形。

动作要点：挺膝、挺髋、挺胸、腰向上顶，桥弓要大；脚跟不可离地。

图 12-20 甩腰

图 12-21 涮腰

图 12-22 下腰

4. 桩功

桩功是以静站的方式锻炼气息、修养意念、增强力量并形成动作动力定型的锻炼方法。通过桩功练习能增强并稳固下肢力量，使内劲饱满，气血畅活，达到壮内强外的效果。练习方法主要有马步桩、虚步桩、浑元桩（升降桩和开合桩）等。

12.2.2 武术的基本动作

武术运动讲究心、神、意、气和手、眼、身、步的配合与统一，利关节、强筋骨、壮体魄、理脏腑、通经脉、调精神，使身心得到全面发展。武术的基本动作指武术各项目中基础、简单、典型、不可缺少的动作，主要包括手型、手法、步型、步法、腿法、平衡和跳跃动作等。

1. 手型

（1）拳

如图 12-23 所示，四指并拢卷握，大拇指紧扣食指和中指的第二指节。拳眼朝上为立拳，拳心朝下为平拳。

动作要点：拳握紧，拳面平，直腕。

（2）掌

如图 12-24 所示，四指并拢伸直，大拇指弯曲紧扣于虎口处。手腕伸直为直掌，掌指朝上为立掌。

动作要点：竖指并拢，掌心展开。

（3）勾

如图 12-25 所示，五指第一指节捏拢在一起，腕屈紧。

动作要点：五指指尖齐平，腕屈紧。

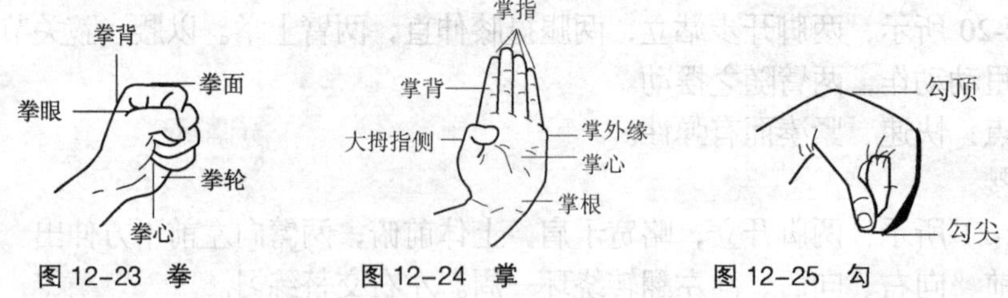

图 12-23 拳　图 12-24 掌　图 12-25 勾

2. 手法

（1）冲拳

预备姿势：如图 12-26（a）所示，双脚开步站立，与肩同宽；两手握拳分别抱于腰侧，拳心向上，肘尖向后，目视前方。

动作说明：如图 12-26（b）所示，右拳从腰间猛力向前冲出，肘关节过腰后，前臂内旋，力达拳面，臂伸直高与肩平，同时左肘向后牵拉，目视右拳。左右臂交替练习。

动作要点：挺胸、收腹、拧腰、顺肩，出拳应快速有力且有寸劲（即爆发力）。

（2）推掌

预备姿势和动作要点同冲拳。

动作说明：如图 12-27 所示，拳变掌，以掌根为力点立掌（翘掌、沉腕）推出，力达掌外沿。

（3）亮掌

预备姿势同冲拳。

动作说明：如图 12-28 所示，右拳变掌，由腰间经体侧向右、向上划弧至头部右上方，肘微屈，抖腕翻掌；同时头向左转，目视左方。

动作要点：挺胸、收腹、立腰，抖腕翻掌与转头要同时完成。

（a）　（b）

图 12-26　冲拳

图 12-27　推掌

图 12-28　亮掌

3. **步型**

（1）弓步

如图 12-29 所示，前腿屈膝半蹲，大腿接近水平，脚尖微内扣，与膝垂直；后腿挺膝伸直，脚尖内扣斜向前（约 45°）；两脚全脚掌着地，间距为本人脚长的 4～5 倍；上体正对前方，两手抱拳于腰间，平视前方。弓左腿为左弓步，弓右腿为右弓步。

动作要点：前腿弓，后腿绷；挺胸、塌腰、沉髋。

（2）马步

如图 12-30 所示，两脚开步站立，两脚间距约为本人脚长的 3 倍，脚尖正对前方；屈膝半蹲，大腿接近水平，膝关节不超过脚尖；两手抱拳于腰间，目视前方。

动作要点：挺胸、塌腰、直背，膝微内扣，脚跟外蹬。

（3）虚步

如图 12-31 所示，两脚前后开立，后腿屈膝半蹲，大腿接近水平，脚尖外展约 45°，全脚着地；前腿微屈，脚尖前伸虚点地面，脚面绷平并稍内扣；重心落于后退，目视前方。左脚在前为左虚步，右脚在前为右虚步。

动作要点：挺胸、塌腰、虚实分明。

（4）仆步

如图 12-32 所示，两脚左右开立，间距约为本人脚长的 4 倍；一条腿屈膝全蹲，大小腿紧靠，臀部接近小腿，脚和膝稍外展；另一条腿挺直平仆接近地面，脚尖内扣；两脚全脚掌着地，两手抱拳于腰间，眼向仆出腿一方平视。仆左腿为左仆步，仆右腿为右

仆步。

动作要点：挺胸、塌腰、沉髋。

图 12-29　弓步

图 12-30　马步

图 12-31　虚步

图 12-32　仆步

（5）歇步

如图 12-33 所示，两腿交叉靠拢，屈膝全蹲，前脚全脚掌着地，脚尖外展；后脚脚跟离地，膝部贴近前腿外侧，臀部坐于后小腿接近脚跟处；两手抱拳于腰间，眼向前腿一方平视。左脚在前是左歇步，右脚在前为右歇步。

动作要点：挺胸、塌腰、两腿靠拢并贴紧。

（6）丁步

如图 12-34 所示，两腿并拢半蹲，一只脚全脚掌着地支撑（重心落于此腿）；另一只脚脚面绷直，脚尖内扣并虚点地面，靠于支撑脚的脚弓处；两手抱拳于腰间，目视前方。左脚尖点地为左丁步，右脚尖点地为右丁步。

动作要点：挺胸、塌腰、虚实分明。

图 12-33　歇步

图 12-34　丁步

4. 步法

（1）击步

预备姿势：两脚前后开立，同肩宽，两手叉腰。

动作说明：如图 12-35 所示，上体略前倾，前脚蹬地前纵，后脚提起在空中向前碰击前脚跟；两脚依次落地，后脚先落，前脚后落；目视前方。

动作要点：腾空时，上体保持正直并侧对前方。

（2）弧形步

预备姿势与击步的预备姿势相同。

动作说明：如图 12-36 所示，两腿略屈半蹲，沿弧形路线迅速连续行步，脚跟先着地并迅速过渡到全脚掌，步幅略比肩宽，目视前方。向左跨步为左弧形步（或左环绕步），向右跨步为右弧形步（或右环绕步）。

动作要点：挺胸、塌腰；身体重心要平稳；注意转腰。

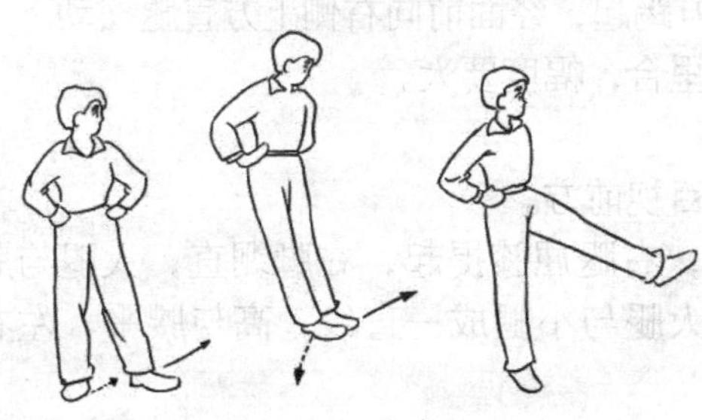
图 12-35　击步

图 12-36　弧形步

5. 腿法

（1）正踢腿

预备姿势：并步站立，臂侧平举，立掌，目视前方。

动作说明：如图 12-37 所示，左脚向前上半步，左腿伸直支撑，右腿挺膝，脚尖勾起向前额处快速踢起；上体正直，目视前方。左右腿交替练习。

动作要点：收腹、挺胸、立腰；踢腿过腰后加速；踢腿时脚尖勾起绷落或勾起勾落。

（2）斜踢腿

预备姿势和动作要点同正踢腿。

动作说明：如图 12-38 所示，一条腿向异侧耳际踢起。

图 12-37　正踢腿

图 12-38　斜踢腿

（3）侧踢腿

预备姿势同正踢腿。

动作说明：如图 12-39 所示，右脚向前上半步，脚尖外展；左脚跟稍提起，身体略右转，左臂前伸，右臂后举。随即左腿挺膝，勾脚向左耳侧踢起；同时右臂上举亮掌，左臂屈肘立掌于右肩前。踢左腿为左侧踢，踢右腿为右侧踢。

动作要点：挺胸、立腰、开髋、侧身、猛收腹。

（4）外摆腿

预备姿势同正踢腿。

动作说明：如图 12-40 所示，右脚上步支撑，左脚脚尖勾紧向右侧上方踢起，经面前向左侧上方摆动，而后直腿下落，还原成预备姿势。左掌可在左侧上方迎击左脚脚面。左右腿交替练习。

动作要点：挺胸、立腰、收腹、展髋，摆腿成扇形，幅度要大。

（5）里合腿

预备姿势同正踢腿。

动作说明：如图 12-41 所示，左脚向左上方踢起，经面前向右侧上方直腿摆动。

动作要点：挺胸、立腰、合髋，腿成扇形里合，幅度要大。

（6）弹腿

预备姿势：并步站立，两手抱拳于腰间，目视前方。

动作说明：如图 12-42 所示，左腿支撑，右腿屈膝提起，右脚绷直，大腿与腰平，迅速挺膝，小腿猛力向前弹击，力达脚尖。大腿与小腿成一直线，高与腰平。左右腿交替练习。

动作要点：挺胸、直腰、收髋，脚面绷平，弹踢有力。

图 12-39　侧踢腿

图 12-40　外摆腿

图 12-41　里合腿

图 12-42　弹腿

（7）后扫腿

如图 12-43 所示，成左弓步，同时两掌从腰侧向前推出，掌指朝上。然后，左腿屈膝全蹲，脚尖内扣，成右仆步，同时上体右转并前俯，两掌在右腿内侧撑地，随上体向右后拧转的惯性力量，以左前掌为轴，右脚贴地向后扫转一周。

动作要点：转体、俯身、撑地，扫转要连贯协调，一气呵成。

6. 平衡

平衡练习的主要作用是增加腰、髋的柔韧性和肌肉的控制力量。

（1）提膝平衡

如图 12-44 所示，右腿伸直支撑，左腿屈膝高提过腰，脚面绷直，垂扣于右腿前侧。右臂上举于头上亮掌，左手反臂后举成勾手。两眼向左平视。

动作要点：挺胸、立腰、收腹；平衡站稳，提膝近胸，脚内扣。

（2）燕式平衡

如图 12-45 所示，左腿支撑站稳，右腿屈膝提起，两掌在身前交叉，掌心向内。然后，两掌向两侧直臂分开平举，上体前俯，略高于水平，脚面绷平向后上方蹬伸，至高于头顶水平部位。

动作要点：两腿伸直，挺胸、抬头、腰后屈。

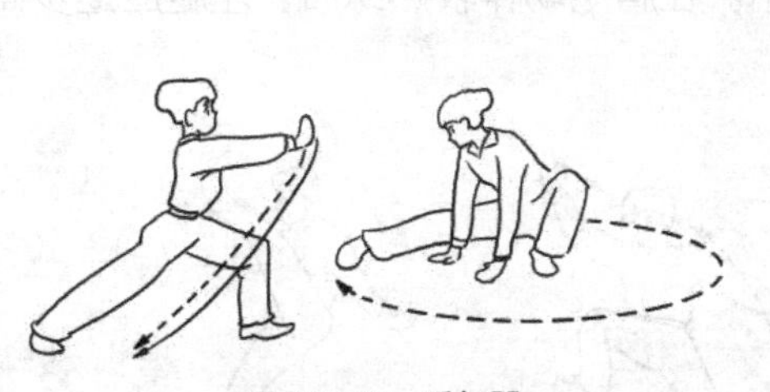

图 12-43 后扫腿

图 12-44 提膝平衡

图 12-45 燕式平衡

7. 跳跃

跳跃指蹬地跳起，身体腾空时完成各种手法、腿法等动作。它能增强腿部力量，并提高弹跳能力。

（1）腾空飞脚

预备姿势：并步站立，两臂垂于体侧，目视前方。

动作说明：上体稍后仰；右脚向前迈步，以脚跟着地，蹬地跃起；左腿随之向前、向上踢摆；同时，两臂向头上摆起，右掌背碰击左掌心；双眼平视前方[见图 12-46（a）、图 12-46（b）]。身体向上腾起；右腿挺膝向前上方弹踢，脚面绷平过腰，右掌迎击右脚面；同时左腿屈膝收控于右腿侧，脚面绷直，脚尖向下，左掌直臂摆至头部左上方，变勾手，勾尖向下，略高于肩；上体微前倾，目视右脚[见图 12-46（c）]。左右脚依次落地，以前脚掌先着地，然后过渡到全脚，随之屈膝加以缓冲。

（2）旋风脚

预备姿势：高虚步亮掌站立。如图 12-47（a）所示，开步站立，两臂垂于体侧，目视前方。右臂向前上方弧形摆掌，掌心向斜上方；同时左臂屈肘，左掌收于左腰侧，掌心向下；上体微左转，目随右掌，如图 12-47（b）所示。右掌经体前向左、向下、向右、向头上抖腕亮掌，掌心向上，掌指朝左；同时左掌从右臂内穿出，经胸前向上，向左摆至左侧，掌指朝上，高于肩平。在右臂抖腕亮掌的同时，头部左转，两眼转视左侧，左脚收于体前，脚尖虚点地面，成高虚步，如图 12-47（c）所示。

(a) (b) (c)

图 12-46 腾空飞脚

(a) (b) (c)

图 12-47 高虚步亮掌站立

动作说明：左脚左上步，同时左掌向前、向上摆起，右臂伸直向后、向下摆动，如图 12-48（a）所示。右脚随即上步，脚尖内扣，左臂随之向下摆动并屈肘收至右胸前。左臂向上、向前抡摆，上体向左旋转前俯，如图 12-48（b）所示。重心右移，右腿屈膝蹬地跳起，左腿提起向左上方摆动，如图 12-48（c）所示。上体向左上方翻转，同时两臂向下、向左上方抡摆。身体旋转一周（不少于 270°），右腿挺膝里合，左手在面前迎击右脚掌，左腿舒展外摆自然

下垂，并在击响的刹那间离地，如图 12-48（d）所示。在腾空动作较熟练后，左腿应逐步高摆，屈膝或直腿收控于身体左侧。

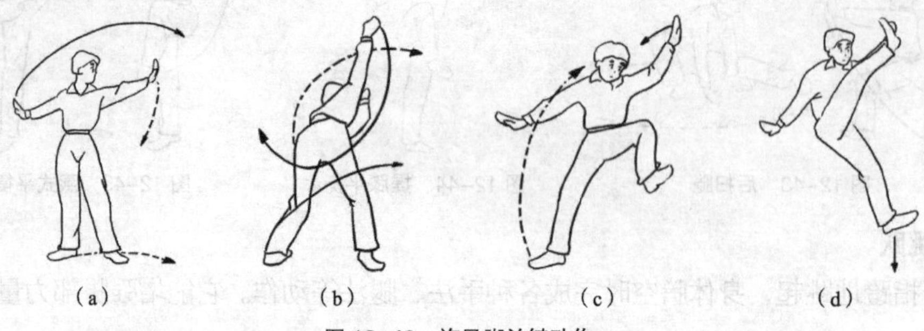

图 12-48 旋风脚关键动作

（3）腾空摆莲

预备姿势：高虚步挑掌站立。如图 12-49 所示，并步站立，右脚后撤一大步，同时右臂向前、向上挑掌，左臂后摆至体后。重心后移，左脚回收至身前虚点地面，成高虚步；同时右臂向上、向后、向下、向前环绕一周于身前挑掌，左臂向前、向上、向后绕环抡摆至身后，两臂与肩齐平，两掌掌指朝上；挺胸、直腰、顺肩，目视前方。

图 12-49 高虚步挑掌站立

动作说明：关键动作说明如下。

① 弧形步上跳。左脚向前进半步，如图 12-50（a）所示，右脚随之向前进一大步，脚尖外展，屈膝微蹲。同时右掌弧形回收至腰间，左臂由后经上摆至头前上方，如图 12-50（b）所示。右腿蹬伸上跳，左脚屈膝提起收扣于身前，身体腾空。同时右臂经左臂内侧向上弧形斜上举，左臂顺势摆向身后，头部左转，右肩前顺，如图 12-50（c）所示。右脚落地，左脚随之在身前落步，右脚再进一步，脚尖外展，身体右转，同时右臂顺势下落，左臂前摆，如图 12-50（d）（e）所示。

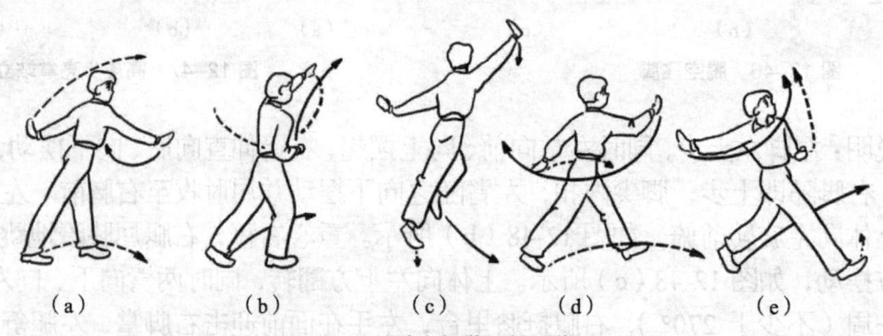

图 12-50 腾空摆莲关键动作 1

② 重心前移至右腿，右脚蹬地跳起，同时左腿向右上方里合踢摆，两手上摆于头上击响，上体向右旋转，身体腾空，如图 12-51（a）所示。右腿上踢外摆呈扇形，两手先左后右依次拍击右脚面，左腿屈膝收控于右腿侧。上体微前倾，两眼随视两手，如图 12-51（b）所示。空中击响时，左腿充分伸直分开摆动控于体侧，如图 12-51（c）所示。

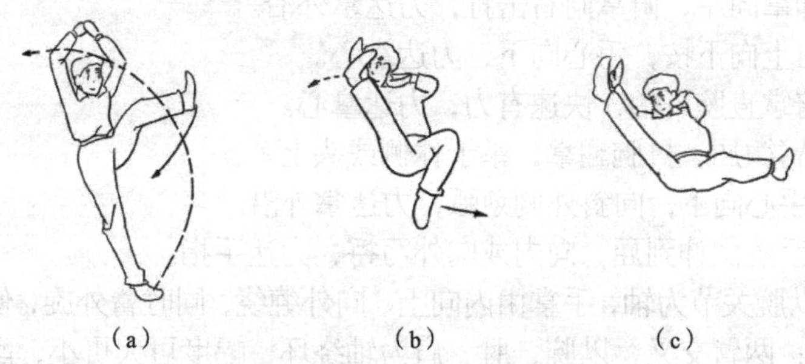

（a）　（b）　（c）

图 12–51　腾空摆莲关键动作 2

12.3　初级长拳三路

12.3.1　初级长拳三路概述

长拳是我国拳派之一，一般将查拳、花拳、炮捶、红拳等列入长拳。另外，古代也有专称长拳的拳种。

长拳的特点是姿势舒展大方，动作敏捷快速，刚柔相济，快慢相间，动迅静定，节奏分明，是全国武术表演和比赛项目之一。

初级长拳三路是武术长拳类中最基础的套路，深受广大人民群众特别是青少年学生的喜爱，是学校体育与健康课程武术教材的选修内容。

12.3.2　初级长拳三路的基本技术动作

1. 拳法

（1）冲拳：拳从腰间旋臂向前快速击出，力达拳面；侧冲、上冲要求同此，唯方向不同。

（2）劈拳：拳自上向下快速劈击，臂伸直，力达拳轮；抡劈时臂要抡成立圆劈击。

（3）撩拳：拳自下向前上方弧形直臂撩击，力达拳眼或拳心；反撩力达拳轮（或拳背、拳心）。

（4）贯拳：拳从侧下方向斜上方弧形横击，臂微屈，拳眼斜向下，力达拳面。

（5）崩拳：臂由屈到伸，运用前臂和腕力经下向前崩击，速度要快，臂要直，力达拳面。

（6）栽拳：臂由屈到伸自上向下或向前下栽，速度要快，臂伸直，力达拳面。

（7）砸拳：臂上举，而后屈臂下砸，拳心向上，力达拳背。

（8）横拳：直臂自侧面向前、向后平扫横击，力达前臂及拳背（或拳轮、拳眼）。

（9）抄拳：臂微屈，拳自下向前上方抄起击打，高不过头，拳背向前，力达拳面。

2. 掌法

（1）推掌：掌由腰间旋臂向前立掌推击，速度要快，臂要直，力达掌外沿。

（2）挑掌：臂由下向上翘腕立掌上挑，力达四指。

（3）穿掌：手心向上，臂由屈到伸，沿身体某一部位穿出，力达指尖。

（4）插掌：臂由屈到伸，直腕向下或斜下插掌，力达指尖。

（5）撩掌：手心向前上，直臂向前撩出，速度要快，力达掌心。

（6）劈掌：由上向下侧掌劈击，直臂，力达掌外沿。

（7）砍掌：仰掌向左、俯掌向右击打，力达掌外沿。

（8）按掌：自上向下按，手心向下，力达掌心。

（9）拍掌：俯掌直腕下拍，快速有力，力达掌心。

（10）亮掌：臂微屈，抖腕翻掌，举于体侧或头上。

（11）搂手：手心向下，向斜外侧划弧，力达掌外沿。

（12）刁手：手腕由伸到屈，向内或向外刁捋，力达手指。

（13）缠手：以腕关节为轴，手掌由内向上、向外缠绕，同时臂外旋，使手心转向上抓握。

（14）舞花手：两臂交叉，以腕、肘、肩为轴绕环，幅度可大可小，配合协调。

3. 肘法

（1）顶肘：屈肘握拳，手心向下，肘尖前顶或侧顶，力达肘尖。

（2）盘肘：手臂平举，拳心向下，前臂由外向内盘肘。

（3）架肘：屈臂内旋上举，手心向外。

（4）里格：前臂上屈，手心向里，力在前臂，向体内横拨。

（5）外格：前臂上屈，向外横拨。

4. 步法

（1）上步：后脚向前迈步。

（2）退步：前脚向后退步。

（3）盖步：一只脚经另一只脚前横迈一步，两腿交叉。

（4）插步：一只脚经另一只脚后横迈一步，两腿交叉。

（5）行步：两腿微屈，行步平稳，步幅均匀，重心不得起伏，不允许腾空。

（6）纵步：一只脚提起，另一只脚蹬地前跳落地。

（7）跨跳步：后脚蹬地跳起，前脚前摆落地。

（8）跃步：后脚提起前摆，前脚蹬地起跳，接着后脚向前落地。

（9）踏步：一只脚提起向地面踏踩，另一只脚向前上步。

（10）击步：后脚去碰前脚腾空落地。

5. 腿法

（1）弹腿：支撑腿直立或稍屈；另一条腿由屈到伸向前弹出，高不过腰，膝部挺直，脚面绷平，小腿弹出快速有力，力达脚尖。

（2）蹬腿：支撑腿直立或稍屈；另一条腿由屈到伸，脚尖勾起用脚跟猛力蹬出，高不过胸，低不过腰。前蹬时上身正直；侧蹬时上身稍侧倾；后蹬时上身前俯与后蹬腿成水平。

（3）踹腿：支撑腿直立或稍屈；另一条腿由屈到伸，脚尖勾起内扣或外摆用脚底猛力踹出。高踹与腰平；低踹与膝平；侧踹时上身斜倾。

（4）正踢腿：支撑腿伸直，全脚着地；另一条腿膝部挺直，脚尖勾起前踢，接近前额，动作要轻快有力，上身保持正直。

（5）侧踢腿：脚尖勾起，经体侧踢向脑后，其他同正踢腿。

（6）里合腿：支撑腿自然伸直，全脚着地；另一条腿从体侧踢起经面前向里做扇面摆动落下。其他同正踢腿。

（7）外摆腿：同里合腿，但摆动方向相反。

（8）直身前扫：上身正直，支撑腿屈膝全蹲作轴；扫转腿伸直，脚尖内扣，脚掌擦地，迅速扫转一周以上。

（9）俯地后扫：上身前俯，两手推地，支撑腿全蹲作轴；扫转腿伸直，脚尖内扣，脚掌擦地，迅速后扫一周。

（10）单拍脚：支撑腿伸直；另一条腿脚面绷平向上踢摆；同侧手在额前迎拍脚面，击拍要准确响亮。

（11）斜拍脚：同单拍脚，但用异侧手迎拍脚面。

6. 平衡

（1）前提膝平衡：支撑腿直立站稳，上体正直，另一条腿在体前屈膝高提近胸，小腿斜垂里扣，脚面绷平内收。

（2）扣腿平衡：支撑腿屈膝半蹲，另一条腿屈膝，脚尖勾起并紧扣于支撑腿的膝后。

（3）燕式平衡：支撑腿直立站稳，上身前俯略高于水平，挺胸展腹；后举腿伸直，高于水平，脚面绷平。

（4）望月平衡：支撑腿伸直或稍屈站稳。上体侧倾拧腰向支撑腿同侧方上翻，挺胸塌腰。另一条腿在身后向支撑腿的同侧方上举，小腿屈收，脚面绷平，脚底朝上。

（5）朝天蹬平衡：支撑腿直立站稳，另一条腿用手经体侧上托，脚尖勾起，脚底朝上，高与头平。要求上蹬的腿能贴近耳侧或扳向头后，支撑腿站稳，身体立直。

（6）仰身平衡：支撑腿伸直或稍屈站稳，上体后仰接近水平；另一条腿伸直向体前上方举出，脚面绷平，挺胸抬头，双臂分别向两侧平展。

（7）后插腿低势平衡：支撑腿屈全蹲；另一条腿挺膝伸直，从支撑腿后向侧前方平举，脚尖勾起挺胸收腹，上体微侧倾。

12.3.3　初级长拳三路动作详解

1. 预备势

（1）并步站立

如图 12-52 所示，两脚并步站立，两臂垂于身体两侧，五指并拢贴靠于腿外侧，眼向前平视。

动作要点：头要端正，颏微收，挺胸，塌腰，收腹。

（2）虚步亮掌

虚步亮掌包括 3 个动作，如图 12-53 所示。

图 12-52　并步站立

图 12-53　虚步亮掌

① 右脚向右后方撤步成左弓步。右掌向右、向上、向前划弧，掌心向上；左臂屈肘，左掌提至腰侧，掌心向上，目视右掌。

② 右腿微屈，重心后移。左掌经胸前从右臂上向前穿出伸直；右臂屈肘，右掌收至腰侧，掌心向上，目视左掌。

③ 重心继续后移，左脚稍向右移，脚尖点地，成左虚步。左臂内旋向左、向后划弧成勾手，勾尖向上；右手继续向后、向右、向前上划弧，屈肘抖腕，在头部上方成亮掌（即横掌），掌心向前，掌指向左，目视左方。

动作要点：3 个动作必须连贯；成虚步时，重心落于右腿上，右大腿与地面平行；左腿微屈，脚尖点地。

（3）并步对拳

并步对拳包括 4 个动作，如图 12-54 所示。

① 右腿蹬直，左腿提膝，脚尖里扣，上肢姿势不变。

② 左脚向前落步，重心前移。左臂屈肘，左勾手变掌经左肋前伸；右臂外旋向前下落于左掌右侧，两掌同高，掌心均向上。

③ 右脚向前上一步，两臂下垂后摆。

④ 左脚向右脚并步，两臂向外、向上经胸前屈肘下按，两掌变拳，拳心向下，停于小腹前，目视左侧。

动作要点：并步后挺胸、塌腰；对拳、并步、转头要同时完成。

图 12-54　并步对拳

2. 初级长拳三路第一节

（1）弓步冲拳

弓步冲拳包括两个动作，如图 12-55 所示。

① 左脚向左上一步，脚尖向斜前方；右腿微屈，成半马步。左臂向上、向左格打，拳眼向后，拳与肩同高；右拳收至腰侧，拳心向上，目视左拳。

② 右腿蹬直成左弓步。左拳收至腰侧，拳心向上，右拳向前冲出，高与肩平，拳眼向上，目视右拳。

动作要点：成左弓步时，右腿充分蹬直，脚跟不要离地；冲拳时，尽量转腰顺肩。

（2）弹腿冲拳

如图 12-56 所示，重心前移至左腿，右腿屈膝提起，脚面绷直，猛力向前弹出伸直，高与腰平。右拳收至腰侧；左拳向前冲出，目视前方。

动作要点：支撑腿可微屈，弹出腿要用爆发力，力点达于脚尖。

（3）马步冲拳

如图 12-57 所示，右脚向前落步，脚尖里扣，上体左转；左拳收至腰侧，两腿下蹲成马

步；右拳向前冲出，目视右拳。

动作要点：成马步时，大腿要平，两脚平行，脚跟外蹬，挺胸、塌腰。

图 12-55　弓步冲拳

图 12-56　弹腿冲拳

图 12-57　马步冲拳

（4）弓步冲拳

弓步冲拳包括两个动作，如图 12-58 所示。

① 上体右转 90°，右脚尖外撇向斜前方，成半马步。右臂屈肘向右格打，拳眼向后，目视右拳。

② 左腿蹬直成右弓步。右拳收至腰侧；左拳向前冲出，目视左拳。

动作要点：与本节的“（1）弓步冲拳”相同，但左右相反。

（5）弹腿冲拳

如图 12-59 所示，重心前移至右腿，左腿屈膝提起，脚面绷直，猛力向前弹出伸直，高与腰平；左拳收至腰侧，右拳向前冲出，目视前方。

动作要点：与本节的“（2）弹腿冲拳”相同。

图 12-58　弓步冲拳

图 12-59　弹腿冲拳

（6）大跃步前穿

大跃步前穿包括 4 个动作，如图 12-60 所示。

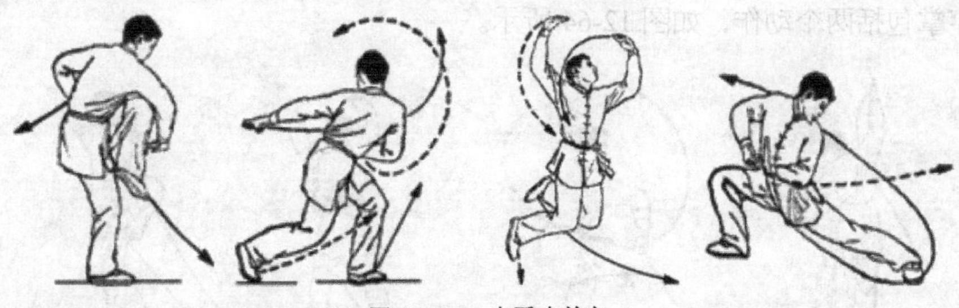

图 12-60　大跃步前穿

① 左腿屈膝。右拳变掌内旋，以手背向下挂至左膝外侧，上体前倾，目视右手。

② 左脚向前落步，两腿微屈。右掌继续向后挂，左拳变掌，向后、向下伸直，目视右掌。

③ 右腿屈膝向前提起，左腿立即猛力蹬地向前跃出。两掌向前、向上划弧摆起，目视左掌 。

④ 右腿落地全蹲，左腿随即落地向前铲出成仆步。右掌变拳抱于腰侧，左掌由上向右、向下划弧成立掌，停于右胸前，目视左脚。

动作要点：跃步要远，落地要轻，落地后立即接做下一个动作。

（7）弓步击掌

如图 12-61 所示，右腿猛力蹬直成左弓步。左掌经左脚面向后划弧至身后成勾手，左臂伸直，勾尖向上，右拳由腰侧变掌向前推出，掌指向上，掌外侧向前，目视右掌。

（8）马步架掌

马步架掌包括两个动作，如图 12-62 所示。

① 重心移至两腿中间，左脚脚尖里扣成马步，上体右转。右臂向左侧平摆，稍屈肘；同时左勾手变掌由后经左腰侧从右臂内向前上方穿出，掌心均朝上，目视左手。

② 右掌立于左胸前；左臂向左上方屈肘抖腕亮掌于头部左上方，掌心向前，目右转视。

动作要点：成马步时，大腿要平，两脚平行，脚跟外蹬，挺胸、塌腰。

图 12-61　弓步击掌

图 12-62　马步架掌

3. 初级长拳三路第二节

（1）虚步栽拳

虚步栽拳包括两个动作，如图 12-63 所示。

① 右脚蹬地，屈膝提起；左腿伸直，以前脚掌为轴向右后转体 180°。右掌由左胸前向下经右腿外侧向后划弧成勾手；左臂随体转动并外旋，使掌心朝右，目视右手。

② 右脚向右落地，重心移至右腿上，下蹲成左虚步。左掌变拳下落于左膝上，拳眼向里，拳心向后；右勾手变拳，屈肘向上架于头右上方，拳心向前，目视左方。

（2）提膝穿掌

提膝穿掌包括两个动作，如图 12-64 所示。

图 12-63　虚步栽拳

图 12-64　提膝穿掌

① 右腿稍伸直。右拳变掌收至腰侧，掌心向上；左拳变掌由下向左、向上划弧盖压于头

上方，掌心向前。

② 右腿蹬直，左腿屈膝提起，脚尖内扣。右掌从腰侧经左臂内向右前上方穿出，掌心向上，左掌收至右胸前成立掌，目视右掌。

动作要点：支撑腿与右臂充分伸直。

（3）仆步穿掌

如图 12-65 所示，右腿全蹲，左腿向左后方铲出成左仆步。右臂不动，左掌由右胸前向下经左腿内侧，向左脚面穿出，目随左掌转视。

（4）虚步挑掌

虚步挑掌包括两个动作，如图 12-66 所示。

① 右腿蹬直，重心前移至左腿，成左弓步。右掌稍下降，左掌随重心前移向前挑起。

② 右脚向左前方上步，左腿半蹲，成右虚步。身体随上步左转 180°。在右脚上步的同时，左掌由前向上、向后划弧成立掌，右掌由后向下、向前上挑成立掌，指尖与眼平，目视右掌。

动作要点：上步要快，虚步要稳。

图 12-65 仆步穿掌

图 12-66 虚步挑掌

（5）马步击掌

马步击掌包括两个动作，如图 12-67 所示。

① 右脚落实，脚尖外撇，重心稍升高并右移，左掌变拳收至腰侧，右掌俯掌向外掳手。

② 左脚向前上一步，以右脚为轴向右后转体 180°，两腿下蹲成马步。左掌从右臂上成立掌向左侧击出，右掌变拳收至腰侧，目视左掌。

动作要点：右手做掳手时，先使臂稍内旋、腕伸直，手掌向下、向外转，接着臂外旋，掌心经下向上翻转，同时抓握成拳；收拳和击掌动作要同时进行。

图 12-67 马步击掌

（6）叉步双摆掌

叉步双摆掌包括两个动作，如图 12-68 所示。

① 重心稍右移，同时两掌向下、向右摆，掌指均向上，目视右掌。

② 右脚向左腿后插步，前脚掌着地。两臂继续由右向上、向左摆，停于身体左侧，均成立掌，右掌停于左肘窝处，目随双掌转视。

动作要点：两臂要划立圆，幅度要大，摆掌与后插步配合一致。

（7）弓步击掌

弓步击掌包括两个动作，如图 12-69 所示。

① 两腿不动。左掌收至腰侧，掌心向上；右掌向上、向右划弧，掌心向下。

② 左腿后撤一步，成右弓步。右掌向下、向后伸直摆动，成勾手，勾尖向上；左掌成立掌向前推出，目视左掌。

图 12–68　叉步双摆掌

图 12–69　弓步击掌

（8）转身踢腿马步盘肘

转身踢腿马步盘肘包括两个动作，如图 12-70 所示。

① 两脚以前脚掌为轴向左后转体 180°。在转体的同时，左臂向上、向前划半立圆，右臂向下、向后划半圆。

② 上动不停，两脚不动，右臂由后向上、向前划半立圆，左臂由前向下、向后划半立圆。

③ 上动不停，右臂向下成反臂勾手，勾尖向上；左臂向上成亮掌，掌心向前上方。右腿伸直，脚尖勾起，向额前踢。

④ 右脚向前落地，脚尖里扣。右手不动，左臂屈肘下落至胸前，左掌心向下。目视左掌。

⑤ 上体左转 90°，两腿下蹲成马步。同时左掌向前、向左平掳变拳收至腰侧，右勾手变拳，右臂伸直，由体后向右、向前平摆，至体前时屈肘，肘尖向前，高与肩平，拳心向下，目视肘尖。

动作要点：两臂抡动时要划立圆，动作连贯；盘肘时要快速有力，右肩前顺。

图 12–70　转身踢腿马步盘肘

4. **初级长拳三路第三节**

（1）歇步抡砸拳

歇步抡砸拳包括 3 个动作，如图 12-71 所示。

① 重心稍升高，右脚尖外撇。右臂由胸前向上、向右抡直；左拳向下、向左，使臂抡直，目视右拳。

② 上动不停，两脚以前脚掌为轴，向右后转体 180°。右臂向下、向后抡摆，左臂向上、向前随身体转动。

③ 紧接上动，两腿全蹲成歇步。左臂随身体下蹲向下平砸，拳心向上，臂部微屈；右臂伸直向上举起，目视左拳。

动作要点：抡臂动作要连贯完成，划立圆；歇步要两腿交叉全蹲，左腿大、小腿靠紧，臀部贴于左小腿外侧，膝关节在右小腿外侧，脚跟提起，右脚尖外撇，全脚着地。

图 12-71　歇步抡砸拳

（2）仆步亮拳

仆步亮拳包括 3 个动作，如图 12-72 所示。

① 左脚由右腿后抽出前上一步，左腿蹬直，右腿半蹲，成右弓步。上体微向右转。左拳收至腰侧，右拳变掌向下经胸前向右横击掌，目视右掌。

② 右脚蹬地屈膝提起，上体右转。左拳变掌从右掌上向前穿出，掌心向上，右掌平收至左肘下。

③ 右脚向右落步，屈膝全蹲，左腿伸直，成仆步。左掌向下、向后划弧成勾手，勾尖向上，右掌向右、向上划弧微屈，抖腕成亮掌，掌心向前。头随右手转动，至亮掌时，目视左方。

动作要点：仆步时，左腿充分伸直，脚尖里扣，右腿全蹲，两脚脚掌全部着地；上体挺胸、塌腰，稍左转。

图 12-72　仆步亮拳

（3）弓步劈拳

弓步劈拳包括 3 个动作，如图 12-73 所示。

① 右腿蹬地立起；左腿收回并向左前方上步。右掌变拳收至腰侧，左勾手变掌由下向前

上经胸前向左做掳手。

② 右腿经左腿前方向左绕上一步，左腿蹬直成右弓步。左手向左平掳后再向前挥摆，虎口朝前。

③ 在左手平掳的同时，右拳向后平摆，然后向前、向上做抡劈拳，拳高与耳平，拳心向上，左掌外旋接扶右前臂，目视右拳。

动作要点：左右脚上步稍带弧形。

图 12-73 弓步劈拳

（4）换跳步弓步冲拳

换跳步弓步冲拳包括 4 个动作，如图 12-74 所示。

① 重心后移，右脚稍向后移动。右拳变掌臂内旋以掌背向下划弧挂至右膝内侧；左掌背贴靠于右肘外侧，掌指向前，目视右掌。

② 右腿自然上抬，上体稍向左扭转。右掌挂至体左侧，左掌伸向右腋下，目随右掌转视。

③ 右脚以全脚掌用力向下震跺，与此同时，左脚急速离地抬起。右手由左向上、向前掳盖而后变拳收至腰侧，左掌伸直向下、向上、向前屈肘下按，掌心向下。上体右转，目视左掌。

④ 左脚向前落步，右腿蹬直成左弓步。右拳向前冲出，拳高与肩平；左掌藏于右腋下，掌背贴靠腋窝，目视右拳。

动作要点：换跳步动作要连贯、协调；震脚时腿要弯屈，全脚掌着地，左脚离地不要过高。

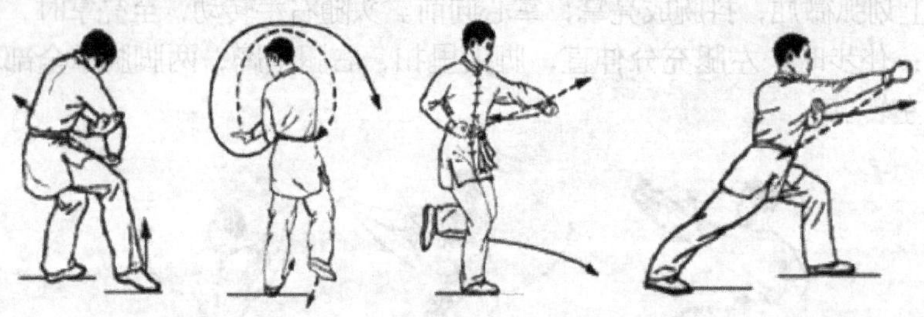

图 12-74 换跳步弓步冲拳

（5）马步冲拳

如图 12-75 所示，上体右转 90°，重心移至两腿中间，成马步。右拳收至腰侧，左掌变拳向左冲出，拳眼向上，目视左拳。

（6）弓步下冲掌

如图 12-76 所示，右脚蹬直，左腿弯曲，上体稍向左转，成左弓步。左拳变掌向下经体前向上架于头左上方，掌心向上，右拳自腰侧向左前斜下方冲出，目视右拳。

图 12-75　马步冲拳

图 12-76　弓步下冲掌

（7）叉步亮掌侧踹腿

叉步亮掌侧踹腿包括3个动作，如图12-77所示。

① 上体稍右转。左掌由头上下落于右手碗上，右拳变掌，两手交叉成“十”字，目视双手。

② 右脚蹬地并向左腿后插步，以前脚掌着地。左掌由体前向下、向后划弧成勾手，勾尖向上，右掌由前向右、向上划弧抖腕亮掌，掌心向前，目视左侧。

③ 重心移至右腿，左腿屈膝提起，向左上方猛力蹬出。上肢姿势不变，目视左侧。

动作要点：插步时上体稍向右倾斜，腿、臂的动作要一致；侧踹高度不能低于腰，大腿内旋，着力点在脚跟。

图 12-77　叉步亮掌侧踹腿

（8）虚步挑掌

虚步挑掌包括3个动作，如图12-78所示。

① 左脚在左侧落地。右掌变拳稍后移，左勾手变拳由体后向左上挑，拳背向上。

② 上体左转180°，微含胸前俯。左拳继续向前、向上划弧上挑，右拳向下、向前划弧挂至右膝外侧，同时右膝提起，目视右拳。

③ 右脚向左前方上步，脚尖点地，重心落于左脚，左腿下蹲成右虚步。左拳向后划弧收至腰侧，拳心向上，右拳向前屈臂挑出，拳眼斜向上，拳与肩同高，目视右拳。

图 12-78　虚步挑掌

5. **初级长拳三路第四节**

（1）弓步顶肘

弓步顶肘包括 5 个动作，如图 12-79 所示。

① 重心升高，右脚踏实。右臂内旋向下直臂划弧以拳背下挂至右膝内侧，左拳不变，目视前下方。

② 左腿蹬直，右腿屈膝上抬。左拳变掌，右拳不变，两臂向前、向上划弧摆起，目随右拳转视。

③ 左脚蹲地起跳，身体腾空，两臂继续划弧至头上方。

④ 右脚先落地，右腿屈膝，左脚向前落步，以前脚掌着地。同时两臂向右、向下屈肘停于右胸前，右拳变掌，左掌变拳。右掌心贴靠左拳面。

⑤ 左脚向左上一步，左腿屈膝，右腿蹬直成左弓步。右掌推左拳，以左肘尖向左顶出，高与肩平，目视前方。

动作要点：交换步时不要过高，但要快；两臂抡摆时要成圆弧。

图 12-79 弓步顶肘

（2）转身左拍脚

转身左拍脚包括两个动作，如图 12-80 所示。

① 以两脚前脚掌为轴向右后转体 180°。随着转体，右臂向上、向右、向下划弧抡摆，同时左拳变掌向下、向后、向前上抡摆。

② 左腿伸直向前上踢起，脚面绷平。左掌变拳收至腰侧，右掌由体后向上、向前拍击左脚面。

动作要点：右掌拍脚时手掌稍横过来，拍脚要准而响亮。

（3）右拍脚

右拍脚包括两个动作，如图 12-81 所示。

① 左脚向前落地，左拳变掌向下、向后摆，右掌变拳收至腰侧。

② 右腿伸直向前上踢起，脚面绷平。左拳变掌由后向上、向前拍击右脚面。

动作要点：与本节的“（2）转身左拍脚”相同。

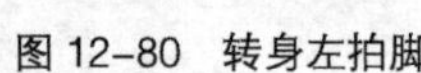

图 12-80 转身左拍脚

图 12-81 右拍脚

（4）腾空飞脚

腾空飞脚包括 3 个动作，如图 12-82 所示。

① 右脚落地。

② 左脚向前摆起，右脚猛力蹬地跳起，左腿屈膝继续前上摆。同时右拳变掌向前、向上摆起，左掌先上摆而后下降拍击右掌背。

③ 右腿继续上摆，脚面绷平。右手拍击右脚面，左掌由体前向后上举。

动作要点：蹬地要向上，不要太向前冲，左膝尽量上提；击响要在腾空时完成，右臂伸直成水平。

图 12-82　腾空飞脚

（5）歇步下冲拳

歇步下冲拳包括两个动作，如图 12-83 所示。

① 左、右脚先后相继落地。左掌变拳收至腰侧。

② 身体右转 90°，两腿全蹲成歇步。右掌抓握、外旋变拳收至腰侧；左拳由腰侧向前下方冲出，拳心向下，目视左拳。

图 12-83　歇步下冲拳

（6）仆步抡劈拳

仆步抡劈拳包括 3 个动作，如图 12-84 所示。

① 重心升高，右臂由腰侧向体后伸直，左臂随身体重心升高向上摆起。

② 以右脚前脚掌为轴，左腿屈膝提起，上体左转 270°。左拳由前向后下划立圆一周；右拳由后向下、向前上划立圆一周。

③ 左腿向后落一步，屈膝全蹲，右腿伸直，脚尖里扣成右仆步。右拳由上向下抡劈，拳眼向上；左拳后上举，拳眼向上，目视右拳。

动作要点：抡臂时一定要划立圆。

（7）提膝挑掌

提膝挑掌包括两个动作，如图 12-85 所示。

图 12-84　仆步抡劈拳　　　　图 12-85　提膝挑掌

① 重心前移成右弓步。同时右拳变掌由下向上抡摆，左拳变掌稍下落，右掌心向左，左掌心向右。

② 左、右臂在垂直面上由前向后各划立圆一周。右臂伸直停于头上，掌心向左，掌指向上，左臂伸直停于身后成反勾手。同时右腿屈膝提起，左腿挺膝伸直独立，目视前方。

动作要点：抡臂时要划立圆。

（8）提膝劈掌弓步冲拳

提膝劈掌弓步冲拳包括 3 个动作，如图 12-86 所示。

① 下肢不动。右掌由上向下猛劈伸直，停于右小腿内侧，用力点在小指一侧；左勾手变掌，屈臂向前停于右上臂内侧，掌心向左，目视右掌。

② 右脚向右后落地；身体右转 90°。同时左掌变拳收至腰侧，右臂内旋向右划弧做劈掌。

③ 上动不停，左腿蹬直成右弓步。右手抓握变拳收至腰侧，左拳由腰侧向左前方冲出，目视左拳。

图 12-86　提膝劈掌弓步冲拳

6. 结束动作

（1）虚步亮掌

虚步亮掌包括 3 个动作，如图 12-87 所示。

① 右脚扣于左膝后，两拳变掌，两臂右上左下屈肘交叉于体左前，目视右掌。

② 右脚向右后落步，重心后移，右腿半蹲，上体稍右转。同时右掌向上、向右、向下划弧停于左腋下；左掌向左、向上划弧停于右臂上与左胸前，两掌心左下右上，目视左掌。

③ 左脚尖稍向右移，右腿下蹲成左虚步。左臂伸直向左、向后划弧成反勾手；右臂伸直向下、向右、向上划弧抖腕亮掌，掌心向前，目视左方。

（2）并步对掌

并步对掌包括 3 个动作，如图 12-88 所示。

① 左腿后撤一步，同时两掌从两腰侧向前穿出伸直，掌心向上。

② 右腿后撤一步，同时两臂分别向体后下摆。

③ 左脚后退半步向右脚并拢。两臂由后向上经体前屈臂下按，两掌变拳，停于腹前，拳心向下，拳面相对，目视左方。

（3）还原

如图 12-89 所示，两臂自然下垂，目视正前方。

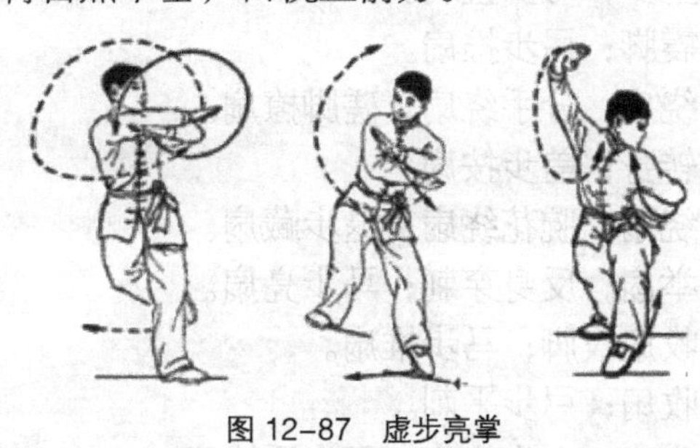

图 12-87　虚步亮掌

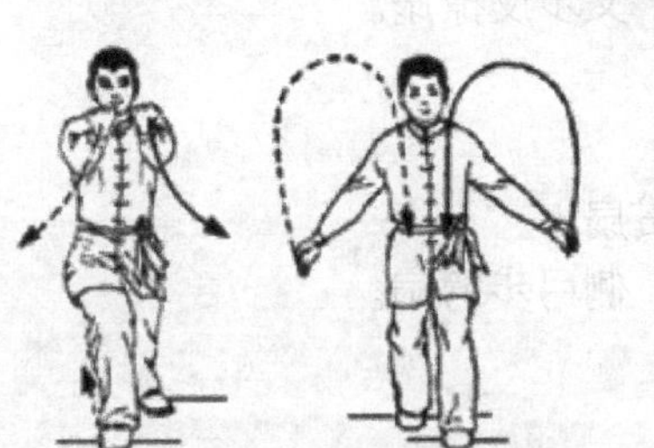

图 12-88　并步对掌

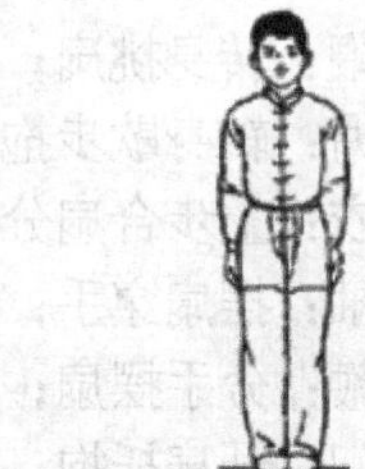

图 12-89　还原

12.4　太极功夫扇

12.4.1　太极功夫扇概述

太极功夫扇是北京老年人体育协会为支持北京申办 2008 年奥运会创编的。该套路一经推出，就引起了强烈反响，现已成为十分受欢迎的太极健身项目。

太极功夫扇使扇子的挥舞和太极的运动技巧灵活结合，使武术动作与歌曲旋律巧妙结合，融合了不同流派的太极拳、太极剑动作，以及快速有力的长拳、南拳、京剧舞蹈动作等，内容丰富新颖，载歌载“武”，并且易学易练，可帮助人们陶冶情操、强身健体。

12.4.2　太极功夫扇动作详解

（1）起势：左脚开步抱扇。

（2）斜飞势：分手划弧提脚抱手；右脚向右开步两手交叉；重心右移成侧弓步，右手向上举扇，左手向下按掌。

（3）白鹤亮翅：向左转腰摆扇；向右转腰分掌；曲步亮扇。

（4）黄蜂入洞：抖腕合扇；摆扇收扇提脚；转身上步；弓步向前平刺。

（5）哪吒探海：后坐收扇；扣转身；弓步下刺扇。

（6）金鸡独立：收脚绕扇；上步分手绕扇；独立撩开扇。

（7）力劈华山：落脚合扇；盖步转身按扇；转身绕扇；弓步前劈扇。

（8）灵猫扑蝶：转身摆掌；上步翻身抡扇；退步弓步压扇；翻手反压扇。

（9）坐马观花：虚步合扇；退步抡扇；反身刺扇；马步亮扇。

（10）野马分鬃：转腰合手合扇；弓步削扇（方向转向正西）。

（11）雏燕凌空：扣脚穿掌；并步亮扇（扭头转胸转看左侧）。

（12）黄蜂入洞：收扇上步；弓步直刺。

（13）猛虎扑食：收扇震脚；弓步推扇。

（14）螳螂捕蝉：转腰绕扇；分手绕扇；磋脚撩扇。

（15）勒马回头：合扇转身；盖步按扇。

（16）鹞子翻身：翻身绕扇；腕花绕扇；退步藏扇。

（17）坐马观花：抡臂举扇；反身穿刺；马步亮扇。

（18）举鼎推山：转腰收扇收脚；马步推扇。

（19）神龙回首：转身收扇；弓步平刺。

（20）挥鞭策马：撤脚收扇；上步绕扇；叉步反撩扇。

（21）立马扬鞭：转身挑扇；点步推掌。

（22）怀中抱月：转身歇步抱扇。

（23）迎风撩衣：上步合扇分手；并步贯扇。

（24）翻花舞袖：摆扇穿手；云扇摆掌；侧弓步劈扇。

（25）霸王扬鞭：分手摆扇；歇步亮扇。

（26）抱扇过门：开扇托抱；合扇举抱。

（27）野马分鬃：转腰合手合扇；弓步削扇（方向转向正西）。

（28）雏燕凌空：扣脚穿掌；并步亮扇（扭头转腰转看左侧）。

（29）黄蜂入洞：收扇上步；弓步直刺。

（30）猛虎扑食：收扇震脚；弓步推扇。

（31）螳螂捕蝉：转腰绕扇；分手绕扇；磋脚撩扇。

（32）勒马回头：合扇转身，盖步按扇。

（33）鹞子翻身：翻身绕扇；腕花绕扇；退步藏扇。

（34）坐马观花：抡臂举扇；反身穿刺；马步亮扇。

（35）顺鸾肘：马步合扇；马步顶肘。

（36）裹鞭炮：转腰合臂；抡臂叠拳；马步翻抖拳。

（37）前招式：转身摆掌；虚步拢扇。

（38）双震脚：曲蹲分手；蹬跳托扇；震脚拍扇。

（39）龙虎相交：提膝收扇；蹬脚推扇。

（40）玉女穿梭：落脚合臂；叉步展臂；后举腿亮扇。

（41）天女散花：开步抱扇；舞花云扇；叉步抱扇。

（42）霸王扬旗：开步展臂；歇步亮扇。

（43）行步过门：转身穿扇；岔步抱扇；抱扇行步 5 步；转身合掌；开步合扇两臂展开，面向南。

（44）七星手：两臂前平举；曲蹲按扇；虚步棚扇。

（45）揽扎衣：收脚抱手；转身上步；弓步棚扇。

（46）捋挤势：合手翻扇；后坐后捋；转身搭手；弓步前挤。

（47）苏索背剑：后坐平云；转腰推扇；并步背扇推掌。

（48）搂膝拗步：摆掌合扇曲蹲；转身上步；弓步戳扇。

（49）单鞭下势：转身勾手扣脚活步；仆步穿扇亮扇。

（50）弯弓射虎：弓腿起身举扇；转腰摆；曲臂收扇；架扇打拳。

（51）白鹤亮翅：左转腰合扇；右转腰分手；虚步亮扇。

（52）收势：抖腕合扇；收脚开步平举扇；并步抱扇；垂臂还原。

12.5 十六式太极拳

12.5.1 十六式太极拳概述

太极拳是我国宝贵的体育遗产之一。十六式太极拳是我国武术段位制初段技术规定教程的二段太极拳，它在八式太极拳的基础上，结合步伐的动作，突出对进、退、侧进等基本步伐和基本手法的练习。十六式太极拳虽然在拳式数量上比八式太极拳多一倍，但仍属太极拳的入门基础套路。它具有良好的养身、健身功效，非常适合高职院校的学生学习锻炼。

12.5.2 十六式太极拳各式的名称

十六式太极拳各式的名称分别为起势、左右野马分鬃、白鹤亮翅、左右搂膝拗步、进步搬拦捶、如封似闭、单鞭、手挥琵琶、左右倒卷肱、左右穿梭、海底针、闪通臂、云手、左右揽雀尾、十字手、收势。

12.5.3 十六式太极拳动作详解

1. 预备势

如图12-90所示，两脚自然并拢，全身松静站立。下颚微收，百会上领。松肩坠肘，含胸拔背，松腰敛臀，目光平视。

2. 第一式——起势

第一式的动作分解如图12-91所示，具体动作介绍如下。

（1）左脚开立：重心移向右腿，左脚跟、脚掌依次抬起，向左开半步（与肩同宽），脚掌、脚跟依次下落，移重心于两腿之间。

（2）两臂前举：腕部带领，两臂逐渐内旋平举到与肩同高、同宽，肘略低于腕。

（3）屈膝按掌：松肩、坠肘、坐腕，同时松腰敛臀、屈膝落胯（膝盖正对脚尖），手按腹前，掌心向下，指尖向前。

十六式太极拳

图12-90　预备势

图12-91　起势

3. 第二式——左右野马分鬃

（1）左野马分鬃：左野马分鬃的动作分解如图 12-92 所示，具体动作介绍如下。

① 抱手收脚：重心移到右腿，抱手收脚（右手心向下与肩同高，肘略低于腕，臂呈弧线，左手心向上在左腹前，上下相对），目视右手前方。

② 转体上步：微左转腰，左脚向左前上步（斜步正脚），脚跟着地，两臂微内合，目视前方。

③ 弓步分手：继续左转腰成弓步分手。左手腕与肩同高，手指斜向前上方，手心向后上方，中指或食指指尖对准鼻尖。右手落到胯旁，手心向下，指尖向前，目视前方。

图 12-92　左野马分鬃

（2）右野马分鬃：右野马分鬃的动作分解如图 12-93 所示，具体动作介绍如下。

① 转腰撇脚：微左转腰重心向后移，左脚尖外撇 45°，左臂微内旋，右臂微外旋。

② 抱球收脚：继续左转腰，重心前移，同时左臂内旋、右臂外旋，两手上、下相对抱手收脚。

③ 转体上步：同左野马分鬃中的转体上步，但方向相反。

④ 弓步分手：同左野马分鬃中的弓步分手，但方向相反。

图 12-93　右野马分鬃

4. 第三式——白鹤亮翅

第三式的动作分解如图 12-94 所示，具体动作介绍如下。

（1）转体抱手：微右转腰左脚跟进半步（前脚掌着地）抱手（右手心向下与肩同高，肘略低于腕，臂呈弧线，左手心向上在右腹前），目视右手。

（2）坐腿合手：身体左转，左脚跟内扣落地成 45°，重心移到左腿，右手向下、左手向上划弧，右手在左肩前与左前臂相合，目视前方。

（3）虚步分手：身体向右转正，调整右脚变虚步，两手弧形分手，左手在左额头高度，手心向内，右手落于胯旁，手心向下，指尖向前，目视前方。

图 12–94 白鹤亮翅

5. 第四式——左右搂膝拗步

（1）右搂膝拗步：右搂膝拗步的动作分解如图 12-95 所示，具体动作介绍如下。

① 摆臂收脚：微左转腰，左手向前、向下、向后摆到腕与肩同高，手心斜向上，右手向上、向左摆到左胸前，右脚提收，眼看左手前方。

② 上步收手：微右转腰，屈左臂收手，右脚斜前方上步（拗弓步两脚横向距离约为 30 厘米），目平视前方。

③ 弓步搂推：继续右转腰变弓步，右手经膝前搂到大腿外侧，手心向下，指尖向前，左手向前推掌，腕与肩同高，目向前平视。

图 12–95 右搂膝拗步

（2）左搂膝拗步：左搂膝拗步的动作分解如图 12-96 所示，具体动作介绍如下。

① 转腰翻手：重心后移，微右转腰，右脚外撇，右手翻转，手心斜向上。

② 摆臂收脚：同右搂膝拗步中的摆臂收脚，但方向相反。

③ 上步收手：同右搂膝拗步中的上步收手，但方向相反。

④ 弓步搂推：同右搂膝拗步中的弓步搂推，但方向相反。

图 12-96　左搂膝拗步

6. 第五式——进步搬拦捶

第五式的动作分解如图 12-97 所示，具体动作介绍如下。

图 12-97　进步搬拦捶

（1）撇脚翻手：微左转腰重心后移，左脚尖外撇 45°；同时左手外旋翻手、右手内旋屈臂翻手，目视右手。

（2）抓拳收脚：继续左转腰前移重心收脚；同时右手抓拳收到左腹前，拳心向下，拳眼向内，左手绕弧翻手到左胸前，腕与肩同高，手心向下，目视左手。

（3）上步搬拳：微右转腰，右脚撇脚上步；右拳向前搬拳，拳心向后上方，目视右拳前方。

（4）上步拦掌：继续右转腰，左脚向左前方上步拦掌（坐腕）；同时右拳先内旋翻手向右、向下，后外旋弧形下落到腰间，拳心向上，目视左掌。

（5）弓步打捶：身体左转重心前移成弓步；同时右拳逐渐内旋打出，拳眼向上；左手回收到右小臂内侧，手心斜向右下方，目视前方。

7. 第六式——如封似闭

第六式的动作分解如图 12-98 所示，具体动作介绍如下。

（1）左手穿掌：左手翻转手心向下，顺右臂下穿出。

（2）后坐收掌：重心后移，两手翻转手心向上，随重心后移逐渐翻转手心收到胸前微下落坐腕，左手心斜向右下方，右手心斜向左下方。

（3）弓步推掌：重心前移成弓步，同时两手向前推掌，目视前方。

图 12-98　如封似闭

8. 第七式——单鞭

第七式的动作分解如图 12-99 所示，具体动作介绍如下。

（1）转体摆臂：重心后移，身体右转，右脚尖外撇，左脚尖内扣；同时右手平摆到右斜前方，左手弧形向右下摆到右腹前，手心斜向上，目视右手。

（2）勾手收脚：继续右转腰，重心完全移到右腿，提左脚到右脚内侧；同时右手抓勾，左手摆到右胸前，转手心向内，目视右手。

（3）转体上步：身体微左转，左脚向左斜前方上步，臂随腰转，目视左手。

（4）弓步推掌：继续左转腰变弓步，左手逐渐翻手坐腕推掌（掌心向右斜前方），目视左手。

图 12-99　单鞭

9. 第八式——手挥琵琶

第八式的动作分解如图 12-100 所示，具体动作介绍如下。

（1）跟步摆掌：微左转腰重心前移，右脚向前跟半步，同时右手摆到身前，手心斜向上，左手收到胯旁，手心向下，目视前方。

（2）坐腿摆臂：身体微右转，右脚跟下落成 45°，重心后移；同时右手翻转手心斜向下屈收到胸前，左手摆到身前，腕与肩同高，手心斜向下，目视前方。

（3）虚步合手：身体微左转，调整前脚变虚步，右手与左肘相合，目视前方。

图 12-100　手挥琵琶

10. 第九式——左右倒卷肱

（1）左倒卷肱

左倒卷肱的动作分解如图 12-101 所示，具体动作介绍如下。

① 转体撤手：身体微右转，右手外旋下落经右腹前撤手摆臂，手心斜向上，左手松手微下落，目视左手。

② 退步收手：身体左转，左脚退步，右手屈臂收手到肩上，手心斜向左前下方，左手旋臂下落，目视前方。

③ 坐腿推掌：身体继续左转，重心移到左腿成虚步；右脚以脚掌为轴转正；同时右手前推到胸前，右臂自然伸直，手心向左前下方，左手旋臂收到左腹前，逐渐转手心向上，手指斜向右前方，目视前方。

（2）右倒卷肱

右倒卷肱的动作分解如图 12-102 所示，具体动作介绍如下。

① 转体撤手：同左倒卷肱，但方向相反。

② 退步收手：同左倒卷肱中的退步收手，但方向相反。

③ 坐腿推掌：同左倒卷肱中的坐腿推掌，但方向相反。

图 12-101 左倒卷肱

图 12-102 右倒卷肱

11. 第十式——左右穿梭

（1）左穿梭

左穿梭的动作分解如图 12-103 所示，具体动作介绍如下。

① 转体扣脚：身体右转腰，左脚尖内扣；同时左臂外旋向下划弧，右臂内旋向上划弧，目随身转。

② 转身撇脚：继续右转腰，重心移到左腿，右脚活步摆脚；同时两臂继续划弧。

③ 收脚抱球：继续右转腰，重心前移到右腿，左脚收到右脚内侧；同时两手继续划弧在右胸前抱手，右手腕与肩同高，手心向下，左手在右腹前，手心向上，两手上下相对，目视右手。

④ 迈步分手：身体微左转，左脚向左前上步，脚尖斜向前；同时左手弧形向上到胸前，右手收到胸腹之间，手心向左下方。

⑤ 弓步推掌：重心前移成弓步；同时左手继续翻手撑架，右手向前推掌，目视右手方向。

（2）右穿梭

右穿梭的动作分解如图 12-104 所示，具体动作介绍如下。

① 重心后移：重心后移，身体右转扣左脚尖，同时两手向下划弧。

② 抱球跟脚：身体左转向前移重心到左腿；两手在胸前合抱，收右脚在左脚内侧。

③ 迈步分手：同左穿梭中的迈步分手，但方向相反。

④ 弓步推掌：同左穿梭中的弓步推掌，但方向相反。

图 12-103　左穿梭

图 12-104　右穿梭

12. 第十一式——海底针

第十一式的动作分解如图 12-105 所示，具体动作介绍如下。

（1）跟步落手：重心前移跟半步，脚掌着地，两手下落，右手落到头前，左手落到腹前。

（2）坐腿提手：重心后移，身体左转，左脚跟内扣落地成 45°；左手弧形提腕收到肩上耳侧，手心向右，右手落到腹前，手心向下，指尖向左。

（3）虚步插掌：身体右转，略前倾，左手向前下插掌，右手经右膝前上搂到大腿外侧，手心向下，指尖向前，目视前下方。

13. 第十二式——闪通臂

第十二式的动作分解如图 12-106 所示，具体动作介绍如下。

（1）提手收脚：身体立腰提脚，右手在左肩前与左手腕相合，左手掌心向右，右手掌心向左。

（2）上步翻手：右脚向前上步，两手内旋翻手。

（3）弓步推掌：重心前移成右弓步，左手上撑，右手前推，目视前方。

图 12-105 海底针

图 12-106 闪通臂

14. 第十三式——云手

第十三式的动作分解如图 12-107 所示，具体动作介绍如下。

（1）转体云手：身体左转，左脚尖外撇转正，右脚尖内扣，重心移向左腿；同时，左手向左、向下摆臂翻手到左前方，腕与肩同高，手心向外下，右手向下、向左、向上摆臂到左胸前，手心向上，目视左手。

（2）云手收脚：身体右转，重心移到右腿，左脚收到左脚旁（相距 20 厘米），脚掌着地，两脚平行向前；同时右手向上、向右、向下逐渐旋臂云转到右前方，翻转手心向外下方，左手向下、向右、向上云转到右胸前，逐渐旋臂翻转手心斜向上，目视右手。

（3）云手开步：身体左转，重心移到左腿，右脚向右开步，脚掌着地；同时，左手向上、向左、向下逐渐旋臂云转到左前方，翻转手心向外下，右手向下、向左、向上云转到左胸前，逐渐旋臂翻转手心斜向上，目视左手。

（4）云手收脚：同“（2）云手收脚”。

15. 第十四式——左右揽雀尾

（1）右揽雀尾

右揽雀尾的动作分解如图 12-108 所示，具体包括以下 9 个动作。

① 抱手提脚：身体左转，重心移到左腿，右脚提起；两手上下翻转抱手（左手腕与肩同高，手心向下，右手在左腹前，手心向上，两手相对），目视左手前方。

② 转腰上步：身体微右转，右脚向右前方上步，目视前方。

③ 弓步捧臂：重心前移成弓步，右臂屈臂捧到胸前，肘略低于腕，手心向内；左手落在胯旁，手心向下，指尖向前，目视前方。

④ 转体摆臂：身体微右转，两手摆臂翻手，右手掌心向前下方，左手掌心向后上方，在左肘内侧。

图 12-107　云手

图 12-108　右揽雀尾

⑤ 转体后捋：身体左转，重心移到左腿，两手捋到腹前，距离不变，继续转腰摆到身后，左手摆到左后方与肩同高，手心向上，右手摆到胸前，目视左手。

⑥ 转体搭手：身体右转，左手在胸前搭在右手腕上，右手掌心向内，左手掌心向前，目视前方。

⑦ 弓腿前挤：重心前移成弓步，两手向前挤出，目视前方。

⑧ 后坐收手：重心后移，两手穿手打开，与肩同宽，手心向下，后移重心收到胸前，左手掌心向右前下方，右手掌心向左前下方。

⑨ 弓步按掌：重心前移，两手随弓步向前推按，掌心斜向前。

（2）左揽雀尾

左揽雀尾的动作分解如图 12-109 所示，具体动作介绍如下。

① 转体扣脚：重心移向左腿，身体左转扣右脚，两手摆臂。

② 抱手提脚：身体继续左转，重心移到右腿，左脚提起；两臂翻手合抱提脚（右手腕与肩同高，手心向下，左手在右腹前，手心向上）。

左揽雀尾的其余动作与右揽雀尾相同，但方向相反。

图 12-109 左揽雀尾

16. 第十五式——十字手

第十五式的动作分解如图 12-110 所示，具体动作介绍如下。

（1）转体扣脚：身体右转，重心移到右腿，左脚尖内扣转正，两臂分展，目视右手。

（2）撇脚分手：身体继续右转，右脚尖外撇，两臂分展到腕与肩同高，手心向外，目视右手。

（3）收脚落手：身体向左转正，右脚尖提收下落到左脚旁，脚掌着地，两脚与肩同宽；两手下落到腹前，手心向内上方。

（4）十字合抱：右脚跟下落，重心移到两腿之间后上提；两手在胸前合抱，腕部交叉，两臂捧圆，手心向内，目平视。

图 12-110　十字手

17. 第十六式——收势

第十六式的动作分解如图 12-111 所示，具体动作介绍如下。

（1）分手打开：两臂内旋打开，掌心向下，平行向前与肩同宽。

（2）两臂下落：松肩、坠肘、坐腕下落到胯旁，手心向内，指尖向下。

（3）收脚还原：重心移到右脚，左脚跟、脚掌依次抬起，收到右脚内侧，脚掌、脚跟依次下落，移重心到两腿之间。

图 12-111　收势

思考与练习

1. 武术的分类有哪些？
2. 武术的基本功有哪些？
3. 武术的基本动作有哪些？

4. 初级长拳三路的基本动作有哪些?
5. 太极功夫扇的动作要领是什么?
6. 十六式太极拳的动作要领是什么?

活动与探索

若条件允许，可举办初级长拳三路比赛、太极功夫扇比赛、十六式太极拳比赛等，比赛的规模、规则可以视具体情况而定。

第13章 啦啦操

本章将介绍啦啦操的基本知识，讲解啦啦操的基本动作，介绍啦啦操的基本套路，并探讨啦啦操的编排。

13.1 啦啦操概述

本节将介绍啦啦操的起源、发展、类型和特点。

13.1.1 啦啦操的起源

啦啦操作为体育运动中的一个新兴项目，起源于美国，最早源于人们为美式足球呐喊助威的方式，而后啦啦操借助美国职业篮球赛逐渐在全球范围内广泛传播，受到全世界人民的喜爱。啦啦操至今已经有 100 多年的历史。

13.1.2 啦啦操的发展

啦啦操起初是在美国的美式足球赛场上，有观众看到自己的队伍获胜后，由衷地感到自豪、兴奋，想为运动员呐喊、助威，于是就跳起来做个举手或踢腿的动作，这就是啦啦操最原始的形态。

19 世纪 70 年代，美国的普林斯顿大学成立了第一个啦啦操俱乐部。1898 年，美国的明尼苏达州立大学一年级学生约翰尼坎贝尔带领 6 名男生组成了世界上第一个啦啦操队，为明尼苏达州立大学橄榄球队加油助威。

20 世纪，啦啦操的表演形式逐渐丰富起来，喇叭筒在啦啦操中开始流行起来。随着女生在啦啦操中发挥的作用越来越大，体操、舞蹈等元素逐渐融入其中。

20 世纪 80 年代初，啦啦操开始在世界范围内得到传播，而且人们建立了统一的啦啦操标准。

2016 年 12 月 6 日，国际啦啦队联合会被国际奥委会接纳为奥运会临时项目成员。

啦啦操于 2002 年正式引入我国，由于它是一项阳光、时尚和注重团队精神的大众体育运动，受到我国青少年学生的追捧。2009 年，国家体育总局正式批准开展全国啦啦操联赛官方赛事。

13.1.3　啦啦操的类型

按照活动目的，啦啦操可分为竞技性啦啦操和表演性啦啦操，竞技性啦啦操又可分为舞蹈啦啦操和技巧啦啦操。

舞蹈啦啦操是一项在音乐的伴奏下，运用多种舞蹈元素的动作组合，结合转体、跳步、平衡与柔韧等难度动作以及舞蹈的过渡连接技巧，通过空间、方向与队形的变化表现出不同的舞蹈风格特点，强调速度、力度与运动负荷，展示运动舞蹈技能及团队风采的体育项目。舞蹈啦啦操包括花球舞蹈啦啦操、爵士舞蹈啦啦操、街舞舞蹈啦啦操和自由舞蹈啦啦操。

技巧啦啦操是在音乐的伴奏下，以跳跃、托举、叠罗汉、筋斗、抛接和跳跃等技巧性难度动作为主要内容，配合口号、啦啦操基本手位、舞蹈动作及过渡连接等，充分展示运动员高超的技能技巧的团队竞赛项目。其动作比较随意，用力方向向下，音乐节奏要求明快、热情、动感、奔放，并富有震撼力和感染力。技巧啦啦操竞赛项目包括集体技巧啦啦操自选套路、5 人配合技巧啦啦操自选套路和双人配合啦啦操自选套路。

13.1.4　啦啦操的特点

（1）啦啦操上肢的发力点在前臂，手臂的 32 个基本手位均在肩关节前制动，发力速度快，制动时间短，制动之后没有延伸，身体控制精确，位置准确。

（2）啦啦操动作内容丰富，所有的手臂动作都必须严格按照 32 个基本手位的标准来完成，没有固定的基本步法。

（3）啦啦操动作重心较低，在做动作的过程中膝关节不完全伸直，保持微微弯曲的状态，重心稳定，移动平稳。

（4）啦啦操动作干净利落，具有清晰的开始和结束，肢体运动中直线动作曲直分明，弧线动作蜿蜒流畅，具有较高的欣赏价值和艺术价值。

（5）啦啦操三维空间高低起伏突出，队形变化多样，能够充分利用场地空间。

（6）啦啦操音乐风格多样，旋律优美，气氛热烈，节奏快慢有致、强弱有别。

（7）啦啦操服装款式各异，绚丽多姿。

13.2　啦啦操的基本动作

本节将详细讲解啦啦操的常用手型和 32 个手位动作。

13.2.1　啦啦操的常用手型

啦啦操中的手型有多种，是从芭蕾舞、现代舞、迪斯科、武术中吸收和发展而来的。手型是手臂动作的延伸和表现，运用得好，会使啦啦操动作丰富多彩、生动活泼，具有感染力。

（1）并拢式：五指伸直，相互并拢；大拇指微屈，指关节贴于食指旁。

（2）分开式：五指用力伸直，充分张开。

（3）芭蕾手式：五指微屈，后三指并拢稍内收，大拇指内扣。

（4）拳式：握拳，大拇指在外，指关节弯曲，紧贴于食指和中指。

（5）立掌式：五指伸直，手掌用力上翘。

（6）西班牙舞手式：五指用力，小指、无名指、中指自掌指关节处依次屈，大拇指稍内扣。

13.2.2 啦啦操的 32 个手位动作

1. 字形寓意

啦啦操是一项鼓舞人心的运动，其手位动作充满了创造性。在手位动作中，“V”字形源于单词“victory”，寓意胜利；“H”字形源于单词“hero”，寓意英雄；“T”字形源于单词“team”，寓意团队；“W”字形源于单词“win”，寓意赢；“A”字形源于单词“active”，寓意积极；“L”字形源于单词“light”，寓意光明；“M”字形源于单词“majesty”，寓意雄伟；“R”字形源于单词“running”，寓意奔跑；“K”字形源于单词“kind”，寓意友好。

2. 手位动作分类

啦啦操的 32 个手位动作根据动作的方位特征可以分成上举类、下举类、平举类、斜举类、屈臂类、冲拳类，各大类包含的动作如表 13-1 所示。

表 13-1　手位动作分类表

类别	动作
上举类	高 V、高 X、X、上 A、上 H、L
下举类	倒 V、低 X、下 A、下 H、倒 L
平举类	T、前 X
斜举类	斜线、K、侧 K
屈臂类	上 M、下 M、W、短 T、小 H、屈臂 X、弓箭、小弓箭、加油、R、短剑
冲拳类	高冲拳、侧下冲拳、侧上冲拳、斜上冲拳、斜下冲拳

3. 手位动作的技术要领和动作规格

（1）上 A

技术要领：锁肩、手臂控制。

动作规格：双臂斜上举，分别与脊柱形成 30° 夹角，拳心紧贴相对，如图 13-1 所示。

（2）下 A

技术要领：锁肩、手臂控制。

动作规格：双臂斜下举，分别与脊柱形成 30° 夹角，拳心紧贴相对，如图 13-2 所示。

（3）上 H

技术要领：锁肩、手臂控制。

动作规格：双臂前上举与肩同宽，分别与脊柱形成 30° 夹角，拳心相对，如图 13-3 所示。

（4）下 H

技术要领：锁肩、手臂控制。

动作规格：双臂前下举，分别与脊柱形成 30° 夹角，拳心相对，如图 13-4 所示。

图 13–1　上 A

图 13–2　下 A

图 13–3　上 H

图 13–4　下 H

（5）小 H

技术要领：锁肩、手臂控制。

动作规格：一臂前上举，与脊柱形成 30° 夹角，拳心朝内；另一臂胸前平屈，肘关节朝下，拳心朝内，如图 13-5 所示。

（6）K

技术要领：锁肩、手臂控制。

动作规格：一臂前上举，与脊柱形成 45° 夹角，拳心朝内；另一臂前下举，与脊柱形成 45° 夹角，拳心朝内，两拳拳眼相对，如图 13-6 所示。

（7）侧 K

技术要领：锁肩、手臂控制、脚下控制。

动作规格：双腿弓步开立，重心在后脚。一臂前上举，与脊柱形成 45° 夹角，拳心朝内；另一臂前下举，与脊柱形成 45° 夹角，拳心朝内，两拳拳眼相对，如图 13-7 所示。

（8）L

技术要领：锁肩、手臂控制。

动作规格：一臂前上举，与脊柱形成 30° 夹角，拳心朝内；另一臂侧平举，与肩形成 30° 夹角，拳心朝下，如图 13-8 所示。

图 13–5　小 H

图 13–6　K

图 13–7　侧 K

图 13–8　L

（9）倒 L

技术要领：锁肩、手臂控制。

动作规格：一臂前平举，略低于肩，拳心朝下；另一臂侧平举，与肩形成 30° 夹角，拳心朝下，如图 13-9 所示。

（10）上 M

技术要领：锁肩、手臂控制。

动作规格：双臂侧上举，于肩上平屈，肘关节朝外，手腕向下屈，指尖触肩，如图 13-10 所示。

（11）下 M

技术要领：锁肩、手臂控制。

动作规格：双手握拳叉腰于髋部，双臂与肩形成 30° 夹角，拳心朝后，如图 13-11 所示。

（12）R

技术要领：锁肩、手臂控制。

动作规格：一臂斜下举，与脊柱形成 30° 夹角，拳心朝下；另一臂侧上举，于头后屈肘，肘关节朝外，拳心紧贴后脑勺，如图 13-12 所示。

图 13–9　倒 L

图 13–10　上 M

图 13–11　下 M

图 13–12　R

（13）T

技术要领：锁肩、手臂控制。

动作规格：双臂侧平举，但不能完全张开，分别与肩形成 30° 夹角，拳心朝下，如图 13-13 所示。

（14）短 T

技术要领：锁肩、手臂控制。

动作规格：双臂侧平举，于胸前平屈，小臂略低于肩，两拳相对，拳心朝下，如图 13-14 所示。

（15）高 X

技术要领：锁肩、手臂控制。

动作规格：双臂交叉斜上举于额头前上方，分别与脊柱形成 30° 夹角，拳心朝前，如图 13-15 所示。

（16）X

技术要领：锁肩、手臂控制。

动作规格：双臂侧上举，于头后平屈，肘关节朝外，两拳相对，拳心紧贴后脑勺，如图 13-16 所示。

（17）屈臂 X

技术要领：锁肩、手臂控制。

动作规格：双臂屈肘交叉于胸前，拳心朝内，如图 13-17 所示。

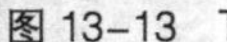
图 13-13　T

图 13-14　短 T

图 13-15　高 X

图 13-16　X

（18）前 X

技术要领：锁肩、手臂控制。

动作规格：双臂交叉前平举，略低于肩，拳心朝下，如图 13-18 所示。

（19）低 X

技术要领：锁肩、手臂控制。

动作规格：双臂交叉斜下举，分别与脊柱形成 30° 夹角，拳心朝下，如图 13-19 所示。

（20）高 V

技术要领：锁肩、手臂控制。

动作规格：双臂侧上举，分别与脊柱形成 45° 夹角，但不能完全张开，应置于双耳斜前方 45°，拳心朝外，如图 13-20 所示。

图 13-17　屈臂 X

图 13-18　前 X

图 13-19　低 X

图 13-20　高 V

（21）倒 V

技术要领：锁肩、手臂控制。

动作规格：双臂侧下举，分别与脊柱形成 45° 夹角，且与肩形成 45° 夹角，拳心朝下，如图 13-21 所示。

（22）W

技术要领：锁肩、手臂控制。

动作规格：双臂侧上举，于肩上平屈，大小臂成 90° 夹角，拳心相对，如图 13-22 所示。

（23）加油

技术要领：锁肩、手臂控制。

动作规格：双手握拳式胸前击掌，肘关节朝下，双拳略低于下颚，如图 13-23 所示。

（24）斜线

技术要领：锁肩、手臂控制。

动作规格：一臂侧上举，与脊柱形成 45° 夹角，拳心朝外；另一臂侧下举，与脊柱形成 45° 夹角，拳心朝下，但双臂不能完全打开，如图 13-24 所示。

图 13-21　倒 V

图 13-22　W

图 13-23　加油

图 13-24　斜线

（25）弓箭

技术要领：锁肩、手臂控制。

动作规格：一臂于胸前平屈，肘关节朝外，小臂略低于肩；另一臂侧平举，与肩形成 30° 夹角，拳心朝下，如图 13-25 所示。

（26）小弓箭

技术要领：锁肩、手臂控制。

动作规格：一臂侧平举，与肩形成 30° 夹角，拳心朝下；另一臂于胸前屈，肘关节朝下，拳心朝内，如图 13-26 所示。

（27）短剑

技术要领：锁肩、手臂控制。

动作规格：一只手握拳叉腰，手臂与肩形成 30° 夹角，拳心朝后；另一臂于胸前屈，肘关节朝下，拳心朝内，如图 13-27 所示。

（28）高冲拳

技术要领：锁肩、手臂控制。

动作规格：一臂前上举，与脊柱形成 30° 夹角，拳心朝内；另一只手握拳叉腰，手臂与肩形成 30° 夹角，拳心朝后，如图 13-28 所示。

图 13-25　弓箭

图 13-26　小弓箭

图 13-27　短剑

图 13-28　高冲拳

（29）侧上冲拳

技术要领：锁肩、手臂控制。

动作规格：一手握拳叉腰，手臂与肩形成 30° 夹角，拳心朝后；另一臂侧上举，与脊柱形成 45° 夹角，拳心朝前，如图 13-29 所示。

（30）侧下冲拳

技术要领：锁肩、手臂控制。

动作规格：一只手握拳叉腰，手臂与肩形成 30° 夹角，拳心朝后；另一臂侧下举，与脊柱形成 45° 夹角，拳心朝下，如图 13-30 所示。

（31）斜上冲拳

技术要领：锁肩、手臂控制。

动作规格：一只手握拳叉腰，手臂与肩形成 30° 夹角，拳心朝后；另一臂斜上冲拳，与脊柱形成 30° 夹角，拳心朝外，如图 13-31 所示。

（32）斜下冲拳

技术要领：锁肩、手臂控制。

动作规格：一只手握拳叉腰，手臂与肩形成 30° 夹角，拳心朝后；另一臂斜下举，与脊柱形成 30° 夹角，拳心朝下，如图 13-32 所示。

图 13–29　侧上冲拳

图 13–30　侧下冲拳

图 13–31　斜上冲拳

图 13–32　斜下冲拳

13.3　啦啦操的基本套路与编排

本节将介绍啦啦操的基本套路，并探讨啦啦操的编排。

13.3.1　啦啦操的基本套路

从 2011 年至今，我国已推广 5 套全国啦啦操规定套路，分别是《全国啦啦操规定套路（第一套）》《全国啦啦操规定套路（第二套）》《校园啦啦操示范套路（第一套）》《校园啦啦操示范套路（第二套）》《2016 版全国啦啦操规定动作》。

13.3.2　啦啦操的编排

1. 啦啦操编排原则

（1）统一性原则

啦啦操编排的统一性原则指啦啦操在动作、音乐、服装及道具等方面与主题风格、思想一致。啦啦操的主题思想就像人的大脑，对全套动作进行指挥与统领，自始至终贯穿于全套啦啦操中。从选择音乐、动作到设计服装道具，啦啦操的每个环节都需要彼此对应，与主

花球啦啦操套路（正面）

花球啦啦操套路（背面）

题紧密联系。

（2）安全性原则

啦啦操特别是技巧啦啦操，通常会出现一些较为惊险的动作，这些动作在给人们的视觉带来冲击的同时，也存在着很多极有可能威胁到啦啦操队员人身安全的危险。因此，在编排啦啦操时，必须结合每一个队员的真实水平，基于安全角度进行考虑，在队员的能力范围之内组织编排适合其完成的动作，尽可能避免发生伤害事故。

（3）创新性原则

创新是啦啦操编排的基本原则。创新性原则要求啦啦操的编排要标新立异，突出风格，不仅要体现出前瞻性，还要表现出时代感。在设计主题、选择动作、编音乐、转换队形等方面，啦啦操的编排都要积极创新。

2. 啦啦操编排方法

（1）变换新颖的队形

啦啦操中常用的队形有几何图形、“十”字形、弧形、直线形、字母形等。可利用画图的方法实时记录，不断改进调整，在练习过程中寻找准确的变换位置，增强队员之间的凝聚力。

（2）动作与音乐配合

动作的快慢、强弱、幅度大小以及不断变换的队形空间都与音乐的节奏紧密联系着。在选择音乐时，注意音乐应具有轻快、动感的节奏，能体现出特色，可彰显队伍的特殊魅力。

（3）创编工作要有主次

在动作编排的初级阶段，要联系队伍的实际情况及表演目标进行创编；编排要有主次，按照音乐的节奏进行编排。

（4）设计啦啦操口号

设计的口号内容要呼应表演目标与主题思想。

（5）服装道具的设计与选择

在对啦啦操的服装款式进行设计时，需要保证服装、音乐与动作之间的一致性。使用道具能够加强表演的效果，确保现场气氛热情四溢，道具的选择需要与啦啦操的风格相一致。

扫一扫

啦啦操

（学生编排套路）

思考与练习

1. 啦啦操可分为哪几类？
2. 啦啦操的手位动作可分为哪几大类？

活动与探索

若条件允许，可以小组为单位，自行编排啦啦操，然后进行表演，评选出最好的一组。

本章将介绍瑜伽的基本知识，讲解瑜伽的基本动作、组合动作以及放松与冥想。

14.1 瑜伽概述

本节将介绍瑜伽的基本知识，包括瑜伽的起源、分类、作用、练习时的注意事项及呼吸方式。

14.1.1 瑜伽的起源

瑜伽是一种起源于古印度的养生方式，它最大的意义在于“结合”平衡”“统一”。在古印度，很多人为了达到心神合一的境界，领悟大自然的生存法则，会到人迹罕至的偏远地方去静坐冥想。这种静坐冥想其实就是瑜伽的一种方式。

14.1.2 瑜伽的分类

瑜伽可分为两大类：一种是古典瑜伽；另一种是现代瑜伽。现代瑜伽主要是一系列修身养性的方法，它让我们能够在宁静的环境下，排除杂念、放松肌肉、舒展肢体、安静神经、塑身美体。瑜伽的一系列姿势都是在运用古老而又易于掌握的技巧的基础上，来改善人的生理、心理、情感和精神方面的能力，让我们能够达到身体、心灵与精神的和谐统一，超出自然的拘束，上升到一个空灵的境界。

14.1.3 瑜伽的作用

瑜伽有七大作用：一是塑造形体并改善身体的柔韧性，改善不良形体；二是美化身体曲线，改善因不良的坐姿造成的不良体态；三是按摩和强化各器官，瑜伽通过推、拉、扭、挤、伸等姿势对内脏器官起到按摩的作用；四是调节内分泌，使人体新陈代谢更好；五是培养注意力集中的能力，提高工作和学习的效率；六是释放和缓解精神上的紧张与压力；七是预防和辅助治疗各种慢性疾病。

14.1.4　瑜伽练习的注意事项

练习时间：饭后 2～4 小时空腹练习。练习地点：通风、安静、优美的环境，室外练习更佳。服装：宽松、轻便、舒适即可，尽量少戴饰物，如项链、耳环、发饰等。饮食：练习完半小时后可进食，尽量吃新鲜的食物。意念：将意念放在动作及身体的变化上，感受身体及心灵的变化。身体应该是放松的，心境应该是平和的。体位练习：一定要以自身舒适度为准，不应过于用力；若身体过于疼痛，则应停下放松。对瑜伽练习的每一步骤都要谨慎进行，不可操之过急，练习过程中逐步增加力度和难度。

14.1.5　瑜伽的呼吸方式

一般采用腹式呼吸，动作应与呼吸协调。

14.2　瑜伽的基本动作

本节将讲解瑜伽的基本动作，包括战士一式、树式平衡、三角伸展式、骆驼式、逆向肩肘倒立、船式、海狗式、坐位体前屈。

14.2.1　战士一式

动作要领：如图 14-1 所示，两脚分开一尺半宽（1 尺≈33.3 厘米），吸气，双手侧平举（注意不要耸肩），左脚向左侧打开 90°，右脚内扣（注意不要扭髋，髋部朝前），呼气，手臂带动身体向左侧扭转，稍稍调整一下右脚的位置，胯部下压，保持身体的稳定。双手于胸前合掌，吸气展胸抬头，双手慢慢向上推送直到手臂伸直。保持自然呼吸。呼气，双手缓慢地还原到胸前，头部回正，双手侧平举，手臂带动身体回正，双脚收回朝前，缓慢地放落双手，有控制地收回双脚，调整呼吸。再做另一侧的练习。

功效：纠正骨盆前倾问题，伸展背部、胸部和脊椎；舒缓腰背痛及坐骨神经痛；加强身体的柔软度和腿部力量。

14.2.2　树式平衡

动作要领：如图 14-2 所示，山式站立，双脚并拢或稍分开，提起左脚跟，脚趾着地，重心放在右脚。眼睛注视固定的一点有助于稳定姿势。抬起左脚，握着脚踝，脚底贴着右大腿内侧，脚跟在舒适的范围内靠近腹股沟，脚趾朝下。保持髋部朝向正前方，左膝朝着左外侧。在胸前合掌。站稳以后，双臂慢慢高举过头，保持肩膀下沉。手肘可以伸直或弯曲。躯干从腰往上延伸，轻轻收腹。平稳均匀地呼吸，保持一段时间。双手合掌回到胸前，左脚放回地面，两臂放到体侧。换边重复练习。

功效：学会用单腿站立，可调节全身的平衡，还可以提高身心的机能，使人注意力集中，有增强平衡和专注力的效果；扩张胸部，收紧腹肌、臀肌；使人脊柱更稳固，体态更好。

14.2.3　三角伸展式

动作要领：站立，双脚打开两倍于肩宽，双手臂侧平举；吸气，右脚向右转动 90°；呼气，身体向右侧弯曲，右手掌放于右脚前，向左上方转动颈部，左手手心向前，目视左手，

如图 14-3 所示；均匀呼吸；吸气，还原身体，准备做另一侧。

功效：伸展并收紧侧腰部可刺激并按摩腹部内部，有助于消化；可加强腿部力量。

14.2.4　骆驼式

动作要领：开始时，跪在地上，两大腿与双脚略分开，脚趾指向后方；吸气，两手放在两髋部，轻轻将脊柱向后弯曲，伸展大腿的肌肉；然后，在呼气的同时把双掌放在脚底上；保持两大腿垂直于地面，将头向后仰，用双掌压住两脚底，借此轻轻将脊柱向大腿方向推；一边保持此式，一边把颈项向后方伸展，收缩臀部的肌肉，伸展下脊柱区域，如图 14-4 所示；保持一段时间之后，将两手放回双髋部位，慢慢恢复预备势。

功效：强壮脊柱，促进背部的血液循环，使脊柱神经得到额外滋养，纠正驼背和肩下垂。

图 14–1　战士一式

14–2　树式平衡

14–3　三角伸展式

图 14–4　骆驼式

14.2.5　逆向肩肘倒立

动作要领：在地面上躺下，颈部、双肩及背部落在毯子上，头部着地，伸展双腿，收紧双膝，将双腿内侧脚后推，双肩外侧朝垫子方向压，抬脊柱上段，但朝毯子下推脊柱下段，向外伸展手臂，双臂靠近身体，在不移动头部的情况下，上提并扩展胸骨，向后绕肩，肩胛骨向内贴靠，稍稍向外转动上臂，将手臂内侧朝小拇指的方向伸展，呼气，弯曲膝盖，在躯干不移动的情况下，呼气，并将臀部和髋部抬离地面，将膝盖带向胸部，将双手放于髋部，肘部用力下压毯子，上提躯干直至臀部与地面垂直，将双膝带向头部，双手下滑至背的中间位置，使手掌覆盖双肾部位，大拇指之间朝向身体前侧，其他手指指尖朝向脊柱，呼气，向上抬躯干、髋部及膝盖，直到胸部碰触下巴，均匀地呼吸，双脚抬向天花板，只有颈部的后侧、双肩和上臂落在毯子上，确保身体从肩部到膝盖垂直于地面，如图 14-5 所示。

功效：使新鲜的血液流淌在脸部，使头部清醒，提高注意力；有美容和消除细纹的功效；促进血液循环，使小腿和腰部变细，预防静脉瘤；强烈刺激肠道，缓解便秘和经痛等，排出体内毒素；刺激甲状腺，促进人体新陈代谢。

14.2.6　船式

动作要领：坐在垫子上，屈膝，两手分别抓住双脚的前脚掌，吸气，脚跟抬离地面，呼气，缓慢伸展双膝向上、向外，延展双腿，稳定身体后，再次吸气，背部延展向上，收紧腹部，保持身体的稳定，如图 14-6 所示。

功效：强化腹直肌和腰直肌，挤压、按摩腹部内部，促进消化。

14.2.7 海狗式

动作要领：坐在地板上，腰背挺直，双腿在体前自然打开。弯曲左脚，置于会阴处，右腿自然弯曲。吸气，用双手抬起右脚，右臂绕过右脚与左手在体前交握，呼气。吸气，双手保持交握状态，左手手肘绕到脑后，大臂和左侧腰部感到被拉伸，腰背挺直，如图 14-7 所示。保持深呼吸，还原，换另一边再做。

功效：伸展背部、胸部和脊椎，打开胯部，舒缓腰背疼痛和坐骨神经痛。

14.2.8 坐位体前屈

动作要领：坐在地面上，双腿并拢，向前伸直，双膝向下压，脚掌拉伸，脚趾向上翘。吸气并伸直手臂，举过头顶，手心相对。呼气，髋关节带动上身向前运动，双手去握住双脚。当你无法将额头触及腿部的时候，可以利用瑜伽砖，作为额头和腿部间的桥梁，保持这个姿势，以感觉舒适为限度。深呼吸，现在开始放松，双膝稍微弯曲以放松脚部，低下头靠近双膝，放松脊柱，闭上双眼，深呼吸，如果觉得放松够了，吸气并向前伸直手臂，然后举过头顶，呼气，放下手臂，想象你的胃不断靠向大腿，如图 14-8 所示。

功效：增加血液向内脏的流量，加强免疫系统功能，刺激胸腺，平衡血糖，缓解糖尿病，加强肾功能。

图 14-5 逆向肩肘倒立

图 14-6 船式

图 14-7 海狗式

图 14-8 坐位体前屈

14.3 瑜伽组合动作

本节将讲解拜日十二式组合动作。

瑜伽中的“拜日式”据说是古代印度人清晨起床后，面对冉冉升起的太阳，为表达心中的膜拜之情而创编的一系列姿势，以感激太阳赐予人类光明和能量。拜日式能够稳定身心，柔软全身，促进血液循环，调整体质，预防各种神经系统、内分泌系统疾病以及各种慢性疾病。

拜日十二式的动作分解如图 14-9 所示，具体动作介绍如下。

（1）挺身站立，但要放松，两脚靠拢，两掌在胸前合十，正常呼吸。

（2）两脚保持平放在地上。随着双臂高举到头上（举臂时，两手食指相触，掌心向前），缓慢而深长地吸气，上身自腰部起向后方弯下。在这样做的过程中，两腿、两臂都伸直；上身向后弯以帮助增加脊柱的弯度。

（3）一面呼气，一面慢慢向前弯身，用双掌或两手手指触及地面（不要弯曲双膝）。以不

感到太费力为限，尽量使头部靠近双膝。

（4）保持两掌和右脚在地面上稳定不动，慢慢吸气，同时把左脚向后伸展。慢慢把头向后弯，胸部向前方挺出，背部成凹拱形。

（5）一面慢慢呼气，一面把右脚向后移，使两脚靠拢，臀部向上方抬起。两脚脚跟尽量压向地面，两臂和两腿伸直。身体像一座桥一样。

（6）一面吸气，一面让臀部微微向前方移动，一直到两臂垂直于地面为止。

（7）然后蓄气不呼，弯曲两肘，膝盖着地，把胸膛朝着地面方向放低，保持胸部略高于地面，一边慢慢呼气，一边把胸部向前移。

（8）直到腹部和两条大腿接触地面，吸气，同时慢慢伸直两臂，上身从腰部向上升起。背部应成凹拱形，头部应向后仰起。

（9）呼气，同时把臀部升高到空中。

（10）一边吸气，一边弯曲左腿并向前迈一大步，左脚脚趾与两手指尖平行。向上看，胸膛向前挺，脊柱成凹拱形。

（11）一边保持两掌放在地面上，一边慢慢呼气，把右脚收回与左脚并拢，伸直双腿，尽量使头部靠近双膝。

（12）吸气，两臂伸直慢慢抬高，同时慢慢抬起身体，两臂和背部向后弯。

（13）一边呼气，一边将手臂收回，两手在胸前合十，恢复到开始的姿势。

图 14-9　拜日十二式

14.4 瑜伽的放松与冥想

本节将讲解瑜伽的放松、冥想。

14.4.1 放松

在垫子上，双臂放于体侧自然放松，双手掌心向上，双手手指自然弯曲，双脚双膝向两侧自然分开，舒展背部，全身放松。自下而上念出你身体各个部位的名称，去想象身体的各个部位正在轻轻地放松。由双脚开始，放松脚趾、脚心、脚背、脚后跟、脚踝，完全地放松。放松小腿、小腿肚子、小腿胫骨、膝盖、膝盖窝，以及大腿前侧、后侧的肌肉，完全地放松。放松大腿根部、胯部、髋关节、骨盆区域、盆腔器官，完全地放松。臀部、腹部、腹脏器官、丹田部位、肚脐周围、消化系统完全地放松。腰部、背部、胸部、胸腔、头部、呼吸系统，完全地放松。锁骨、颈椎放松。双肩、大臂、肘关节、小臂、手腕、掌心、掌背，一直到 10 根手指，完全地放松。将注意力集中在背部，感觉背部肌肉群正紧紧地贴住垫子，整个脊柱正在一节一节地下沉。放松的感觉自下而上，贯穿全身，感觉放松后的身体变得很沉、很重，重得像要陷入地面下。放松下巴、双耳、后脑勺、头顶、头顶的百会穴，直到每一根发丝都得到完全放松。放松前额、眉毛、眼睛、鼻子、脸颊、嘴唇、牙齿，面部也得到完全放松。

14.4.2 冥想

想象离开了瑜伽教室，远离了喧嚣的城市，我们走进了一片森林中。我们走在笔直的小路上，柔和的阳光透过树叶的空隙照射在我们身上。柔柔的，暖暖的，我们闭上眼睛，张开臂膀，去感受大自然的气息。阵阵微风吹过，闻着沁人心脾的清香，我们仿佛融入了花的海洋。树林深处，偶尔传来布谷鸟的啼叫，隐约间，我们还听见了潺潺的溪水声。顺着小路走去，我们来到了一条小溪边，清澈见底的溪水，缓缓流淌。我们俯下身去，捧起清凉的溪水，用这溪水拍打着面部，洗去了一身的疲惫。我们的身体变得轻快了许多，越来越轻，仿佛将要随着那潺潺的溪水缓缓流走，流向我们理想的心灵居所。

思考与练习

1. 瑜伽练习如何避免受伤？
2. 瑜伽的基本动作有哪些？

活动与探索

感受大自然的能量。

本章将介绍排舞的基本知识、基本步伐和竞赛规则。

15.1 排舞概述

本节将介绍排舞的起源、概念界定、发展、特点、类型及其与广场舞的区别。

15.1.1 排舞的起源

排舞起源于原始舞，最初和我国的传统民族舞蹈一样，是人们为了庆祝丰收，采用吉他或用手打拍的方式进行表演的舞蹈。随着时代的发展和社会的进步，排舞也发生了很大的变化。首先，由于受传统礼仪的影响，起初的排舞形式是男女各站一排跳舞，不可以男女混站，这使一些很喜欢跳舞的人因为没有舞伴而不能参加，于是当时美国的一些健身俱乐部就尝试不分男女站成一排排跳舞，发展到现在，就变成了人们不分男女排成一排排，共同起舞，共同享受排舞。其次，排舞在发展过程中舞曲数目不断增多，排舞的舞曲变成了一种健身的“国际语言”、舞蹈艺术的“全球通”。最后，排舞的每一首舞曲都有了自己独一无二的舞步。

现代排舞始于 20 世纪 70 年代，无论是早期排舞还是现代排舞，都是集舞蹈、音乐、体育、艺术于一体的有氧健身运动，被很多人称为“身体与心灵”的结合体。

15.1.2 排舞的概念界定

国家体育总局体操运动管理中心 2013 年发布的《2013—2016 年排舞评分规则（试行）》中对排舞概念的阐述为：“排舞是一项通过丰富的舞步变化和段落循环将舞蹈、音乐、体育、文化等有机结合，用以诠释风格各异的舞蹈形式和音乐元素，从而娱乐身心的健身运动。”

15.1.3 我国排舞的发展

排舞于 2004 年传入我国后，很快在北京、广州、上海风行，一些地区还将排舞作为全民健身项目在本地区进行推广和普及。

2009 年国家体育总局体操运动管理中心首次将排舞列为全国万人健美操的比赛项目，同时设立了 20 多个分赛区的比赛，并且建立了排舞网站，把我国排舞舞曲推向世界。2009 年国家体育总局体操运动管理中心出版了《全国排舞比赛评分规则》，并于 2012 年加以修订，使其更加规范化，更符合排舞比赛的要求。

15.1.4 排舞的特点

1. 排舞的世界性与民族性

排舞既具有世界性，又有民族性。人们通过肢体表达对音乐和民族文化的理解，同时融入自己的情绪，使得音乐、舞蹈、情感在每个练习者身上得到升华。通过排舞，全世界的排舞练习者对各个民族的文化有了认识，排舞使世界各地的人们互相熟悉和了解。

2. 排舞的流行性与传统性

排舞在舞蹈编排上，既保留了经典的具有代表性的动作，又加入了现代人们所崇尚的“酷炫”动作；在音乐上，既可选择世界名曲，又能选择流行歌曲；在运动形式上，可以以固定的形式整齐划一地进行表演，又可以个人单独进行练习。

3. 排舞的规范性与随意性

排舞曲目众多，目前已有 4 000 多套排舞被推广，每一套排舞都是由排舞协会请专业的创作者研究创编的，或是吸收其他创编爱好者创编的作品。每一套排舞在全球拥有唯一的一首舞曲和一套固定的舞步。尽管排舞的舞步非常固定，但是编排者对上肢的编排非常随意，练习者也可以根据自己对音乐的感受自己添加动作，无拘无束地表达自己。

15.1.5 排舞的类型

排舞有各种各样的类型，根据音乐旋律和舞蹈段落，排舞可分为表演型排舞、分段型排舞、常规型排舞、组合型排舞 4 种；根据身体变化的方向，排舞可分为 3 种，即无方向、两个方向、四个方向变化的排舞。

15.1.6 排舞与广场舞的区别

1. 舞蹈标准不同

广场舞更具民族性，无须也无法用舞蹈标准来统一。排舞是国际统一的舞蹈，每个舞步都有统一的动作名称，大家必须按统一的方式跳。新编制的舞曲必须经过国际排舞协会的认证才能在全球发行推广，因此，同一首舞曲，全世界的跳法都是一样的。

2. 舞蹈基础不同

排舞要求较高，舞者要有一定的基本功，注重技巧和美感。排舞最大的特点就是，脚步动作有严格的规定，必须众人一致，手部动作则可以自由发挥。

15.2 排舞的基本步伐

排舞的基本步伐是以不同舞的基本舞步为基础的，主要有 20 个基本步伐：查尔斯顿步、纺织步、海岸步、剪刀步、爵士盒步、开关步、曼波步、蒙特利转、平衡步、恰恰步、三连转步、桑巴步、水手步、糖果步、藤步、摇椅步、趾踵步、锁步、桃乐茜步、踢换步。

15.3 排舞的竞赛规则

本节将简单介绍排舞的竞赛规则。

15.3.1 比赛项目和级别

比赛项目分为单人项目、集体项目、原创项目和历年采风项目。其中，单人项目的级别分为初级、中级和高级，集体项目的级别分为初级（两曲连跳）、中级（三曲连跳）、高级（四曲连跳）。

15.3.2 比赛分组及参赛人数

1. 比赛分组

（1）学生组：幼儿组（＜7 岁）；小学生乙组（1～3 年级）；小学生甲组（4～6 年级）；中学生乙组（7～9 年级）；中学生甲组（含普通高中、职高、中师中专等）；高校普通院校组（含独立学院、职业学院）；高校专业院校组（含体育学院、艺术院校）。

（2）青年组（18～35 岁）。

（3）中年组（36～50 岁）。

（4）常青组（50 岁以上）。

（5）家庭组（年龄不限）。

2. 参赛人数

（1）每队可报领队、随队裁判、教练、队医等若干。

（2）集体项目按大小集体分组进行，小集体每队参赛人数为 6～12 人，大集体每队参赛人数为 12 人以上，男女不限；家庭组每队人数为 3 人以上。

（3）单人项目每队限报 2 名选手，需指定计算团体总分的运动员。

15.3.3 出场顺序

出场顺序由比赛组委会抽签确定。

15.3.4 入场和退场

（1）参赛队可以选择动态入场或造型开始动作。

（2）参赛队根据音乐可选择造型结束动作或在音乐伴奏下退场。

（3）退场须向裁判员及观众行礼致意。

15.3.5 音乐时间

（1）串烧曲目音乐参赛队自备，音乐时间自音乐起至音乐结束止。

初级串烧曲目：两曲连跳的音乐时间不超过 4 分钟。

中级串烧曲目：3 曲连跳的音乐时间不超过 5 分钟。

高级串烧曲目：4 曲连跳的音乐时间不超过 6 分钟。

（2）规定曲目为本年度指定的曲目，规定曲目音乐由大赛组委会提供。

（3）自选曲目音乐时间为原曲时间，不得剪接与拼接，自选曲目音乐由大赛组委会提供。

（4）原创曲目音乐时间不得超过 4.5 分钟。

（5）单人初级曲目音乐时间为 2.5 分钟，规定一曲，由大赛组委会提供。

（6）单人中级曲目音乐时间为 2.5 分钟，规定两曲，由大赛组委会提供。

（7）单人高级曲目音乐时间为 2.5 分钟，规定两曲，由大赛组委会提供。

（8）所有参赛音乐均为 MP3 格式，串烧曲目经过剪接的音乐必须完整，无拼接痕迹。

15.3.6 比赛成绩、名次及奖励

1. 单项名次录取

各项目比赛得分高者，名次列前；如分数相等，则名次并列。

2. 团体总分

团体总分、奖项设置与奖励办法按比赛规程执行。

15.3.7 服装与服饰

（1）比赛中同性别运动员需统一着装；服装、服饰、鞋、帽等要符合曲目风格；带跟鞋要求安全，排舞项目的长裙下摆不得超过踝关节。

（2）比赛时选手可化妆，可使用花纹贴纸。

（3）可以佩戴与表演相关的饰物。

（4）获奖队代表必须着比赛服参加颁奖仪式。

（5）比赛过程中服装服饰允许变化但不得离开身体。

15.3.8 轻器械的规定

比赛中可以使用轻器械，轻器械的使用应与曲目风格或主题有关联，轻器械不得丢弃在场地上，因使用轻器械出现错误将被减分。

15.3.9 安全规定

（1）成套动作中不得出现抛接和空翻的危险动作。

（2）单人中、高级项目炫技部分可以有表现个人能力的符合曲目风格特点的技巧动作。

（3）集体项目前奏和结尾部分不得出现与曲目风格不符或超出个人能力的技巧动作。

15.3.10 场地与裁判席位置

（1）比赛场地为 16 米×16 米的平整场地。

（2）裁判席设在场地的正前方（单人项目可采用裁判移动评分）。

思考与练习

1. 排舞与广场舞的区别是什么？
2. 排舞的基本步伐有哪些？

活动与探索

若条件允许，可举办小型的排舞比赛。

本章将介绍健美操的渊源、分类、竞赛规则，并详细讲解健美操的基本动作等。

16.1 健美操概述

本节将介绍健美操的起源和分类。

16.1.1 健美操的起源

健美操是一项以有氧练习为基础，融体操、舞蹈、音乐于一体的体育运动。健美操能有效地增进心肺功能，塑造优美形体，陶冶艺术情操。

自古以来，人类对自身的“美”就有着执着的追求。孔子主张“尽善尽美”，讲究身体姿态端正。古希腊人采用跑跳、投掷、柔软体操和健美舞蹈等各种体育项目进行人体美的锻炼。在古印度的瑜伽术中，许多姿势与现代健美操的动作相一致。

1980 年，世界健美操冠军联合会成立。1983 年，国际健美操联合会成立。自 20 世纪 80 年代起，健美操运动在世界各地蓬勃发展。

16.1.2 健美操的分类

健美操的分类方法有很多，根据练习的主要目的和任务，可分为竞技健美操和健身健美操；根据练习形式，可分为徒手健美操、器械健美操和特殊场地健美操；根据性别特征，可分为女子健美操和男子健美操；根据年龄特征，可分为幼儿健美操、儿童健美操、少年健美操、青年健美操、中年健美操和老年健美操；根据锻炼部位，可分为颈部健美操、肩部健美操、臂部健美操、胸部健美操、腹部健美操、腰部健美操、髋部健美操、腿部健美操等。

16.2 健美操的基本动作

本节将具体讲解健美操的下肢动作和上肢动作。

16.2.1 下肢动作

健美操的下肢动作可分为 5 类：踏步类、迈步类、点地类、抬腿类和双腿类。

1. 踏步类

运动强度较低，两脚始终依次交替落地。

（1）路步

如图 16-1 所示，两腿原地依次抬起，依次落地，两臂自然前后摆动。落地时，由脚尖过渡到脚跟，踝、膝、髋关节依次有弹性地缓冲。

（2）走步

如图 16-2 所示，迈步向前走时，脚跟先落地，过渡到全脚掌；向后走时则相反。

图 16–1 路步

图 16–2 走步

（3）“一”字步

如图 16-3 所示，一只脚向前一步，另一只脚并于前脚，然后依次还原。前后均要有并脚过程；每一拍动作膝关节始终有弹性地缓冲。

（4）“V”字步

如图 16-4 所示，一只脚向前侧方迈一步，另一只脚随之向另一侧迈一步，成两脚开立，屈膝，然后依次退回原位。两脚间的距离略比肩宽，重心落于两腿之间。

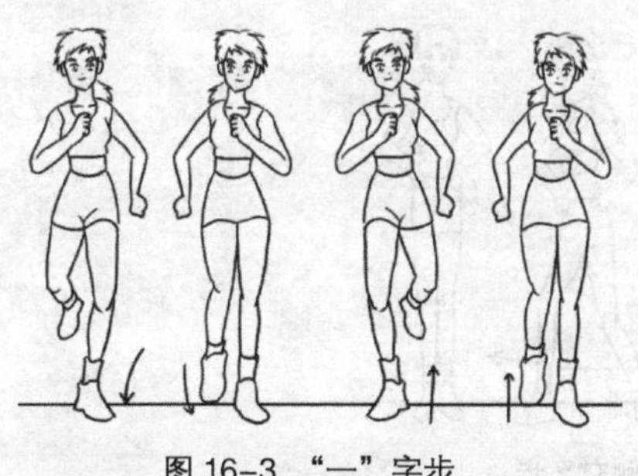

图 16–3 “一”字步

图 16–4 “V”字步

（5）漫步

如图 16-5 所示，一只脚向前迈出，屈膝，重心随之前移，另一只脚稍抬起，然后原地落

下；或向后撤一步，重心后移，另一只脚稍抬起，然后原地落下。动作富有弹性，身体重心随之前后移动。

（6）跑步

如图 16-6 所示，两腿经过腾空，依次屈膝落地缓冲，脚跟要着地，两臂屈肘摆臂。

图 16-5　漫步　　　图 16-6　跑步

2. **迈步类**

一条腿先迈出一步，重心移至该腿，另一条腿用脚跟或脚尖点地后向另一个方向迈步。

（1）并步

如图 16-7 所示，一只脚迈出，另一只脚随之并拢屈膝点地；再向反方向迈步。两膝保持弹动，重心随之移动，动作幅度和力度可随风格而定。

图 16-7　并步

（2）侧交叉步

如图 16-8 所示，一只脚向侧方迈一步，另一只脚在其后交叉，随之再向侧方迈一步，另一只脚并拢，屈膝点地。第一步脚跟先落地，屈膝缓冲，身体重心随脚步快速移动。

图 16-8　侧交叉步

3. **点地类**

一条腿屈膝站立，另一条腿伸出，用脚尖或脚跟点地后还原到并腿位置。

（1）脚尖点地

如图 16-9 所示，一条腿稍屈膝站立，另一条腿伸出（向前、向后、向一侧），脚尖点地，然后还原到并腿姿势。支撑腿始终保持屈膝站立，并随动作有弹性地屈伸。

（2）脚跟点地

如图 16-10 所示，一条腿稍屈膝站立，另一条腿伸出，脚跟点地，然后还原到并腿姿势。只可做向前和向侧的脚跟点地。

图 16-9　脚尖点地

图 16-10　脚跟点地

4. 抬腿类

一条腿站立，另一条腿抬起。

（1）吸腿

如图 16-11 所示，一条腿屈膝抬起，落地还原。上体保持正直，大腿用力上提超过水平线，小腿自然下垂。

（2）摆腿

如图 16-12 所示，一条腿站立，另一条腿做摆动。摆腿时，上体顺势前倾、后倾或侧倾。

（3）踢腿

如图 16-13 所示，一条腿站立，另一条腿抬起，然后还原。踢腿时，加速用力且有控制，上体保持正直。

图 16-11　吸腿　　图 16-12　摆腿　　图 16-13　踢腿

（4）弹踢腿（跳）

如图 16-14 所示，一条腿站立（蹬跳），另一条腿先向后屈，再向前下方弹踢后还原。腿弹出时要有控制，无须太高，上体保持正直。

（5）后屈腿（跳）

如图 16-15 所示，一条腿站立（蹬跳），另一条腿向后屈膝折叠，放下腿还原。后屈腿脚跟靠近臀部，支撑腿有弹性地缓冲落地，两膝并拢。

图 16-14　弹踢腿（跳）

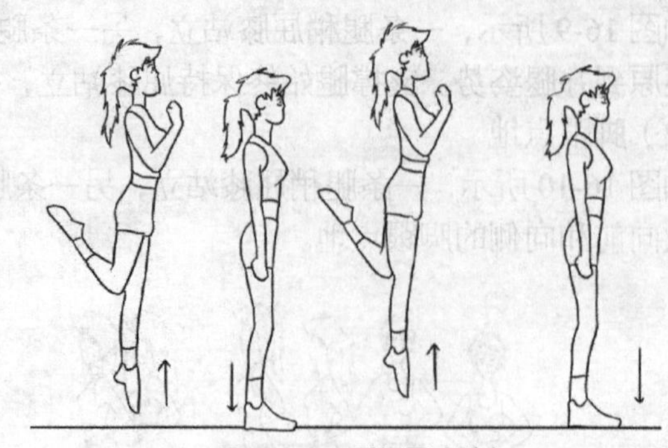
图 16-15　后屈腿（跳）

5. **双腿类**

双腿站立或跳跃，身体重心在两腿之间。

（1）并腿跳

如图 16-16 所示，两腿并拢跳起，落地缓冲且有控制。

（2）分腿跳

如图 16-17 所示，分腿站立，屈膝半蹲（大、小腿夹角不小于 90°），向上跳起，分腿落地屈膝缓冲。

图 16-16　并腿跳

图 16-17　分腿跳

（3）开合跳

由并腿跳起，分腿落地，再由分腿跳起，并腿落地。分腿屈膝蹲时，两脚自然外开，膝关节沿脚尖方向弯曲。落地时，屈膝缓冲，脚跟着地。

（4）半蹲

分为并腿半蹲和分腿半蹲，两腿有控制地同时屈和伸。如图 16-18 所示，分腿半蹲时，两腿左右分开稍大于肩，脚尖稍外展，膝关节角度不小于 90°，与脚尖方向一致，上体保持直立。

（5）弓步

如图 16-19 所示，两脚前后分开，平行站立，一条腿屈膝，脚尖与膝垂直，另一条腿伸直，重心落于两脚之间。也可两膝皆屈，后腿的大腿垂直于地面。

图 16-18　半蹲

图 16-19　弓步

温馨提示　音乐和动作的配合，对健美操的艺术效果起着关键性的作用。

16.2.2　上肢动作

1. 手形

健美操中，手掌随臂的姿态而灵活变化，一般而言，手臂伸展时，手指和手腕随之伸展，手背成反弓形；手臂弯曲时，手指、手腕放松，从肩至手指成一柔和弧线。恰当地运用各种手形，能使手臂动作更加丰富多彩。健美操常见手形如下。

（1）并拢式：五指伸直并拢，大拇指微屈，指关节贴于食指旁。

（2）分开式：五指用力伸直，充分张开，手腕保持一定的紧张程度。

（3）一指式：握拳，食指或大拇指伸直。

（4）芭蕾手势：五指微屈，后三指并拢、稍内收，大拇指内扣。

（5）拳式：握拳，大拇指在外，指关节弯曲，紧贴于食指和中指。

（6）立掌式：五指伸直，手掌用力上翘。

（7）西班牙舞手势：五指用力，小拇指、无名指、中指自掌指关节处依次屈，大拇指稍内扣。

（8）花式：在分开式的基础上小拇指伸直向掌心回弯到最大限度，无名指会随小拇指回弯。

（9）剑指：大拇指与无名指、小拇指相叠，中指、食指并拢伸直。

2. 臂部动作

健美操手臂的基本动作包括举、摆、提、拉、屈、绕、绕环等，如表 16-1 所示。

表 16-1　健美操手臂的基本动作

动作分类	动作界定	动作变化
举（摆/提/拉）	以肩为轴，臂伸直向某方向抬起并停止在某一部位，活动范围不超过 180°	单或双臂的前、后、侧举。其中双臂既可以做相同的动作，又可以做不同的动作；既可同时进行，又可依次进行，还可交叉进行
屈	肘关节产生一定的弯曲角度	包括胸前平屈、肩侧屈、肩上侧屈、肩下侧屈、肩上前屈、腰间屈、头后屈。既可以一臂做动作，又可以两臂同时做相同动作，还可以两臂依次做相同动作

续表

动作分类	动作界定	动作变化
绕（绕环）	以肩关节为轴，手臂在 180°～360° 的运动为绕；大于 360° 以上的圆周运动为绕环	单或双臂的前、后、内、外绕（环绕），小绕、中绕、大绕。两臂动作既可以同时进行，又可以依次进行

3. 肩部动作

单肩或双肩提肩、沉肩、收肩、展肩、绕肩、振肩等。

4. 躯干动作

躯干的波浪动作可向前、后、左、右依靠身体各部位依次完成，动作要协调、连贯。例如，前波浪是从下而上，后波浪是从上而下等。

16.3 健美操的竞赛规则

本节将简要介绍健美操的竞赛规则，包括总则、成套动作评分、不安全动作、纪律与处罚、特殊情况处理等内容。

16.3.1 总则

1. 定义

健身健美操：在音乐伴奏下，以身体练习为基本手段、以有氧运动为基础，达到增进健康、塑造形体、改善气质、娱乐休闲的一项运动。

2. 比赛内容

规定动作比赛（全国健美操大众锻炼标准）、自选动作比赛。

3. 年龄与分组

儿童组（小学生），12 岁以下；少年组（中学生），13～17 岁；青年组，18～34 岁；中年组，35～49 岁；老年组，50 岁以上。

4. 参赛人数

规定动作：每队 6 人，性别不限，或按比赛规程执行。自选动作：每队 3～16 人，性别不限，或按比赛规程执行。

5. 出场顺序

比赛的出场顺序在赛前由组委会竞赛部指定中间人抽签确定。

6. 比赛场地与设备

（1）赛台高 80～100 厘米，比赛场地为 12 米×12 米的地板或地毯，后面有背景遮挡。

（2）有专业的放音设备和舞台灯光。

（3）裁判席设在比赛场地的正前方。

7. 成套动作时间

（1）规定动作：按《全国健美操大众锻炼标准》的规定时间执行。

（2）自选动作：成套动作时间为 2.5 分钟至 3 分钟，计时从动作开始到动作结束。

8. 音乐伴奏

（1）规定动作音乐：由主办单位提供《全国健美操大众锻炼标准》规定动作音乐并统一播放。

（2）自选动作音乐：由参赛队自备，音乐刻录到光盘中，必须准备 2 份，其中 1 份报到后交大会放音组。

（3）自选动作音乐允许有 2×8 拍的前奏，音乐速度不限，比赛音乐必须是高质量的。

9. 比赛服装

（1）着健身服或运动式休闲服和运动鞋（旅游鞋式，不可穿球鞋、体操鞋等）。

（2）服装上可有亮片等装饰物，女选手可化淡妆；比赛时选手不得佩戴首饰。

10. 裁判组组成

裁判组由 1 名裁判长、5～7 名裁判员、1 名总记录长、2～3 名记录员、1 名计时员（自选动作比赛）、1～2 名放音员、2～3 名检录员、1 名宣告员组成，也可根据比赛规模大小适当增减裁判人员。

11. 评分方法

（1）采取公开示分的方法，成套动作满分为 10 分，裁判员的评分精确到 0.1 分。

（2）评分计算方法是去掉 1 个最高分和 1 个最低分，中间 3 个分数的平均分即为得分，再减去裁判长减分即为最后得分。

（3）对比赛成绩和结果不接受申诉。

12. 比赛成绩与奖励

（1）比赛成绩按比赛规程执行。

（2）奖项设置与奖励办法按比赛规程执行。

16.3.2 成套动作评分

1. 规定动作评分（10 分制）

评分因素与分值：表演和团队精神 4 分，动作完成 6 分，如表 16-2 所示。

表 16-2 规定动作评分表

扣分表				
评分因素与分值	内容	一般	较差	不可接受
表演和团队精神 4 分	表现力与热情	0.1～0.2 分	0.3～0.4 分	0.5 分或更多
	队形	0.1～0.2 分	0.3～0.4 分	0.5 分或更多
	一致性（每次）	0.1 分	0.2 分	0.3 分
动作完成 6 分	动作的正确性	0.1～0.2 分	0.3～0.4 分	0.5 分或更多
	动作不熟练、漏做动作	0.1～0.2 分	0.3～0.4 分	0.5 分或更多
	身体的协调性	0.1～0.2 分	0.3～0.4 分	0.5 分或更多
	动作连接	0.1～0.2 分	0.3～0.4 分	0.5 分或更多
	改变动作或附加动作	0.1～0.2 分	0.3～0.4 分	0.5 分或更多
	动作充分表现音乐的情绪	0.1～0.2 分	0.3～0.4 分	0.5 分或更多
	动作和音乐节奏配合准确	0.1～0.2 分	0.3～0.4 分	0.5 分或更多

2. **自选动作评分（10 分制）**

评分因素与分值：动作设计集体 3 分/个人 4 分，动作完成集体 4 分/个人 4 分，表演和团队精神 3 分，个人表演 2 分，如表 16-3 所示。

表 16-3 自选动作评分表

<table>
<tr><th colspan="6">扣分表</th></tr>
<tr><th colspan="2">评分因素与分值</th><th>内容</th><th>一般</th><th>较差</th><th>不可接受</th></tr>
<tr><td colspan="2" rowspan="8">动作设计
集体 3 分/个人 4 分</td><td>主题健康、充满活力</td><td>0.1～0.2 分</td><td>0.3～0.4 分</td><td>0.5 分或更多</td></tr>
<tr><td>风格突出、富有创意</td><td>0.1～0.2 分</td><td>0.3～0.4 分</td><td>0.5 分或更多</td></tr>
<tr><td>动作类型丰富，动作的转换自然流畅</td><td>0.1～0.2 分</td><td>0.3～0.4 分</td><td>0.5 分或更多</td></tr>
<tr><td>服饰选择美观协调</td><td>0.1～0.2 分</td><td>0.3～0.4 分</td><td>0.5 分或更多</td></tr>
<tr><td>音乐的选择与动作风格相一致并配合协调，录音质量高、清晰</td><td>0.1～0.2 分</td><td>0.3～0.4 分</td><td>0.5 分或更多</td></tr>
<tr><td>充分利用场地和空间</td><td>0.1～0.2 分</td><td>0.3～0.4 分</td><td>0.5 分或更多</td></tr>
<tr><td>安全性</td><td>0.1～0.2 分</td><td>0.3～0.4 分</td><td>0.5 分或更多</td></tr>
<tr><td>每出现一个不安全动作</td><td colspan="3">0.2 分</td></tr>
<tr><td colspan="2" rowspan="4">动作完成
集体 4 分/个人 4 分</td><td>动作完成轻松、准确、流畅</td><td>0.1～0.2 分</td><td>0.3～0.4 分</td><td>0.5 分或更多</td></tr>
<tr><td>动作完成能体现所选择主题的风格和特点</td><td>0.1～0.2 分</td><td>0.3～0.4 分</td><td>0.5 分或更多</td></tr>
<tr><td>动作与音乐须协调一致</td><td>0.1～0.2 分</td><td>0.3～0.4 分</td><td>0.5 分或更多</td></tr>
<tr><td>基本姿态和技术正确，动作优美</td><td>0.1～0.2 分</td><td>0.3～0.4 分</td><td>0.5 分或更多</td></tr>
<tr><td rowspan="4">集体</td><td rowspan="4">表演和团队精神 3 分</td><td>表现力与热情</td><td>0.1～0.2 分</td><td>0.3～0.4 分</td><td>0.5 分或更多</td></tr>
<tr><td>队形</td><td>0.1～0.2 分</td><td>0.3～0.4 分</td><td>0.5 分或更多</td></tr>
<tr><td>一致性（每次）</td><td>0.1 分</td><td>0.2 分</td><td>0.3 分</td></tr>
<tr><td>表现力与热情</td><td>0.3 分</td><td>0.4～0.5 分</td><td>0.6 分或更多</td></tr>
<tr><td colspan="2">个人表演 2 分</td><td>表现力与热情</td><td>0.3 分</td><td>0.4～0.5 分</td><td>0.6 分或更多</td></tr>
</table>

3. **裁判长减分**

裁判长对比赛的过程进行组织和监控，并对下列情况进行减分，每项均减 0.2 分：被叫到后 20 秒内未出场；参赛人数不符合规定；成套时间不足或超过；着装不符合规定；比赛时掉物或装束散落。

16.3.3 不安全动作

不安全动作包括：各种竞技体操和技巧运动的翻转与抛接动作；过度背弓；无支撑体前屈；仰卧翻臀；头绕环和过度头后仰；膝转；足尖起；仰卧直腿起坐、仰卧直腿举腿、仰卧两头起；臀部低于膝关节的深蹲；高难度的托举动作。

在成套动作中不鼓励出现竞技健美操中的难度动作，如出现类似的动作，将不予加分，并对出现的错误动作进行减分。

16.3.4　纪律与处罚

1. 裁判员纪律与处罚

严格按照国家体育总局关于全国体育竞赛裁判纪律有关规定执行。

2. 参赛者纪律与处罚

（1）裁判示意后 1 分钟未出场者，取消比赛资格。

（2）拒绝领奖者取消所有成绩与名次。

（3）检录 3 次未到者取消该项比赛资格。

（4）对不遵守大会其他纪律、不尊重裁判员和大会工作人员、有意干扰比赛者将视情况给予以下处罚：警告；取消比赛资格；取消健美操等级指导员资格；终身取消比赛资格。

16.3.5　特殊情况处理

运动员在遇到以下特殊情况时，应立即停止做动作并向裁判长反映，在问题解决后重做，在成套动作结束后提出的要求将不被接受：播放错音乐；由于音响设备而出现的音乐问题；由于设备问题而出现的干扰——灯光、舞台、会场。

思考与练习

健美操的基本动作有哪些？

活动与探索

若条件允许，可举办小型的健美操比赛。

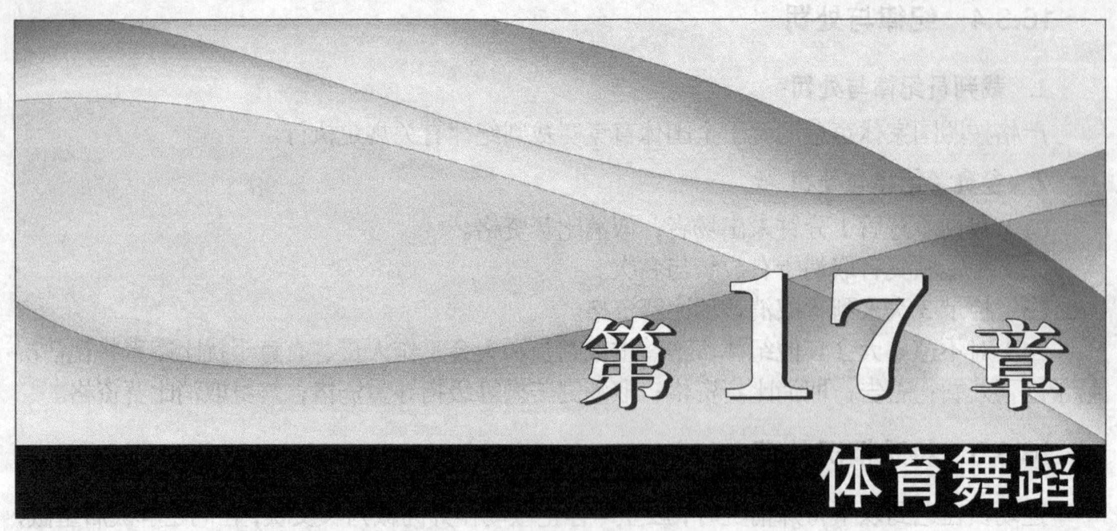

第17章 体育舞蹈

本章将介绍体育舞蹈的起源与发展，并详细讲解体育舞蹈的基本知识和基本技术。

17.1 体育舞蹈概述

体育舞蹈也称国际标准交谊舞（简称国标舞），集娱乐、运动、艺术于一体，是以男女为伴的一种步行式双人舞。

体育舞蹈的发展经历了原始舞、公众舞、民间舞、宫廷舞、交际舞、新旧国际标准交谊舞等演变过程。早在殷商乐舞“韶”中，便有“相与连臂踏歌行”的集体舞之说。18 世纪 20 年代，英国皇家舞蹈教师协会对舞种、舞步、舞姿等进行了规范整理，制定了比赛方法，形成了国际标准交谊舞。1847 年，在德国柏林举行了第 1 届世界标准交谊舞锦标赛。1992 年，国标舞被列为奥运会表演项目。

17.2 体育舞蹈的基本知识和基本技术

本节将详细讲解舞种、舞程线、方位、角度等体育舞蹈的基本知识，以及标准握持、舞姿、舞步等体育舞蹈的基本技术。

17.2.1 体育舞蹈的基本知识

1. 舞种

体育舞蹈按舞蹈的风格和技术结构，分为摩登舞（现代舞）和拉丁舞两大类。摩登舞包括华尔兹、快步舞、探戈、狐步和维也纳华尔兹 5 种，拉丁舞包括伦巴、桑巴、恰恰恰、斗牛舞和牛仔舞 5 种。每个舞种均有各自的舞曲、舞步及风格，根据各舞种的乐曲和动作要求，编排成各自的成套动作。

（1）摩登舞

① 华尔兹。华尔兹也称圆舞，是体育舞蹈中历史悠久、生命力较强的舞蹈形式，有“舞

中之后”的美誉。其动作风格庄重典雅、舒展大方、华丽多姿、飘逸优美，伴奏音乐为 3/4 拍，每分钟 30～32 小节，舞步为 1 拍 1 步，每音乐小节跳 3 步。但前进并合步（追步）、前进锁步、后退锁步等步伐中每小节跳 4 步。

② 探戈。探戈起源于非洲中西部的民间舞蹈“探戈诺”舞，据传为情人之间的秘密舞蹈，有“舞中之王”的美誉。其动作风格刚劲挺拔、热烈狂放且变化无穷，沉稳中见激越，奔放中显顿挫，在“情绪抑制”的内向中具有丰富的“引诱性”。其伴奏音乐为 4/4 拍，每分钟 28～34 小节。

③ 狐步舞。狐步舞起源于美国舞蹈，20 世纪初从美国逐渐流行于世界。其动作风格流动感强，轻盈恬适，舒展流畅，平稳大方，悠闲从容。其伴奏音乐为 4/4 拍，每分钟 28～36 小节。

④ 快步舞。快步舞是一种快速 4 拍子舞蹈，由美国民间舞演变而来，早期吸收了狐步舞动作，后又引入了芭蕾舞的小动作。其动作风格轻快活泼，圆滑流利，富于激情，洒脱自由，奔放灵活，快速多变，饱含动力感和表现力。其伴奏音乐为 4/4 拍，每分钟 50～52 小节，基本节奏是慢慢快快，慢快快慢。

⑤ 维也纳华尔兹。维也纳华尔兹俗称快三步，起源于奥地利的农民舞蹈，又称“快乐尔兹”。其动作风格流畅华丽，轻松明快，翩跹回旋，活泼奔放。其伴奏音乐称为圆舞曲，3/4 拍，每分钟 56～60 小节，第 1 拍为重拍，第 4 拍为次重拍。基本步伐是 6 拍走 6 步，2 小节为 1 循环，第 1 小节为 1 次起伏。

（2）拉丁舞

① 伦巴。伦巴起源于古巴，最初是表现男女爱情的哑剧舞蹈。其动作风格浪漫奔放，性感热情，曼妙婀娜，被称为拉丁美洲音乐和舞蹈的精神与灵魂。其伴奏音乐是 4/4 拍，每分钟 27～29 小节。舞步从第 4 拍起跳，由 1 个慢步和 2 个快步组成。4 拍走 3 步，慢步占 2 拍（第 4 拍和下一小节的第 1 拍），快步各占 1 拍（第 2 拍和第 3 拍）。胯部摆动 3 次。

② 桑巴。桑巴被称为巴西的“国舞”，是一种集体性的交谊舞蹈，源自非洲的黑人舞蹈，原指一种激昂的肚皮舞。男舞者钟情于脚下各种灵巧的动作，两脚飞速移动或旋转。女舞者则以上身的抖动及腹部与臀部扭动为主。其动作风格狂放不羁，动作幅度很大，节奏强烈，给人以激情似火的感觉。桑巴舞沿舞程线方向绕场移动，是一种行进性舞蹈，伴奏音乐是 2/4 拍或 4/4 拍，每分钟 48～56 小节。

③ 恰恰恰。恰恰恰是模仿企鹅的动作创编而成的舞蹈，借以表达青年男女之间追逐嬉戏的情景，起源于非洲，传入拉丁美洲后，在古巴获得了很大发展。其动作风格风趣诙谐，热烈俏美，步法利落，花哨紧凑。伴奏音乐是 4/4 拍，每拍跳 5 步，每分钟 29～32 小节。

④ 斗牛舞。斗牛舞即帕索多布累，也称西班牙一步舞，起源于西班牙，是模仿西班牙斗牛士的动作而创编的舞蹈，主要表现斗牛士的强壮和豪迈气概。其动作风格澎湃激昂，雄壮强悍，动静鲜明，敏捷顿挫。伴奏音乐是 2/4 拍，每分钟 60～62 小节，1 拍 1 步，8 拍 1 循环。

⑤ 牛仔舞。牛仔舞又称为捷舞、摆舞、吉特巴、水兵舞，源于美国西部，原是美国西部牛仔跳的踢踏舞。其动作风格快速粗犷，自由奔放，热情欢快。伴奏音乐是 4/4 拍，每分钟 40～44 小节，每小节有 2 拍或 4 拍，6 拍为一个舞步。。

2. 舞程线

如图 17-1 所示，跳舞中为避免互相碰撞，规定跳舞者必须按逆时针方向前进，这个行进线路称为舞程线。其中，长的两条为 A 线，短的两条为 B 线。

3. **方位**

如图 17-2 所示，以舞场正前方（多为乐队演奏台）为基点，定为“1 点”，每顺时针移动 45° 则变动一个方位，以此类推，分别为 2～8 号位。

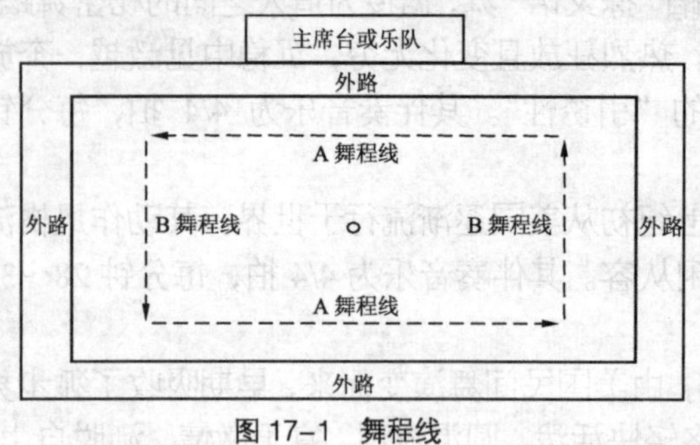

图 17-1　舞程线　　　图 17-2　方位

4. **角度**

如图 17-3 所示，交谊舞中，舞者旋转的方向有左转和右转，旋转的角度一般分为 45°、90°、135°、180°、225°、270°、315° 和 360°。

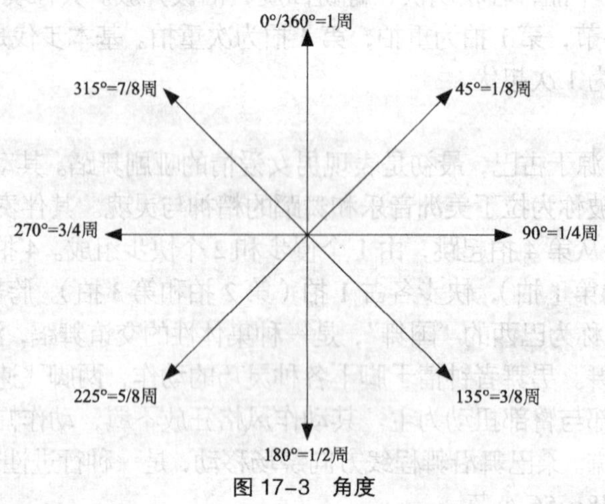

图 17-3　角度

17.2.2　体育舞蹈的基本技术

1. **标准握持**

标准握持：应当使共舞双方形成整体性结构，融为一体。它不仅关系到造型的优美，而且影响着信息的传递、重心的稳定、用力方法的正确与统一，以及特殊技巧的运用等一系列问题。在体育舞蹈中，除探戈之外，所有舞种的标准握持都是一样的。标准握持的要点如下。

（1）脚

双脚平行并拢，切忌不可“八”字形张开；右脚尖对准舞伴的两脚之间；重心集中于前脚掌且不能抬起脚跟。

（2）手

男舞者的右手掌心向里，扶在女舞者左侧腰部的上方，五指并拢，肘与指尖形成一条直线，大臂与肩膀呈椭圆形展开；女舞者左手轻放在男舞者右大臂三角肌处，四指并拢，用虎口定位；男舞者左手和女舞者右手相握。

（3）躯干

在保持双方肩横线平行的前提下，各自的头部向左侧转动 45°，双眼平视前方。女舞者上体后展约 15°，成挺拔式弯曲，表现出女性特有的曲线美。

2. 舞姿

舞姿泛指舞者跳舞的姿态，是舞步变化的基础。

合对位舞姿（闭式舞姿）：“合”指两舞者交手握抱，“对”指面对面，泛指男女面对面双手扶握的身体位，女舞者应偏向男舞者右侧约 1/3。

散式舞姿：指男舞者的右侧与女舞者的左侧身体紧密贴靠，身体的另一侧略向外展开成“V”字形的站立或行进的身体位置。双方的视点集中在握手的延伸方向。

3. 舞步

（1）直步：面向舞程线，双脚并拢，脚尖对正前方，脚跟对正后方，前进或后退。

（2）横步：以直步为参考点，向脚外侧方向平移。

（3）切步：以直步为参考点，运步时，动作脚内侧朝向前进方向。

（4）扣步：以直步为参考点，运步时，动作脚外侧朝向前进方向。

（5）擦步：当动力脚从一个开位向另一个开位移动时，必须先与主力脚靠拢，且重心不变。

（6）滑步：舞步由 3 步组成，在第 2 步双脚并拢。

（7）锁步：两脚前后交叉。

（8）踌躇步：前进暂时受阻，而重心停留于一脚后时间超过一拍的舞步。

（9）逗留步：身体运动或旋转受阻时，双脚几乎静止不动的舞步。

（10）轴转：脚掌的旋转，另一脚处于或前或后的反身动作位置。

温馨提示　交谊舞的 3 要素：舞姿、音乐、舞步。其中，舞姿是最重要的，其次是音乐，最后是舞步。

17.3　体育舞蹈的竞赛规则

（1）团体舞锦标赛可有两种形式：标准舞和拉丁舞。

（2）比赛着装。标准舞部分：男舞者服装必须为黑色或藏蓝色。拉丁舞部分：允许男舞者穿彩色的服装，但每队的所有男队员必须服装颜色统一，不允许使用道具。

（3）标准舞比赛队的动作编排必须是基于华尔兹、探戈、维也纳华尔兹、慢狐步舞和快步舞，并且最多可选 16 小节其他舞（包括拉丁舞）。

（4）拉丁舞比赛队的动作编排必须是基于桑巴、恰恰恰、伦巴、斗牛舞、牛仔舞和其他拉丁节奏，并且最多可选 16 小节其他舞（包括标准舞）。

（5）标准舞的每段独舞将严格限制在 8 小节以内，在整个舞蹈编排中最多 24 小节。此规则不适用于拉丁舞，在拉丁舞中独舞通常作为一部分。两种舞中都不允许有托举动作。

（6）在所有比赛中，参赛队应由 6 对或 8 对选手组成。在同一比赛中，任何人不得参加超过一队的比赛。

（7）在比赛中的任何阶段，各队队员最多可以有 4 名替补。

（8）包括入场和出场每队的表演不得超过 6 分钟。在此 6 分钟内，将评判不超过 4.5 分钟的表演，表演的开始和结束应有明确的指示。未遵守这些要求的队可由主席决定取消比赛资格。

（9）比赛必须安排来自不同国家的不少于 7 名有团体舞经验的裁判。

（10）必须为各队的彩排做充足的安排，为各队在舞厅安排充足的时间带音乐排练。

（11）必须任命 1 名主席。他必须参加彩排并警告违反规则的队。如有参赛队在比赛中违反规则，他有权和裁判们协商后取消该队的比赛资格。在比赛时只允许使用彩排时的动作编排和音乐，比赛时不允许更换服装。

（12）当比赛参赛队超过 5 支时，必须举行第 2 轮比赛。

思考与练习

1. 体育舞蹈可分为哪几类？
2. 体育舞蹈的基本技术有哪些？

活动与探索

若条件允许，可举办小型的体育舞蹈比赛。

本章将介绍拓展训练的起源，阐述拓展训练的特点，概括拓展训练的流程。针对大学生协作能力、沟通能力、创新能力的培养，选取有代表性的拓展训练项目进行详细讲解。

18.1 拓展训练概述

本节将介绍拓展训练的起源与发展；分析拓展训练的特点，如亲身体验性、综合活动性、挑战极限性、集体协作性、高峰成就性、自我发展性；概述拓展训练的流程，即亲历、感受、分享、总结、应用，这5个步骤循环往复，巩固并提升着拓展训练的效果。

18.1.1 拓展训练的起源

1941年，库尔特·汉恩等人在英国创办了阿德伯威海上训练学校，训练船员海上生存能力，使其养成坚毅的性格，树立无惧的勇气，全力以赴地面对险情、排解逆境。经过潜心研究，库尔特·汉恩提出了拓展训练的两条核心内容：①你的挫折就是你的机会；②你有很多意想不到的能力。他认为培养学生面对挫折的能力与培养学生的智力同样重要。

拓展训练以其独特的创意和训练方式，逐渐推广开来。其训练对象由最初的海员扩大到军人、学生、工商业人员等各类群体，训练目标也由单纯的体能训练、生存训练和心理训练扩展到人格训练、管理训练、团队训练等。20世纪70年代，拓展训练传入美国，之后进入亚洲。1995年传入我国，被翻译为拓展训练，促进了国内体验式培训的蓬勃发展。

拓展训练的实质是利用崇山峻岭、瀚海大川等自然环境，或就地取材，通过一些模拟场景的体验和精心设计的活动，获取积极思维、突破自我的经验，取代以前经历中沉淀的一些消极经验。最终达到磨炼意志、陶冶情操、挑战自我、完善人格、激发潜能、熔炼团队的培训目的。

18.1.2 拓展训练的特点

有人认为，拓展训练充满未知性，不像其他运动那么循规蹈矩；也有人认为，拓展训练

就是玩个心跳，找个刺激，是考验胆量的运动，不像其他运动那么平淡；还有人认为，拓展训练可以更好地培养团队合作精神，不像其他运动那么内涵简单，这些说法都只是反映了拓展训练的表面特征。就本质而言，拓展训练具有以下 6 个特点。

1. **亲身体验性**

亲身体验是拓展训练的真谛。研究表明，人类对听到的知识大约可以记住 10%；对看到的知识大约可以记住 25%；对亲自经历过的大约可以记住 70%。也就是说，人们更容易接受并记住亲身经历的事情。拓展训练的特点之一就在于抓住了人类学习的记忆特点，以各种方式模拟在实际工作生活中可能遇到的矛盾，通过身体力行，从中悟出道理。

简而言之，拓展训练是以参与者的亲身体验为核心，对人深层次的心理施加影响的训练方式。它在人的心理、性格、态度等方面的教育具有突出的优势，能够真正切实有效地改变一个人的行为习惯，塑造积极的行为方式。

温馨提示　人类最基本的认识方式是感觉，而不是思考。

2. **综合活动性**

拓展训练以体能活动为引导，蕴涵认知活动、情感活动、意志活动和交往活动，有明确的操作过程，要求参与者全身心投入。

3. **挑战极限性**

拓展训练的部分项目需要参与者通过鼓励、克服心理障碍，跨越“心理极限”。

4. **集体协作性**

拓展训练强调团队合作，力求每位参与者都能从团队中汲取力量，并竭尽全力地为团体争光。

5. **高峰成就性**

在克服重重困难完成扩展训练的项目要求后，参与者能够体会到发自内心的成就感、胜利感和自豪感，获得人生的高峰体验。

6. **自我发展性**

参与者在训练中占据主体地位，充分发挥主观能动性，发现自己的问题所在，并努力克服弊端。通过拓展训练，参与者能够提升群体意识，改善人际关系，学会关注他人，发掘自身潜能，增强自信心，克服懒惰懦弱，磨炼意志品质，启发想象力和创造力。

18.1.3 拓展训练的流程

如图 18-1 所示，拓展训练的流程包括 5 个步骤：亲历、感受、分享、总结、应用。

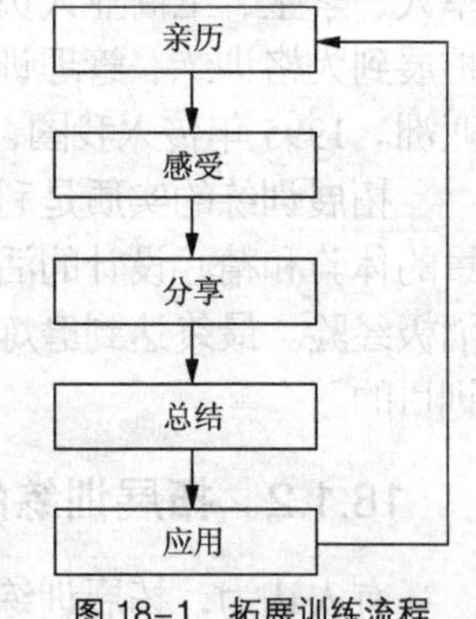

图 18-1　拓展训练流程

1. **亲历**

亲历也就是亲身体验。任何一个训练项目的开始都是参与者在教师的指引下经历一种模拟场景，完成一项任务。

参与者在十分开放（这种方式令人充满疑惑和好奇，对获取知

识充满了渴望，这时人的状态是完全开放的）的状态下，体悟到自身在性格、思维、应急反应等深层次方面的优势和劣势，进而将影响直接施加到心灵的最深处。

2. 感受

参与者通过置身其中，得到最真切的、全方位的、印象深刻的感受。参与者在经历的过程中，会产生一些想法、观点，意识到自己的“症结”所在。

3. 分享

“三人行必有我师”，完成任务的过程，也是磨合切磋、交流共进的过程。在分享感受、畅所欲言的过程中，每个参与者会得到数倍的经验，这也正是拓展训练的魅力所在。

4. 总结

通过实践、观察、交流和讨论，参与者都会有所心得，其认识亦由感性上升到理性。

5. 应用

这个过程是训练之后的个人收获。认识由实践获得，再用来指导实践，这也是拓展训练的终极意义所在。

18.2　拓展训练项目

本节针对大学生协作能力、沟通能力、创新能力的培养，选取盲人方阵、人椅、连环手、雷阵等具有代表性的拓展训练项目进行详细讲解。

18.2.1　协作能力拓展训练

协作能力拓展训练可选择盲人方阵活动和人椅活动。

1. 盲人方阵

盲人方阵活动如图 18-2 所示。

（1）项目类型：团队合作项目。

（2）场地：一块平整的场地。

（3）器材：眼罩若干、长绳（按条件可以选择不同长度的绳子，如 25 米、20 米、18 米、12 米等）。

图 18–2　盲人方阵

（4）人员：根据绳子长短，每组 5～20 人。

（5）项目时间：20～30 分钟。

（6）项目目标：加强参与者的团队合作精神，帮助参与者体会团体工作中沟通的重要性，提高参与者对于结构变动的适应能力。

（7）项目规则：蒙上眼睛后，每位参与者在原地转 3 圈，再向前走 5 步；教师将一捆缠绕在一起的绳子交给一名参与者，要求在规定时间内利用这捆绳子组成一个最大的正方形；所有参与者要均匀地分布在 4 边，在项目完成前不许解开眼罩。

（8）注意事项：提醒并防止参与者互相碰撞。

（9）引导讨论：项目中最困难的环节在哪里？（兄弟同心，其利断金）在非常状态（没有视觉）下，如何与同伴沟通？（要尽快选定指挥者）有些人为什么始终保持沉默，这样是否正确？（沉默未必是坏事，太多不成熟的意见反而会干扰决策。在没有明确的决定前，要善于倾听他人的意见，服从统一指挥可能就是对团队的最大贡献）领导者的指挥是否迅速有效？

（10）改进建议：可以几个组同时进行，不同的组摆出不同的图形，如圆形、三角形、长方形等，并利用这些图形拼出图画，如房屋、汽车、水塔等。

2. 人椅

人椅活动如图 18-3 所示。

图 18-3 人椅

（1）项目类型：团队合作项目。

（2）场地：一块平整的场地。

（3）器材：无。

（4）人员：5 人以上。

（5）项目时间：5 分钟以上。

（6）项目目标：认识团队协作的重要性；理解个体和团队之间的辩证关系。

（7）项目规则：全体参与者围成一圈；每人将双手放在前面一名队员的两肩上；大家听从教师的指令，缓缓坐在身后队员的大腿上；坐下后，教师可以带领大家喊出相应的口号，如“齐心协力”“团结一致”等。

（8）注意事项：注意参与者的安全。

（9）引导讨论：游戏中自己是否有依赖思想？（松懈自己对团队可能造成怎样的影响）自己的精神及体力状态发生了怎样的变化？（要想坐得长久，坐得舒服，每个人都要先当好一把椅子）

（10）改进建议：可以以小组竞赛的形式进行。

18.2.2　沟通能力拓展训练

沟通能力拓展训练可选择连环手活动，如图 18-4 所示。

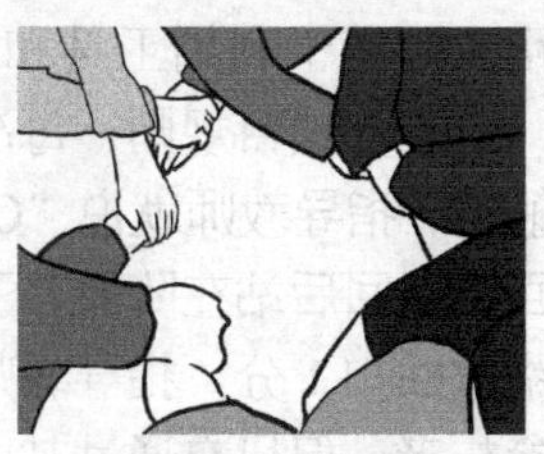

图 18-4　连环手

（1）项目类型：团队项目。

（2）场地：一块平整的场地。

（3）器材：无。

（4）人员：每组 10 人。

（5）项目时间：20 分钟。

（6）项目目标：让参与者体会在解决团队问题时沟通的重要性，以及团队合作、永不放弃的精神。

（7）项目规则：每个小组围成一圈；每个人交叉左右手，握住身边人的右左手；在不松手的情况下，把这张网打开，成为小组组员之间手拉手的圆。

（8）注意事项：每组成员要共同想办法，及时交流。

（9）引导讨论：开始思路是否很混乱？（参与者应明白，有些问题单凭个人力量无法解决。当一个环节出现问题时，可以从全局的角度考虑解决）在解开一点后，你的想法是否发生了变化？（是否能体会到“胜利往往就是再坚持一下”）沟通是否帮助你们解决问题？

（10）参考答案：先翻转身，使大家手拉着手背对圆心。然后从某一个人开始，从邻近一个人的手下走过去，人全部走完后，手环也就解开了。

18.2.3　创新能力拓展训练

创新能力拓展训练可选择雷阵活动，如图 18-5 所示。

雷阵出口

109	110	111	112	113	114	115	116	117	118	119	120
97	98	99	100	101	102	103	104	105	106	107	108
85	86	87	88	89	90	91	92	93	94	95	96
73	74	75	76	77	78	79	80	81	82	83	84
			67	68	69	70	71	72			
			61	62	63	64	65	66			
			55	56	57	58	59	60			
			49	50	51	52	53	54			
37	38	39	40	41	42	43	44	45	46	47	48
25	26	27	28	29	30	31	32	33	34	35	36
13	14	15	16	17	18	19	20	21	22	23	24
01	02	03	04	05	06	07	08	09	10	11	12

雷阵入口

图 18-5　雷阵

（1）项目类型：团队合作项目。

（2）场地：一块平整的场地。

（3）器材：用粉笔画的雷阵。

（4）人员：10 人以上。

（5）项目时间：30 分钟。

（6）项目目标：突破思维定式；勇于探索，敢于创新；学会汲取别人的经验，少走弯

路；要善于利用工具和资源。

（7）项目规则：每次只有一人进行探雷，只能走相邻的格子，不能隔格跨越，如果没有触雷，指导教师就说“OK”，探雷者可以继续前进，如果指导教师说“对不起”，请按原路返回，返回后站在队尾，下一个人继续探路。100 分为满分，每重复触雷 1 次扣 1 分，没按原路返回扣 1 分。指导教师有雷区图，表明雷的分布，两个大的空白格区是安全区（不要告诉参与者，但只有通过其中一个安全区才能最终走出雷阵）。

（8）注意事项：提醒参与者要听清要求，要记住触雷情况及行走路线，注意听从教师指令。

（9）项目控制：活动开始后，教师应始终保持沉默；队员之间可以进行争论；队员试图放弃时，教师应反复询问。

（10）引导讨论：采用了哪些方法帮助完成任务？（利用树叶、石块等做标记，分人记忆等）最终参与者走投无路尝试踏入空白区时，意味着打破了思维定式，是成功的突破。

思考与练习

1. 拓展训练的特点是什么？
2. 拓展训练的流程包括哪几步？

活动与探索

如果条件允许，可开展野外拓展训练。

本章将详细讲解户外运动中自行车运动和定向越野运动两项运动的基础知识、基本技术和竞赛规则。

19.1 自行车运动

本节将介绍自行车运动的起源、发展、竞赛项目、竞赛规则，详细讲解自行车运动的基本技术：骑行姿势、踏蹬技术、上下坡技术、转弯技术、刹车技术、跟车技术、起跑技术等。

19.1.1 自行车运动概述

自行车运动是以自行车为工具比赛骑行速度的体育运动。它融娱乐和健身为一体，能有效地提高心肺功能，增强血液循环，锻炼耐力和下肢肌力，预防高血压、心脏病等。

自行车起源于欧洲。1642 年意大利一位橱窗设计师在彩色玻璃上绘制了自行车的雏形图案，但并未造出实物。1790 年，法国的西夫拉克伯爵将木马装上两个轮子，骑在上面用脚蹬地前行，该装置被称为木马轮，如图 19-1 所示，这便是自行车的雏形。1816 年，德国的冯德赖斯男爵发明了有车把可控制方向的木轮车，如图 19-2 所示。1839 年，苏格兰铁匠麦克米兰制造了铁制车轮的自行车，后轮的车轴上装上曲柄，再以连杆与前面的脚蹬连接。1861 年，法国的米肖父子研发了前轮大、后轮小，前轮上装有曲柄和能转动的踏板，并架有鞍座的自行车，如图 19-3 所示。1869 年，英国的雷诺利用钢丝辐条拉紧车圈做成车轮，以钢棒制成车架，并在轮辋上装配了实心橡胶带，大大减轻了自行车的质量。

真正具有现代形式的自行车诞生于 1874 年。英国的劳森在自行车上别出心裁地安装了链条和链轮，利用传动结构，以后轮的转动来推动车子前进。1886—1888 年，英国机械工程师斯塔利，用钢管制成了菱形车架，设计了滚珠轴承、前叉和车闸，将前后轮改为大小相同并首次使用了橡胶车轮，如图 19-4 所示。斯塔利不仅改进了自行车的结构，还设计了专门生产自行车部件的机床，为自行车的制造和推广开辟了广阔的道路，在世界科技史上被誉为“自行车之父”。1888 年，英国的邓洛普运用了充气橡胶轮胎，自行车至此基本完善。

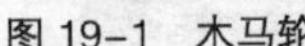

图 19-1 木马轮

图 19-2 木轮车

图 19-3 有鞍座的自行车

图 19-4 橡胶车轮

有记载的最早的自行车比赛是 1868 年在巴黎圣克劳德公园举行的。第一次女子自行车赛，据说是 1888 年在悉尼市郊举行的。1893 年，首届世界业余自行车锦标赛举行。1895 年，首届世界职业自行车比赛举行。1896 年，第 1 届奥林匹克运动会把自行车男子公路个人赛列为正式比赛项目。

1900 年 4 月 14 日，国际自行车联盟成立，总部设于日内瓦（现国际自行车联盟总部设在瑞士艾格勒）。20 世纪 90 年代中期，业余自行车运动与职业自行车运动正式统一，业余车手与职业车手均可在比赛中一决高下。

19.1.2 自行车运动的竞赛项目

奥运会自行车项目包括场地赛、公路赛、越野赛、小轮车赛 4 个分项，男子设 11 个小项，女子设 7 个小项，共 18 块金牌。

19.1.3 自行车运动的基本技术

1. 骑行姿势

正确的自行车骑行姿势可以降低能量消耗，减少不必要的肌肉紧张，是力量和技术得以充分发挥的前提和基础。

如图 19-5 所示，上体较低，略成“弓”状，头部稍倾斜前伸；双臂自然弯曲，手腕放松，双手灵活而有力地握把；臀部坐稳车座。这种姿势可以降低身体重心，自然地吸收路面的冲击与振动。

图 19-5 骑行姿势

为了确保正确的骑行姿势，必须根据个人实际情况，做好车辆的选择：注意车架大小，调整车座角度、高低与前后，调节车把宽度和高度、车把立管长度等。

（1）车座的选择与调整

① 车座的选择。必须根据骨盆解剖构造选用合适的车座。坐骨结节（结节指生物体表面或内部组织中圆形的小突起）间距离宽的应选用宽车座，反之则应选用窄车座。此外，车座的选择还要考虑骑行距离的长短和运动强度的大小。场地赛距离短，强度大，肌肉和神经高度紧张，可选用窄车座；公路赛时间长，可选择与坐骨接触面较大的车座。女运动员由于生理特点，应选择较宽而柔软的车座。

② 车座角度的调整。车座的角度大致应保持水平。由于众多车座为弧面，可以先拿一把长尺置于坐垫上，再以眼睛目测，如图 19-6 所示。此外，若上坡路程较多，可将车座前端稍稍向下调整，以减轻对胯下部位的压力；若下坡路程较多，则可将车座前端稍稍向上调整，同时将立管高度放低，以增加身体的灵活度。

③ 车座前后的调整。先将车座固定在水平线上，将其前端调整到中轴垂直线后 2～2.5 厘米处。若运动员大腿较长，车座应多向后移动，反之车座稍向前移动。如图 19-7 所示，踏蹬到曲柄与地面平行的位置时，膝关节垂直线应正好通过脚蹬轴的中心。

④ 车座高低的调整。运动员坐稳车座后，用脚跟蹬住脚蹬，蹬至最低点时，膝关节自然伸展，既不过分弯曲，又不过分伸脚，如图 19-8 所示。简易高度测量法是先将脚跟放在踏板上，踏到最低点时膝盖正好打直，这一位置便是车座的标准高度；再将脚掌放回踏蹬位置，膝盖在踩踏的最低点时会略有弯曲，这一高度既能兼顾踩踏时的有效用力，又可保护膝关节不受伤害。

图 19-6　车座角度的调整

图 19-7　车座前后的调整

图 19-8　车座高低的调整

（2）车把的调整

① 车把宽度。约与肩同宽。过宽，会增加风的阻力，且上半身容易过于前倾，加重腰部负担；过窄，则会使胸腔受到挤压，影响正常的呼吸功能。

② 车把高度。应根据运动员上体尺寸和臂长来决定，并注意项目特点。公路赛的车把可略高些，运动员的上体角度（即通过髋关节的水平线和髋关节中心至颈椎中心的连线之间的夹角）保持在 35° ～45° ；场地赛的车把可稍低些，运动员的上体角度为 20° ～30° 。

温馨提示　骑行时戴手套能防止手心被磨伤，但不宜带有厚泡沫（海绵）的手套。

（3）其他问题

把立管的长度，以运动员踏蹬到曲柄与地面平行时，肘关节与膝关节能稍稍相碰为宜。

曲柄的长度则与场地相关，坡度大、弯道多的路面，曲柄短些，反之可长些。

自行车各部分间距调好后，不要轻易改变，特别是在比赛前不宜变动，否则极易破坏已形成的动力定型，影响比赛时正常水平的发挥。

2. 踏蹬技术

踏蹬动作是自行车运动中的关键技术，也是最为复杂且难以掌握的动作。其目的在于以最小的能量消耗获得尽可能大的功率。

（1）踏蹬动作的力学分析

踏蹬动作是周期性运动，即在一个固定范围内，以中轴为圆心，以曲柄为半径，重复地进行运动。踏蹬的力量通过圆周切线来传递，每踏蹬一周可分为 4 个阶段：上临界区、工作阶段（用力阶段）、下临界区、回转阶段（放松阶段）。

不同阶段肌肉用力各不相同。当一只脚处于回转阶段时，另一只脚已进入用力阶段。踏蹬到上下临界区时，应放松肌肉，并尽量缩短在临界区的停留时间。用力阶段是产生自行车前进动力的主要阶段。此时，踏蹬力量越大，自行车前进速度就越快。回转阶段，一条腿踏蹬做功，另一条腿主动抬起，不给脚蹬施加任何压力，并利用抬腿的短暂瞬间尽量放松肌肉，以便积蓄力量以作用于工作阶段。

（2）脚掌的踏蹬位置

如图 19-9 所示，脚掌应平稳地踏在脚蹬上，使脚蹬位于脚掌中部和脚趾之间。脚掌的纵向与脚蹬轴保持垂直。鞋的前端伸出脚蹬 5～7 厘米（根据脚的大小决定）。

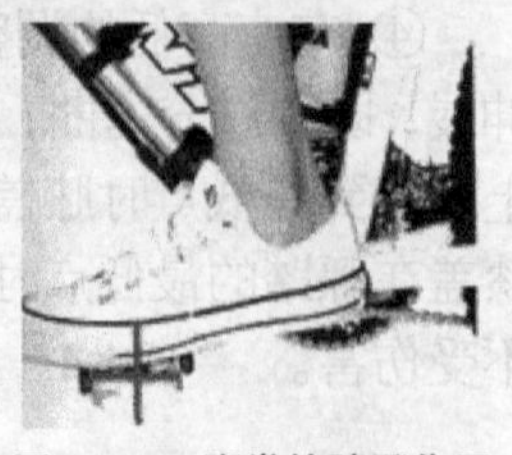

图 19-9　脚掌的踏蹬位置

（3）踏蹬方法

自行车运动的踏蹬方法主要有 3 种：自由式、脚尖朝下式和脚跟朝下式。

① 自由式踏蹬方法。脚在旋转一周的过程中，踝关节角度随之发生变化。如图 19-10 所示，当脚蹬至最高点时，脚跟下垂 8°～10°，踏蹬力朝向上前方；当脚蹬至前水平位置时，发力最大，脚掌取水平姿势；当脚从前水平位置移至最下方时，踏蹬力减小，同时后脚跟逐渐上提 15°～20°。这种踏蹬方法降低了膝关节和大腿动作的幅度，有利于提高频率，并自然地通过临界区，大腿肌肉也能得到相对的放松，但较难掌握。

② 脚尖朝下式踏蹬方法。如图 19-11 所示，在整个踏蹬旋转过程中脚尖始终向下。这种踏蹬方法使踝关节活动范围较小，有利于提高频率，且容易掌握。但腿部肌肉始终处于紧张状态，不利于自然通过临界区。

③ 脚跟朝下式踏蹬方法。如图 19-12 所示，在骑行过程中脚尖稍向上，脚跟向下 8°～15°。这种踏蹬方法使肌肉在短时间内改变用力状态，得到短暂休息。

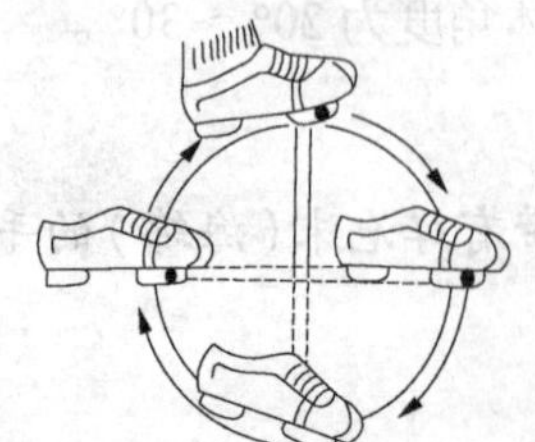

图 19-10　自由式踏蹬方法

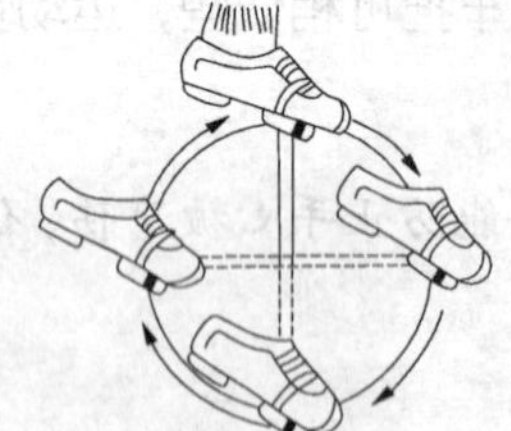

图 19-11　脚尖朝下式踏蹬方法

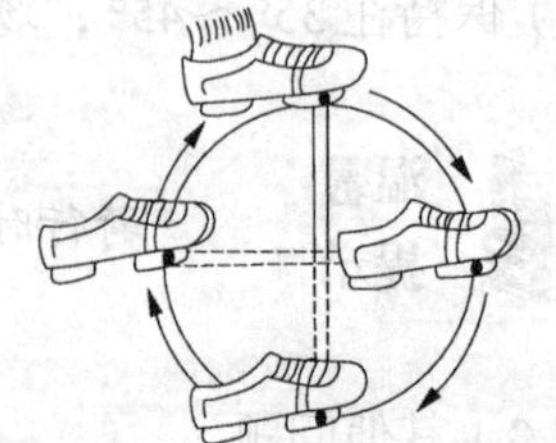

图 19-12　脚跟朝下式踏蹬方法

3. 上下坡技术

（1）上坡骑行技术

上坡骑行要保持正常的踏蹬动作，除企图摆脱对手和因战术需要，否则不可突然用力加速。

短距离坡路，应充分利用惯性原理，轻松踏蹬，快到坡顶时可采用站立式骑行，尽可能地提高速度，为下坡加速创造有利条件。

长距离上坡，要根据体力状况及时调整施力。应坚决避免重新起动，即注意适当增加用力，防止自行车因动力不足而停止前进。坡路较长或较陡时，可交替使用站立式骑行方法，调剂用力部位，使肌肉轮流休息。

上坡骑行时，跟车不宜太近。由于上坡加力，自行车常常左右摆动，跟车过近可能发生碰撞。再者，上坡时速度显著下降，跟车过近反而会使自己的骑行方法受到限制，影响战术和技术的发挥。

（2）下坡骑行技术

下坡骑行时，要勇敢机智，胆大心细，精力集中，两眼密切注视前方路面，随时准备果断处理路面上出现的任何情况。在充分利用车子运动惯性滑行的同时，要敢于主动踏蹬，加大速度。

4. 转弯技术

（1）倾斜法

倾斜法是上体和车子保持一条直线，向弯内倾斜。倾斜角度应根据速度和弯道大小而定，一般不超过 28°，否则可能出现滑倒的危险。

动作要点：身体重心基于车上往弯内倾斜，人车保持同样的倾斜角度；伸直外侧的膝盖并且有意识地稍加力度；用内侧的膝盖顶住横梁，以调节轨迹，减少压力即可缩小弯度；外侧的手稍稍拉起车把。

（2）把向法

把向法是车子保持直立，身体往弯内倾斜。

动作要点：身体重心前移，直至鼻子和刹车把成一直线；车子直立，身体往弯内倾斜（外侧手臂伸直）；把车把往弯内一侧歪；内侧手肘弯曲，把车把拉回，同时外侧手臂把车把推出以转动车把方向；两膝盖均保持内扣，继续蹬踏。

5. 刹车技术

（1）控制刹车力量

转弯时，应同时使用前、后刹车来降低速度。刹车时，前轮的反应会降低，所以减少前刹车的力量会使转弯更加完美。

此外，弯道上使用后刹不要过猛，否则车子可能掉头或滑倒。前刹时重心后移。

（2）掌握刹车技巧

刹车时，尽可能前后刹同时使用，前刹可稍稍提前。

使用前刹的时候，身体重心会因为惯性而自然前移。必须有意识地将身体放低，臀部后移，重心往后移动越多，可以使用的刹车力量越多。此外，前刹时要求前轮的方向和车子前进的方向相一致，否则，会因运动员的体重和车子惯性受到限制而摔跤。

6. 跟车技术

跟车骑行时，可以借助前边运动员冲破空气阻力所产生的涡流推动车子前进，从而减少自身体力的消耗，是争取胜利的一项主要技巧。

跟车骑行时，头应稍抬起，两眼正视前方，用余光看到前车的后轮即可。公路骑行，跟车距离一般在 15～30 厘米，以不影响视线，容易观察前面路面为宜。

同时要注意风向和风力。风从正面迎来，应由一人领骑，其他人排成一路纵队，跟于前车左后侧方或右后侧方。风从左方迎来，可跟在前车右侧后方；风从右方迎来，可跟在前车左侧后方。若侧风较大，跟车距离应近；反之稍远。下坡时，应向旁边拉开些距离，转弯时稍向后，以免发生事故。

如果后车前轮碰到前车后轮，出现撞车情况，应保持冷静，前面的运动员继续平稳前进，后面的运动员不必刹车，只要稍微减速即可。若左面撞上前车，应将身体和车子一齐向右倾斜，同时将车把向右转，两车即可逐渐分开。若右面相撞，动作相同，方向相反。

7. 起跑技术

自行车比赛的起跑方法分为扶车与不扶车两种。在场地赛中多采用扶车起跑，而在公路赛成组出发时则多采用不扶车起跑。

（1）扶车起跑

出发前，运动员骑在车上，由裁判员扶住车座后下方，维持平衡。听到“预备”口令时，

运动员臀部离座，准备起动。听到出发枪声后，踏蹬脚立即迅速、有力地下踏，但不宜用力过猛，避免肌肉过分紧张；另一只脚用力上提，脚尖稍抬起。左脚踏蹬时，左手用力向怀里拉把，右手以同样的力量向下按把，两臂弯曲，上体前移，整个身体成弓形用力（循环至另一只脚踏蹬时，动作相同，唯方向相反）。同时，头部稍抬起，保持车子平衡，直线加速前进。起跑骑行60～80 米，达到一定速度后，即可平稳地坐回车座，不要向后猛拉车把，防止车子减速。利用惯性，稍放松踏蹬几下，调整起跑阶段肌肉的紧张状态，然后立即转入正常踏蹬。

（2）不扶车起跑

出发前，运动员两手扶车，骑在车架上方，一只脚踏上脚蹬，另一只脚踩在地上。听到出发信号时，用力蹬地使车向前移动，并迅速坐在车座上，套上脚套，以站立式骑行方法加速。起动后的其他要领与扶车起跑技术相同。

19.1.4　自行车运动的竞赛规则

1. 场地项目竞赛规则

（1）争先赛

参赛运动员通过资格赛，即行进间出发 200 米计时赛。然后，根据参赛运动员的资格赛成绩进行分组编排。每组运动员将在 250 米的场地上骑行 3 圈。比赛由发令员鸣哨出发，以运动员到达终点的先后顺序决定比赛的胜负。

（2）个人追逐赛

个人追逐赛是由两名运动员在跑道的两个直道相反方向的位置（追逐赛起、终点线）、在跑道的内侧起跑，追逐对手的比赛。男女个人追逐赛比赛距离分别为 4 千米和 3 千米。

（3）团体追逐赛

团体追逐赛是由两个队，每队 4 名运动员，在跑道两个直道相反方向起跑完成 4 千米的比赛。比赛以每队第三名选手的前轮到达终点的瞬间记取成绩。每个队的成绩和排名将以该队第三名选手到达终点的成绩计算。

（4）记分赛

记分赛是运动员集体出发，以运动员在比赛中的累积得分进行排名的比赛。

记分赛的比赛距离：男子为 40 千米，女子为 25 千米。

规则规定：在 250 米的场地上，途中冲刺每 10 圈一次。每个冲刺圈第一名获得 5 分，第二名获得 3 分，第三名获得 2 分，第四名获得 1 分。任何一名选手超过主集团一圈，即获得20 分。任何一名选手被主集团超过一圈，即扣除 20 分。

（5）团体竞速赛

团体竞速赛是以每队 3 名选手组成的两个队，从场地追逐线向相反方向同时出发，在场地上骑行 3 圈，每名选手领骑 1 圈，以第三名运动员到达终点的成绩决定胜负的比赛。

（6）凯林赛

凯林赛是一组参赛运动员在摩托牵引完成一定圈数之后，在距离终点前 600～700 米进行终点冲刺的一项比赛。

（7）麦迪逊赛

麦迪逊赛是每队由两名选手组成，完成一定途中冲刺的比赛。根据各队完成比赛的圈数和所获冲刺得分的多少决定名次。每 20 圈一个途中冲刺。在途中冲刺中，获得第一名的队得5 分，第二名得 3 分，第三名得 2 分，第四名得 1 分。追上大团者即获得一圈，被大团追上

者即判失一圈。

2. 公路项目竞赛规则

（1）公路个人计时赛

运动员按照规定的间隔时间单独出发，以运动员到达终点的成绩高低排名。该项目在奥运会的比赛距离：男子为 40～50 千米，女子为 20～30 千米。

（2）公路个人赛

比赛通常选择在路面有起伏和斜坡等各种地形变化的公路上进行。比赛时，运动员在起点线前集体出发，以运动员到达终点的顺序进行排名。比赛距离：男子为 220～250 千米、女子为 100～140 千米。

3. 越野项目竞赛规则

越野赛是运动员在规定的山路赛道上进行集体出发，根据赛道的难度由裁判团来决定运动员所完成一定时间的骑行里程，最终以运动员到达终点先后顺序决定排名的比赛。

4. 小轮车项目竞赛规则

小轮车比赛有计时排位赛、淘汰赛（1/4 决赛、半决赛）和决赛 3 个阶段。计时排位赛：运动员单发，骑完赛道全程计取时间，比 2 次，取最好成绩。淘汰赛：每组运动员同时出发，以到达终点先后顺序排定名次，比 3 轮，名次之和较小的前 4 名晋级。决赛：运动员同时出发，以到达终点先后顺序排定名次（只比 1 轮）。

19.2　定向越野

本节将介绍定向越野的基本内涵和发展历程。概述定向越野的分类，讲解定向越野的基本技术：平路跑、草地跑、上坡跑、下坡跑、下跳跑、林中跑、跨越跑、悬空跑等。

19.2.1　定向越野概述

定向越野是一种参加者借助地形图和指北针（指南针），按规定的顺序独立地完成寻找若干个标绘在地图上的地面检查点或转折点，并以最短的时间通过全程的运动。

定向越野又称为“定向运动”“定向跑”“野外定向”“识图越野”等，能够在强健体魄的同时，有效地培养人们独立思考、独立分析、独立解决困难的能力，铸就人们在体力和智力受到双重压力的环境中做出迅速反应、果断决定的能力和一定的野外生存能力，是一项融趣味性、知识性、竞争性和健身性于一体的新潮别致的智慧型军事体育运动。

定向越野通常在森林、郊外和城市公园里进行，也可在面积较大的学校校园里进行。不同的野外区域，适合于不同的野外定向活动群体。

定向越野比赛中，每一条标准的定向路线都包括起点（用三角表示）、终点（用双圆圈表示）和一系列点标（用单圆圈表示）。这些点标在地图上用阿拉伯数字标明。两点之间的路线没有限制，通常会有两个以上的选择。这种路线选择能力及借助地图和指北针在森林和公园辨明方向并以最快速度按顺序到达目的地的能力便是定向运动的精髓所在。

在实际地形中，一个红色和白色相间的点标旗标志着运动员应该找到的点的位置。夜间定向检查点应有光源或具备反光体。运动员必须在到达的每一个点标处使用打卡器打卡。电子打卡系统不仅能证实是否按顺序正确到访，而且能记录到访时间。

19.2.2　定向越野的发展

“定向”这两个字在1886年瑞典的军营中作为军事训练术语首次使用，意指在地图和指北针的帮助下，穿越陌生地带。真正的定向越野比赛于1895年在瑞典斯德哥尔摩和挪威奥斯陆的军营区举行，这标志着定向越野运动作为一种体育比赛项目正式诞生。1918年，瑞典一位名叫吉兰特的童子军领袖组织了一次“寻宝游戏”的活动，引起参加者的极大兴趣，这便是定向越野运动的雏形。开展定向越野运动并不需要像其他体育项目那样在场地与器材上支付大量经费，且娱乐性与实用性兼备，因此日益受到军队的重视，并且在民间很快地流传开来。1932年，第一次世界定向越野运动比赛举行。1946年，瑞典、芬兰、挪威和丹麦成立了世界上第一个定向越野运动合作组织——北欧定向理事会。1961年，国际定向越野联合会（简称“国际定联”）在丹麦的哥本哈根成立。1978年，国际定联得到国际奥委会的承认，定向越野运动被接纳为奥林匹克体育运动项目。1998年，在日本举行的冬季奥林匹克运动会上，定向越野运动成为比赛项目。

20世纪70年代末期，我国当时的体育报刊上陆续刊登了一些介绍国外定向越野运动的文章。国际定向越野运动特有的锻炼价值和实用性，逐渐引起了国内体育部门的注意。1992年7月，我国成为国际定联成员。1994年，在北京举行了第一届全国定向锦标赛。1995年，“中国定向运动委员会”更名为“中国定向运动协会”。

19.2.3　定向越野的分类

定向越野运动按运动形式的不同可分为徒步定向、山地车定向、轮椅定向、滑雪定向4种，其标志如图19-13～图19-16所示。

图19-13　徒步定向标志

图19-14　山地车定向标志

图19-15　轮椅定向标志

图19-16　滑雪定向标志

1. 徒步定向

徒步定向运动按场地的不同，可以分为野外定向、公园定向、校园定向、大院（机关）定向、军营定向等。按活动时间的不同，可以分为白天定向、夜间定向、多日定向等。

2. 山地车定向

定向越野中，高超的山地车技巧是应付陡坡的必备条件。出于环保考虑，运动员不能离开规定的线路。山地车定向从 2002 年起每隔两年举行一次世界锦标赛。

3. 轮椅定向

轮椅定向是专为伤残人士特别设计的定向运动形式。它既可以让乘坐轮椅的人们加入定向越野运动的行列中，又可以供新手进行定向越野运动基本技术的训练。首届轮椅定向世界杯赛于 1999 年举行。

4. 滑雪定向

滑雪定向在东欧国家十分流行，其选手需要使用滑雪装备（非机动的）。供比赛用的滑道则使用摩托雪橇开辟。许多世界高山运动员、越野运动员和速度滑雪选手同时又是滑雪定向的高手。

19.2.4　定向越野的基本技术

通常情况下，定向越野比赛区域内可能存在道路、草地、上坡、下坡、高低不平地、树林及不同的障碍等各种通道和地形地貌，要在不同的条件下，提高奔跑的效率，就应该采用与之相适应的奔跑技术。

1. 平路跑

运动员在定向越野跑中，若行进路线中有较平坦的道路，应采取与马拉松式或中、长距离跑基本相同的技术。

2. 草地跑

运动员在定向越野跑中，若行进路线有草地小路，应尽量用全脚掌着地，并随时注意观察面前的路面，避免陷进坑洼或被草丛中的石块、枯枝碰伤腿脚。

3. 上坡跑

运动员在定向越野跑中，若行进路线遇到上坡道路，应上体前倾，抬高大腿，减小步幅，用前脚掌抓地。若斜坡较陡，应采用“之”字形小跑或走的方式前进。当斜坡过陡时，应采用以单手或双手辅助攀登的越野方式。

4. 下坡跑

运动员在定向越野跑中，若行进路线遇到下坡道路，应采用上体稍后倾的姿势，以全脚掌或脚跟着地的方式奔跑。若所遇下坡较陡或坡面较滑，可以采用侧身侧脚掌着地的方式下坡。当坡面过陡过滑时，应采用蹲撑状或蹲坐状的姿势，以手撑地或牵拉住蒿草、树枝等方式下坡。

5. 下跳跑

运动员在定向越野跑中，若遇到坡地需要下跳时，应尽量降低高度，并屈膝深蹲缓冲落地速度，以保护肢体安全。也可通过扶地团身滚动来减缓冲击力，并顺借滚动之势起身继续前跑。

6. 林中跑

运动员在定向越野跑中，若行进路线遇到树林，应尽量选择林木稀疏之径，并且用手护住脸面，防止被枝叶剐伤眼睛及脸部，同时还要注意地面上的小树丛、杂草及藤蔓等植被，不要被其剐住或绊倒。对于通视度较差的树林，不能贸然进入，否则容易迷失方向。

7. 跨越跑

运动员在定向越野跑中，若行进路线遇到小壕坑、沟渠、矮灌木丛及倒伏的树林时，可以用大步跨跳或跳远的技术越过障碍物。若遇到较宽的沟渠时，则需要采用 15～25 米的加速跑来提高助跑初速度，以保证能够完全跳过，落地时要保持前倾趋势，防止后仰倒地。若遇到 2 米以内的围栏或土堰等障碍物时，可以采用正面助跑蹲跳或单、双手支撑翻越的方法通过。

8. 悬空跑

运动员在定向越野跑中，若遇到独木桥等狭窄悬空障碍物时，可以采用脚尖外展的外“八”字脚形跑过，以增加身势的稳定性。当这类障碍物较长时，则应平稳地走过，以避免因跑动失衡而跌落其下。

温馨提示　定向越野的注意事项：适时标定地图确保地图与实地方位一致，适时明确站立点和目标点在地图上的位置。

19.2.5 定向越野运动的竞赛规则

1. 竞赛种类

（1）日间定向竞赛

首批运动员应在日出后 1 小时出发；最后一批运动员最迟应在日落前预计完成全赛程时间的 1.5 倍时间出发。

（2）夜间定向竞赛

首批运动员应在日落后 1 小时出发；最后一批运动员最迟应在日出前预计完成全赛程时间的 2 倍时间出发。

（3）日夜交替定向竞赛

竞赛设两条路线，一条在白天进行竞赛，另一条在夜间进行竞赛。竞赛在夜间出发，完成竞赛时已是白天；竞赛在白天出发，完成竞赛时已是夜间。

2. 竞赛形式

（1）个人竞赛

运动员独立完成竞赛，包括速度赛、短距离赛、准距离赛、积分赛等。

（2）接力竞赛

接力队须有 2 名或 2 名以上运动员，每名运动员像个人赛一样独立完成一个赛程，成绩取决于每一运动员正确完成单个赛程的时间总和。

（3）多日竞赛

在多日竞赛中，运动员的个人成绩是每日竞赛成绩（时间、名次或得分）的总和。

（4）小组竞赛

每组有 2 名或 2 名以上运动员，同组运动员须同时出发完成竞赛。

3. 竞赛分组

（1）按性别分组

男子组（代号为 M）、女子组（代号为 W）。

（2）按年龄段分组

儿童组（8～11 岁）、少年组（12～15 岁）、青年组（16～18 岁）、大学组（17～26 岁）、

成年组（男子，19～40 岁；女子，19～35 岁）、中年组（男子，41～55 岁；女子，36～50 岁）、老年组（男≥56 岁，女≥51 岁）。

注意

运动员在同一场竞赛中，只能参加一个组别的竞赛。

（3）按其他原则分组

① 按路线的难易程度和运动员的技能，可将同一组别再细分。代号为 A（最难）、B（较难）、C（容易）和 D（最易）。

② 同一年龄组别和级别，因参加人员过多可划分为相同标准的几个小组进行竞赛。例如，M 成—A1，M 成—A2，M 成—A3，代号为 1、2、3。

注意

① 青年组、中年组的运动员可以选择到成年组参加竞赛，儿童组和老年组的运动员只能在本组进行竞赛。

② 精英组其竞赛代号为 E，不受年龄限制，但参赛的资格必须经过中国定向运动协会确认。

4. 出发

出发地点的选择，应使运动员在出发前看不到前一名运动员所选择的行进路线，也应使已到达终点的运动员无法与待出发运动员取得联系，起点处应有明显的起点标志牌或横幅。

5. 终点计时

（1）通向终点的跑道，可用两条带彩旗的绳子引导，并向终点线逐渐收拢，绳长 50～100 米，终点线宽 3 米，并应与终点方向垂直。

（2）终点处应有比较明显的标牌或横幅，运动员在远处就能看见终点的位置。

（3）运动员通过终点后即竞赛结束，不得以任何理由再次进入竞赛区域。

（4）运动员到终点时应立即将指卡插入终止器中，表示计时结束，然后打印成绩。

6. 名次排列

依据运动员完成全赛程的时间先后排列名次。如有两名以上的运动员取得相同的成绩，则他们的名次并列，空出下一名次。

7. 犯规与处罚

（1）下列情况者给予警告处罚：①代表队成员擅自出入预备区，但未造成后果；②在出发区提前取图和抢先出发者；③在比赛区域内蓄意帮助或获取他人帮助，但未造成后果；④在赛中妨碍裁判员正常工作；⑤完成赛事者以任何形式向其他运动员传递赛场信息；⑥出发后未到终点报道者；⑦一次检录不到者；⑧未按大会要求佩戴比赛标志者。

（2）下列情况判运动员成绩无效：①受到两次警告者；②在比赛中丢失检查卡、地图、号码布；③因各种原因退出比赛者；④竞赛中超过组委会规定的终点关闭时间；⑤未按规定读取成绩者；⑥未通过全部检查点，即检查卡片上打印器图案不全者；⑦检查卡打印器图案模糊不清，无法辨认者。

（3）下列情况取消竞赛资格：①冒名顶替参加竞赛者；②在定向越野竞赛中使用交通工具者；③不符合分组年龄标准或谎报年龄、弄虚作假者；④蓄意破坏点标、打卡器或其他竞赛设备者；⑤有意妨碍他人竞赛者。

（4）下列情况，视为作弊，取消比赛成绩：①有证据表明在竞赛前勘察过竞赛场地者；②接受别人帮助，如指路、寻找检查点等；③为别人提供帮助，如指路、寻找检查点等；④故意在竞赛中与对手同跑或跟进者；⑤竞赛未结束，运动员到达终点后，再进入赛区；⑥一个代表队中两人次有作弊行为，取消该队全队成绩，并上报中国定向运动协会。

思考与练习

1. 自行车运动的基本技术有哪些？
2. 定向越野运动的基本技术有哪些？

活动与探索

可以因地制宜，根据实际条件，将自行车、定向越野运动做适当变化，以便开展，如自行车慢骑赛、校园定向越野赛等。

本章将介绍跆拳道的起源、发展、级别、竞赛规则，并详细讲解跆拳道的基本技术。

20.1 跆拳道概述

本节将介绍跆拳道的起源、发展，并介绍其级别。

20.1.1 跆拳道概述

跆拳道是一项运用手脚技术进行搏击格斗的体育项目。“跆”意为以脚蹬踢、腾跃，“拳”意为以拳头击打、防御，“道”意为人生的正确道路，是技术方法和精神的修炼。跆拳道是在我国传统武术和日本空手道的基础上，创新与发展起来的一门独特技击术。由品势（拳套）、搏击、功力检验3部分内容组成。跆拳道最为注重的并非格斗，而是提高技艺和磨炼品质，使练习者在艰难的练习中培养出理想的人格和体魄。

1973 年，世界跆拳道联合会在汉城成立，同年，跆拳道第一届世界锦标赛举行。1974年，第一届亚洲锦标赛举行。1980 年，其被国际奥委会正式承认。1986 年，跆拳道被列为第10 届亚运会正式比赛项目。1988 年，其成为第 24 届汉城奥运会表演项目。2000 年，其被列为第 27 届悉尼奥运会正式比赛项目。每年的 9 月 4 日为世界跆拳道日。

20.1.2 跆拳道的级别

跆拳道有“十级”“三品”“九段”的划分。“级”分为 10 级至 1 级，10 级水平最低，1 级较高。1 级以后入“段”，段位从低到高分为一段至九段。未成年选手达到一段至三段水平，则授予“一品”至“三品”。腰带的颜色代表选手的技术水平，从低到高依次为白带（10 级）、白黄带（9 级）、黄带（8 级）、黄绿带（7 级）、绿带（6 级）、绿蓝带（5 级）、蓝带（4 级）、蓝红带（3 级）、红带（2 级）、红黑带（1 级、一品至三品）、黑带（一段至九段）。

重要提示

跆拳道的精神：礼义、廉耻、忍耐、克己、百折不屈。

20.2 跆拳道的基本技术

跆拳道运动以腿为主，拳脚并用，以刚制刚，内外兼修。本节将讲解跆拳道的基本技术，包括实战姿势、进攻拳法、进攻腿法等。

20.2.1 实战姿势

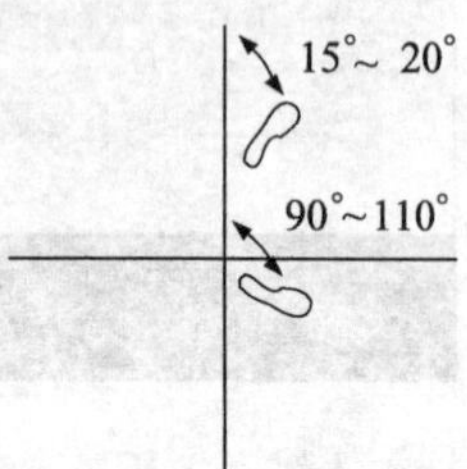

图 20-1 实战姿势

实战姿势即预备姿势。如图 20-1 所示，两脚前后开立（左脚在前为左势，右脚在前为右势），与肩同宽，前脚脚尖右摆 15° ～45° ，后脚尖为 90° ～110° ，后脚跟稍提起，膝微屈，身体重心落于两脚之间。上体直立，斜向右前方，双手握拳，两臂微屈肘，自然垂放，目视前方。

20.2.2 进攻拳法

进攻拳法（直拳）如图 20-2 所示，左脚蹬地，上体快速有力地向左前方扭转。同时，右臂内旋，拳心向下方转动，拳面、前臂、肘关节与肩成一条直线，快速弹伸。

动作要点：蹬地、转髋，转腰、顺肩一气呵成，力达拳面；击打时，全身关节应富有弹性。

20.2.3 进攻腿法

1. 前踢

如图 20-3 所示，以实战姿势开始，右脚蹬地，髋关节向左旋转，双手握拳置于胸前；右腿屈膝上提，脚面稍绷直，当大腿抬至水平或稍高时，小腿快速向前上方弹出，右腿踹直，用脚面或前脚掌击打目标；踢击后快速右转髋，使小腿沿原路折叠返回，右脚落于左脚前，仍成实战姿势。前踢发力部位由脚尖改为脚跟时，前踢动作即变为前蹬动作。

图 20-2 进攻拳法

图 20-3 前踢

前踢的主要攻击部位为面部、下鄂、腹部等，也可用于防守。

动作要点：抬腿时，膝关节夹紧，小腿放松；高踢时，髋关节往前送，膝关节抬高；小腿前踢与回收速度一样迅速。

2. 横踢

如图 20-4 所示，以实战姿势开始，右脚蹬地，重心前移至左腿，右腿屈膝提起，双手握拳置于胸前；左脚外旋 180°，髋关节左转，左膝内扣，同时小腿迅速有力地向左前方横向踢出，力达脚背；顺鞭打之势上体右转，右腿屈膝回收，右脚落回原处，成实战姿势。

横踢的主要攻击部位为头部、胸部、腹部、肋部等。

动作要点：转身、踢腿要一气呵成；踢腿时，腰、髋、膝、腿、踝成一直线，踝关节下扣。

图 20–4　横踢

3. 侧踢

如图 20-5 所示，以实战姿势开始，右脚蹬地屈膝提起，左脚以前脚掌为轴外旋 180°，髋关节左转；同时右脚向右前方直线踢出，力点在于脚刃与脚跟。发力后沿起腿路线收腿落地，成实战姿势。

图 20–5　侧踢

侧踢的主要攻击部位为头部、胸部、腹部、肋部、膝部等。

动作要点：起腿时，大小腿、膝关节夹紧；提膝、转体、展髋一气呵成；踢击时，头、肩、髋、腰、膝、腿、踝在同一直线上。

4. 后旋踢

以左势开始，两脚掌均内旋约 180°，身体随之右转约 90°，上体持续右转，与双腿拧成一定角度，右脚蹬地，以髋关节为轴提膝摆起，右腿继续向右后旋摆鞭打，呈弧形摆至身体右侧后，右腿屈膝回收，顺势放松，仍成左势实战姿势。

后旋踢的主要攻击部位为头部、胸部等。

动作要点：转身、旋转、踢腿一气呵成，无停顿；重心在原地旋转 360°，屈膝抬腿的速度要快；蹬地、转腰、转上体、摆腿顺序发力，击打点在正前方，呈水平弧线。

5. 下劈

如图 20-6 所示，以左势开始，右脚向后蹬地，身体重心前移至左腿，双手握拳置于胸前；右腿以髋关节为轴屈膝上提，左脚跟提起，左腿伸直；膝关节至胸部时，小腿迅速向上伸直，右脚尽量上举至头部上方。然后放松、快速下落，以右脚掌与脚跟为力点劈击目标，右脚落

地，成右势实战姿势。

图 20-6 下劈

下劈的主要攻击部位为头顶、面部等。

动作要点：身体重心往高起，向上送髋；脚尽量高抬，往头后举；起腿要快速、果断；脚、踝关节放松往下劈落，落地应有控制。

6. 推踢

如图 20-7 所示，以实战姿势开始，右脚蹬地，身体重心前移至左脚，右腿屈膝提起，左脚以前脚掌为轴外旋约 90°，重心向前压，同时右脚迅速向正前方水平推踢，力达脚掌，推踢后迅速屈膝，身体重心前落成左势。

推踢的主要攻击部位为腹部。

动作要点：提膝时尽量收紧膝关节；身体重心往前移，增加前推力度。

图 20-7 推踢

7. 后踢

如图 20-8 所示，以实战姿势开始，转身，背对对方，右脚前蹬后屈膝提起，髋关节收紧，右脚贴近左大腿；随即左腿蹬地伸直，右脚向右后方随展髋伸膝向后方直线踢出，上体侧倾，力达脚跟；踢击后，右腿按原路线迅速收回，成实战姿势。

图 20-8 后踢

后踢的主要攻击部位为头部、胸部、腹部、裆部、膝部等。

动作要点：起腿后上体和大小腿应折叠收紧，蓄势待发；转身、提腿、出脚、发力一气呵成。

20.3 跆拳道的竞赛规则

本节将介绍行礼、赛制、允许攻击的部位、得分、警告和扣分、加时赛等跆拳道竞赛规则。

20.3.1　行礼

比赛开始前，双方运动员互相敬礼以表示尊重。场上裁判发出“准备”和“开始”命令后，比赛正式开始。

20.3.2　赛制

跆拳道比赛分为 3 局，每局 2 分钟，局间休息 1 分钟。蓝方和红方选手使用规则允许的技术动作努力击败对手。比赛结果根据双方运动员 3 局的得分总和来判定，得分多者为胜者。

20.3.3　允许攻击的部位

跆拳道竞赛中允许攻击的部位只有两个，一是头部，二是躯干。在对抗中，允许使用拳和脚的技术攻击躯干被护具包裹的部分，但禁止攻击后背脊柱。允许使用脚的技术攻击对手头部，但不能攻击对手的后脑部位。即可以用脚踢击对手头部和被护甲包裹的躯干部位，但不能用脚踢击对方后脑部分，同时禁止用拳击打头部。运动员可以使用拳的技术击打被护甲包裹的躯干的前面和侧面部位。

20.3.4　得分

在比赛中，用脚踢击对手躯干部位一次只能得 1 分，用脚击打对手头部则可以得 2 分；如果击倒对手，裁判员读秒后再加 1 分。因此，虽然用脚踢技术击打对手头部的难度比较大，但许多运动员在比赛中还是千方百计地使用脚击打头部的技术，以尽可能多得分。比赛由一名主裁判员在场上主持，其他 4 名边裁判员根据运动员的技术使用情况负责评判并打分。

在比赛中，判断一名运动员是否得分，关键要看运动员的技术是否准确、被允许、有力及有效。跆拳道赛场上加油声、呐喊声不断，判断一方运动员是否得分，可以看双方运动员进攻和反击时的动作，并随时看计分板；一个运动员如果得分了，在 1 秒钟内裁判员会按压手中的采分器，该运动员的得分也就及时公布在计分板上了。

20.3.5　警告和扣分

现在的跆拳道竞赛规则对运动员倒地的判罚比较严厉。一般来说，运动员故意倒地有可能被裁判员判罚一个警告。如果是意外滑倒和被对手重击倒地或是技术性倒地（即在使用动作时无法控制身体平衡而倒地），则不被判罚。如果一名运动员被对方合理技术击中而身体摇晃或摔倒（一般是被击中头部），裁判员要数秒数到 8。如果数到 8 时，该运动员站起来表示能继续比赛，则比赛继续进行；如果运动员没有站起来，则另一方赢得比赛。

在比赛中，如果一方搂抱、推拉对手，消极逃避比赛，用肘、膝顶击对手，摔倒对手，故意用拳攻击对手面部等，则会被判罚警告或扣分。

场上的教练员打断比赛进程或使用过激言语、行为，严重违犯体育道德也会被主裁判警告或扣分。如果一名运动员累计被扣掉 4 分，则要被判“犯规败”，也就意味着输掉了这场比赛。

20.3.6　加时赛

在一场比赛中，如果双方打满 3 局出现平分的情况，则要进行加时赛。加时赛实行“突然死亡法”，即先得到 1 分的一方获胜。比赛结束后，运动员在比赛区域内相对而站，听到裁判员的口令后互相行礼，等候裁判员的判定。裁判员举起哪一侧的手臂，就说明哪一侧的运动员获胜。

思考与练习

1. 跆拳道的级别如何划分？
2. 跆拳道的基本技术有哪些？

活动与探索

若条件允许，可进行跆拳道实战演习，但应注意安全。